新 エクセレント・カンパニー

AIに勝てる組織の条件

THE EXCELLENCE DIVIDEND

Meeting the Tech Tide with Work That Wows and Jobs That Last

TOM PETERS

トム・ピーターズ

久保美代子［訳］

早川書房

THE EXCELLENCE DIVIDEND

Meeting the Tech Tide with Work That Wows and Jobs That Last

by

Tom Peters

Translated by

Miyoko Kubo

First published 2020 in Japan by

Hayakawa Publishing, Inc.

This book is published in Japan by

arrangement with

Vintage Anchor Publishing

an imprint of The Knopf Doubleday Group

a division of Penguin Random House, LLC.

through The English Agency (Japan) Ltd.

装幀／ k2

インスピレーションと励ましをくれる誠実なパートナー、スーザン・サージェント
米海軍土木士官であり、ロールモデルであり、なみはずれた助言者でもあったリチャード・E・アンダーソン大佐
知性の灯火《ともしび》、ジーン・ウェブ
エクセレントを追求する最高の相棒、ボブ・ウォータマン
誠実な友でありゲームチェンジャーであるハリー・ローズ
ニュージーランドのけしかけ屋、ダール・コーブ
唯一無二の人その一、ハーブ・ケレハー
唯一無二の人その二、リチャード・ブランソン
唯一無二の人その三、アニータ・ロディック
地下室の王、ラリー・ジャネスキー
厄介な雑事を愛する男、ジム・ペンマン
「米国一のトイレ」を顧客に提供する〝ジャングル〟ジム・ボナミニオ
破天荒な「ワオ」の大家、ファン創造者、雇用創造者、バーノン・ヒル
必要不可欠な人物、エスター・ニューバーグ
必要不可欠な人物、ソニー・メータ

エクセレント——人間愛の勝利

医療施設の設計者ジャネット・デューガンは、つい最近受けたＭＲＩ（磁気共鳴画像）検査の最中に、インスピレーションを得た。検査台にじっと横たわっているとき、頭を載せる台の下に小さな鏡がついていることに気づいたのだ。鏡は斜めになっていたので、筒状の装置の向こうにいる放射線技師が見え、目を合わせることができた。「たしかにほんのささいなことです」とジャネットは私に言った。「でも、それがあるとないとでは大違いなんです。独りぼっちという気がしませんでしたから。閉所恐怖症ではありませんが、それでもＭＲＩの装置の外を見ることができて、緊張がゆるみました。……技術者は親切で、看護師は私を笑わせようとしてくれました。……私は患者の回復過程に寄与するデザインの力を固く信じています。建築物がイベントを形づくり、生活を変化させると考えています。けれどもその日、私の気を楽にしてくれたのは、バンドエイドくらいの小さな鏡でした」

——ティム・リーバーレヒト『ビジネス・ロマンティック——すべてを与え、何も定量化せず、自分自身よりすばらしいものを創造する（The Business Romantic: Give Everything, Quantify Nothing, and Create Something Greater Than Yourself)』

目次

前口上──エクセレントはこれまで以上に重要だ

一九八二年に『エクセレント・カンパニー』（講談社／英治出版）が出版された当時、米国のムードは切迫していた。不況の波はピークを迎え、失業率は世界恐慌いらい最高の一〇・八パーセントに達し、日本の巨大な系列取引が、自動車製造業から銀行、電子機器業や鉄鋼業まで米国の工業分野を広く脅《おびや》かしていた。

私もそのひとりだが、ＭＢＡ（経営学修士）保持者たちは、米国実業界のトップに君臨していた。彼ら（私たち！）は抽象概念、つまり損益計算書や収益、戦略的な計画にばかり注意を向けていた。だが、日本の実業界のトップは別のところに目を向けていた。毎日のように全従業員が一丸《いちがん》となって製品の改善を絶えず模索していたのだ。いっぽう、さめた目で数字、数字、いつでも数字ばかりみていた米国民は、日本の方法を知って愕然とした。自動車産業はとくに弱かった。日本車と比べると米国の車はポンコツもいいところだった。（次の言葉はホンダの創設者本田宗一郎が語った大げさな喩《たと》え話の引用だが、彼の言葉はいつも非常に的を射ている。「国会が新たな排ガス排出基準を通過させたら、われわれはエンジニアを五〇人増やすが、ＧＭ〔ゼネラルモーターズ〕は弁護士を五〇人増やす」あいたたっ！）

『エクセレント・カンパニー』のメッセージは、米国企業にも適切にポイントを絞っている企業があることを知らしめることだった。それらの企業は人びとを育て、品質にこだわり、心に響くデザインを追求し、財務部スタッフよりもエンジニアの話に熱心に耳を傾け、その結果、市場を勝ちとった。私たち、つまり共著者のボブ・ウォータマンと私は、これらのエクセレントな米国人の実例からわれわれみんなが多くを学べるはずだと訴えた。

本書は、当時と同じく混乱した時代に生まれた。私はある意味、本書を『エクセレント・カンパニー』の続篇とみなしている。つまり、エクセレント・カンパニー2である。それは、あなたにもまもなくわかるだろう（すぐあとで詳しく説明する）。

現在の経済は、二〇〇八年に落ちた穴の深さを思えば、驚くほど良好だ。けれども、いくつか大きな例外がある。収入格差の増加、そして巨大で不安定な不完全就業クラスの増大などだ。また、もっと大きな脅威が姿を現わしつつある。長年のあいだ構築されてきたもので、次の五年、一五年、二〇年先も構築されつづけ、一世紀に一度しかないほどの影響力で私たちの度肝を抜くだろうもの。

それは、国際化ではない。

移民問題でもない。

テクノロジーだ。

起業家でありベンチャーキャピタルの投資家であり、シリコンバレーの象徴でもあるマーク・アンドリーセンは「ソフトウェアが世界を食いつくす」と言っている。驚くべきことに、オックスフォード大学の分析によれば、次の二〇年で、米国のホワイトカラーの五〇パーセント近くの仕事が、機械や人工知能（ＡＩ）に奪われてしまう可能性が高いという。機械化が進んだ最初の三〇年はロボットの導入が行なわれ、工場で大量のリストラが起こり、ルーティンなホワイトカラー業務を行なってきた人の仕事がソフトウェアに乗っ取られた。コーネル大学コーネルテック校長ダニエル・フッテンロッハーは次のように語っている。「産業革命は肉体労働の拡大と置き換えだった。デジタル革命では、頭脳労働の拡大と置き換えが起こっている」

両者の違いは、機械による自動化は、もはや反復作業の領域だけに起こっているのではないということだ。ブルーカラーもホワイトカラーも関係ない。より賢くなった機械は仕事を学び（いわゆる〝ディープラーニング〟）、収集した膨大なデータに基づいてパターンを探り、人間ではなかなか発見できない結論を導きだす。人工知能が組みこまれた機器は、病理学者や放射線科医よりもうまく、CT画像上の腫瘍を見つけることができる。機械学習の先駆者ジェフリー・ヒントンはこう言っている。「あなたが放射線科医として働いているなら、アニメのワイリー・コヨーテのようなものだ。崖の縁《ふち》を通り越してしまったのに、それに気づいていない」ヒントンはさらに、医科大学は放射線科医の訓練をいますぐやめるようにと勧めてさえいる。AIは株取引と債券取引の大半も主導している。ニューヨーク大学教授でヘッジファンド・トレーディング・プログラムの開発者ヴァサント・ダールは次のように指摘している。「一日の終わりに、将来、機械が人間と同じようにできないこと、あるいは人間よりうまくできないことはなんだろうかと、自問することになる」

迫りくる雇用破壊に、私たちは対抗できるのだろうか。この混乱が起こらないとは言えないが、私はどちらかと言うと楽観主義だ。この楽観主義から「エクセレント2」という考えに至り、人工知能時代がやって来ても生き残れそうな人間の特性に注意を向けるようになった。たとえば、個別化サービスに全力で取り組む従業員の質などがそうだ。そういう従業員は、顧客がサービスを受けているあいだはもちろん、その後も記憶に永遠に残る好ましい個別化サービスを提供することができるだろう。あるいは、アップルの製品にみられるエクセレントなデザインは、コンピュータ・プログラムのスキルによってではなく、スティーブ・ジョブズが何カ月か日本庭園に静かにすわっていたことで導きだされた。そういうデザインが何億もの顧客を驚かせるのだ。

正直に言うと、私は自分のキャリアが始まったときからずっと、エクセレントに夢中だった。エクセレントとは、組織ビジネスの原理を跳び越えた「成功に必要な特性」のエッセンスだと信じている（ああ、私がどれほど深く信じていることか）。エクセレントは、個人としてだけでなくプロフェッショナルとしての生きかたであり、とくにこの困難な時代には、互いに助けあっていく方法にもなりうる。エクセレントは「私たちは気配りしている」とはっきり示すささやかな行為で、ささやかであるが、家族や仲間、コミュニティ、サプライヤー、顧客など私たちがかかわった人びとの記憶にいつまでも残る。

ここに一例を挙げてみよう。少しまえに妻と私は、マサチューセッツ州南部の地所の境界に木を五〇本植えた。私は庭師のチーフである妻から、水まき係のチーフに任命された。ようするに、約一八〇メートルの頑丈なホースをあちこちに引きずって歩く一日一時間の水やり係を仰《おお》せつかったのだ。芝生の刈りこみと妻の庭の手伝いには人を雇っているのだが、彼は芝刈りまえにホースを片付けるとき、親切にとてもきれいに巻いておいてくれる。だから、私が木に水をやるときホースを引っぱると、ねじれずにするりと延びるので水やりがずいぶん楽になる。こういうことが、ささやかだが重要なことで、エクセレントなふるまいなのだ。コンピューターのデザインや、国際的なビジネスに必要な精密さに比べれば、ホースを巻くことなどたいして重要なことじゃないと、切り捨てるのは簡単だ。けれどもそれはちがう。私は成人になってからというもの、生涯ずっとエクセレントの研究をしてきたが、エクセレントにはさまざまな面があることにいつも驚かされる。この出来事は一見ささやかな気配りにすぎないが、苗木に水をやるときはもちろん、世界じゅうのビジネスリーダーにレクチャーするときにふと思いだす類の出来事でもある。顧客の記憶に残るサービスで差別化を強める組織についての講義にもってこいの実例として。

社内での関係や社外との関係のあらゆる面で、エクセレントに全力で取り組むビジネスは、生き残れる可能性が高い。そのような会社には、活気にあふれた職場がある。その会社の社員は明日を約束され、明日に向かって成長し、準備を怠《おこた》らない。その会社の顧客は幸福で、エクセレントなその会社の話を広く遠くへ広げる傾向がある。その会社が属するコミュニティは良き隣人として、その会社を歓迎する。ベンダーからは信頼のおけるパートナーとして歓迎される。それは結果として、収益と成長につながる。また、ＡＩやロボット工学が発達しても途切れない仕事、新たに生まれる仕事につながる。

実際にエクセレントなビジネスを実現し、生き残った例をみるなら、庭のホースを跳び越えて、イヌ用ビスケットとグローバルなリテール・バンキング（小口の金融取引）についての話がいいだろう。米国のコマースバンクの創業者で、英国のメトロバンクも創設したバーノン・ヒルに目を向けてみよう。ソフトウェアがデスクトップやカウンター上のコンピューターから、ポケットのなかの端末へと移ってきたここ何年かのあいだに、一般的なリテール・バンキング・モデルは、従来の実際の支店を捨て、オンラインで出来るだけ多くの業務を行なうために、顧客にＡＴＭや、いまはスマートフォンを使うように強く求めるようになった。対照的にヒルは、コマースバンクを開店し、次のように語った。「お客様にはぜひ支店に足を運んでほしいですね。支店では、魂のこもった業務を行ない、人間味のない口座番号を深いつながりを感じさせる家族に変えることができますから」ヒルの計画は、華やかで活力に満ちた、ワクワクする〝ストア〟（支店を指すコマース－メトロ用語）をつくることだった。賃金をはずみ、とことん訓練した熱意のある従業員をたっぷりストアに配置して、真のサービスを提供し、顧客を〝ファン〟（これもヒルのお気に入りの用語だ）に変える。

長い営業時間もコマースーメトロで体験できるサービスの特徴だ。それらの支店は前例のない週七日営業に踏みきった（しかも、金曜の夜は夜中まで開いている）。また、非常に複雑な商取引もあっというまに済ませることができるし、どれほどむずかしい問題でも、文字どおり、ぜったいに「ノー」と言うなと教わった窓口のスタッフが独自の方法で解決しようとしてくれる。（コンピューターの不具合が生じたとき、ある従業員は、顧客が必要としていた期間限定の割引航空券を手にいれるために、自分の個人クレジットカードで顧客の航空機のチケット代を仮払いした。彼女の機転をきかせた行動は、顧客の驚きと畏怖《いふ》の念だけでなく、銀行の上層部からの称賛も引きだした。）

さらに、この銀行はつねに「ドッグ・フレンドリー」な銀行であると宣伝していた。いたるところでみられるマスコットのダッフィー（英国生まれの〝サー・ダッフィールド〟）はあらゆる宣伝に登場する。この銀行に行くと、出るときには、銀行のロゴがついたイヌ用の真っ赤なボウルと、フンを掃除するときのスコップ（こちらもロゴ入り）、そしてもちろんイヌ用のビスケットを手にしているだろう（ロンドンで私がそうだったように）。ビスケットの景品は、数年まえの年次報告では総計二〇〇万個になっていた。

二〇〇七年、ヒルはコマースバンクをトロント・ドミニオン銀行に八六億ドルで売却した。これこそ、普通とは逆に向かったファン創出アプローチの効果を実証しているではないか。ヒルはしばらく休んだが、アイドリングの時間は長くは続かなかった。ヒルの著書『顧客ではなくファンをつくろう（Fans Not Customers）』に結集されたヒル流の「ワオ銀行」哲学は大西洋を渡った。革新的なメトロバンクは、英国では一五〇年間で初の新しい大型公認銀行になった。ヒル流の地上最大のショーが始まると、英国人はすべての出し物を満喫し（ストア〔支店〕のオープン時には数千人がつめかけた)、この銀行のファンになり、口座件数はまたたくまに一〇〇万を超えた。英国の顧客は米国の顧客より熱烈に「ドッグ・フレンドリー」な銀行を支持したのだ。

簡単に言うと、ヒルと社員たちは、退屈で活気のない銀行ビジネスを、大胆で向こうみずな、活気あふれる愉快なビジネス、つまりエクセレントなビジネスに変えたのだ。彼らはそのようなビジネスを、人間を中心に据えた方法で実現した。その方法によって、心のこもった忘れがたい体験を創造し、数百万人の忠実なファンを得た。しかし、利益を受けたのは顧客だけではない。従来の銀行が、技術効率を最優先とするアプローチによって破滅し、支店を閉め、空っぽの建物をあとに残し、数万の雇用を削減していたいっぽうで、ヒルとマネジメントチームは、最初はコマースバンク、次はメトロバンクで、一万七〇〇〇を超える条件の整った新たな雇用を創出したのだ。

コマースバンク-メトロバンクのスローガン

「成功をめざすなら、経費を削減して我が道を曲げるのではなく、金を費やして我が道を貫け」
「社員に過剰投資しよう。設備に過剰投資しよう」
「経費削減は悪循環のもと。大事なのは売り上げを増やすこと」

ヒルとその仲間たちが証明したとおり、卓越したエクセレントなビジネスは、この時代でも到達できるし、そうやって到達した活躍の場は、技術のための技術に取りつかれた大衆が向かっているのとは正反対の方向にある。ただし、これ以降のページを読めばわかるが、この〝元気注入〟物語には、暗黙の警告がついてまわる。それは、エクセレントの追求は骨が折れるし、ゴールがないということだ。コマース－メトロ級のエクセレントなビジネスは、コンピューターのプログラムで実現できるものではないし、根性ナシには手が届かない。これらの銀行が組織文化を維持するには、追求の手をゆるめず努力しつづけなければならないのだ。

本書は、エクセレントな組織文化を骨折ってつくり、たゆまず育て、維持しつづけることについて説明している。けれどもこれは、「ディスラプション（崩壊）」という言葉が珍しくもなくなり、それが近い未来の現実になりつつある状況からあなた自身を〝守る〟ための手引きではない。本書で語っているのは防御法ではなく、攻撃法だ。イヌ用のボウルやビスケット、けっしてノーと言わないサービスで顧客を喜ばせることで、いついかなる場所であれ、いますぐにでもエクセレントな組織をつくることができると解説している本だ。多くの楽観主義者を雇い、トレーニングし、先のみえない未来に向けて準備する機会を与え、週七日間、金曜は夜中まで、つねに「ワオ」なサービスを届けるという一貫したムードを維持させることについて述べた本だ。

ソフトウェアが人間の仕事を肩代わりするようになるにつれ、世界じゅうのさまざまな企業に危機が迫ってきている。テクノロジーの波はすでに押しよせつつある。いまや問題はタイミングだけだ。それは一五年先か、一〇年先か、五年先かもしれない。テクノロジーが雇用市場をむさぼりつくすまでどれほどの時間があるのだろう。私たちの戦いは、けっきょくのところ負け戦なのだろうか。

この質問に対して私が出した答えは、明確なノーである。このクレイジーな状況をコントロールし、利益を上げる方法はある。そして、そう、答えはエクセレントにある。来たるべきその日に備えるスタッフの姿勢が反映されたエクセレントな組織文化。未来のアルゴリズムでは成しえない方法で、顧客やコミュニティとの感情的な結びつきを生みだすエクセレントなサービス。繰りかえすが、エクセレントは、人間主導型の出来事や、マインドの状態であって、コンピューターでつくられた練習問題には宿らない。

エクセレントと表せるのは、庭の水やりという退屈な仕事を愉快なものに、あるいは少なくとも楽なものに変える完璧に巻かれたホースだ。

エクセレントは、二〇〇万個のイヌ用ビスケットと、けっして「ノー」と言わず、いかなる取引においても「ワオ」をつくりだすために生きる何千ものスタッフだ。

エクセレントは、スティーブ・ジョブズによれば「なめたくなるような」デザインであり、それはまた、製品自体へ向けるのと同じくらいの熱意で製品が収まる箱の製作にも注がれているデザインへのこだわりである。

ホース、イヌ用ビスケット、なめたくなるデザイン。それが現代のエクセレントだ。

到達するためには骨を折らねばならない。

けれども、かならず到達できる。

そして到達すれば、職業上はもちろん、個人としても途方もない見返りが得られるだろう。

地方自治体レベルでも国家レベルでも、経済再生への足がかりにさえなりうる。

芝生と庭を扱う二人組の自営業者から、トップニュースに取りあげられる巨大企業の社員まで、何百万という人びとに当てはまる。

それに、信じてほしい。顧客の笑顔や従業員の成長を目にし、コミュニティから称賛を得るのは、すこぶる愉快なことなのだ。

エクセレントは増益への道。

エクセレントは安定への道。

エクセレントは楽しい。

本当だ。

概　要

つねにエクセレントであれ。

エクセレントでないなら、どうする？

いまエクセレントでないなら、いつなるのか？


エクセレント！

エクセレントについて書かれた本書は一五章からなる。

章はそれぞれ独立している。

各章はエクセレントな全体を構成する不可欠な要素だ。

理由――この狂乱の時代に、ふるまいやビジネスなどあらゆる方面でエクセレントを実現することは、個人や企業レベルでの成功の可能性を高めるベストの（そして〝唯一の〟と言いたい）戦略だからだ。

繰りかえす。

本書に収めたエクセレントに関する話は、「防御」や「生き残る」ことについての物語ではない。

これは、「攻撃」と「成長」についての物語だ。

ごく個人的な但し書きをさせてもらうと、本書は嵐のように荒れ狂ういまの時代に深く関係する内容ではあるが、書きあげるのに五〇年あまりかかった。きっかけは一九六六年に、私が初めてマネジメントの仕事に携わったとき、幸運にも、エクセレントであることしか認めないあるボスと出会ったことだった。

内容について。

たとえば、パワーポイントで作成されたスライド一〇〇ページの講義を聴く羽目になったとする。最初の九五枚のスライドで説明されるのは、市場の分析や競合の強み、そして数字、数字、数字（つまり、抽象概念、抽象概念、抽象概念）だ。そしてやっと（そこにたどりつければだが）、最後の五枚でびっしり書かれたＴｏＤｏ（すべきこと）が示され、大急ぎで解説が行なわれる。ああ、冗談じゃない。私なら、すべきことと、そうするために必要なプロセスや人材についての説明に最後の五〇枚は使いたい。（いや、もっといいのは、全体のスライド数を二〇枚にして、後半一〇枚くらいを実践内容、方法、実行する人材の説明に充《あ》てることだ。）賛意を込めて、第二次世界大戦、ノルマンディー上陸作戦開始時に米軍司令官だったオマール・ブラッドレーの言葉をここに挙げておこう。「アマチュアは戦略について語り、プロフェッショナルは兵站術（ロジスティクス）について語る」本書で、私はロジスティクス、つまり人材の配置や動きについて、また実践が行なわれるべき場所について語っている。その場所とは最前線の現場のことだ！　実践とは最前線、第一線、現場で行なわれるものであって、社長室では起こらない。これは第Ｉ部、すなわち第1章のトピックだ。

本書の第Ⅱ部は、まさしく「エクセレント」がテーマだ。最初の章（第2章）では、エクセレントについて一四のセクションに分けて検討している。ここではあえて、「エクセレントなマネジメントは人類の壮大な成果だ」という深遠な概念を最初に持ってきた。サッカーチームであれ、交響楽団であれ、集中治療室であれ、人材開発部であれ、すばらしい成果を得るために人びとを効率よく組織し、鼓舞するためには、芸術の域に達するほどの高い技能が必要である。効率のいい組織化とは、人類以前の種《しゅ》から人類へと進化するために私たちの祖先が行なったことだ。ここで言いたかったのは、組織として人びとにエクセレントなサービスを供することで、魂を揺さぶるような最大のチャンスが得られるということだ。ふたつめのトピックとして選んだのは、章のタイトルになっている「エクセレントはいまから五分間のこと」である。エクセレントは、たとえば、めざすべきオリンポスの山頂や一〇年計画のゴールなど、一般的に壮大な野望のことだと思われている。だが、そうではない。私は声を限りにこう主張する。エクセレントは、マネジャーが廊下で誰かに出会ったときのふるまいや、電話の応対や、いまから書く一〇行のメールや二行のインスタントメッセージに宿る。エクセレントはその瞬間瞬間の生きかたにある。実行しなければ存在しない。エクセレントに明日はない。あるのは、いまこの瞬間だけだ。

エクセレントは、エクセレントな組織文化によって（のみ）維持される。これが第3章のトピックだ。マサチューセッツ工科大学（ＭＩＴ）で組織の効率性について長年研究してきた専門家エドガー・Ｈ・シャインの有名な言葉をここで引用する。「組織文化は戦略を朝メシにする」。純粋でシンプルな組織文化は、第2章で述べるエクセレントが実現されるための土壌である。その組織文化を育んで維持するのが、ＣＥＯの最大の任務である。さらに言えば、組織文化に気を配るのは年中無休の仕事だ。

第4章は、この時代にとくに重要なトピックを取りあげている。それは中小企業だ。私たちに襲いかかろうとしているテクノロジーの波に対抗するには、エネルギーと気力、想像力と芸術的といえるほどの高い才能、そして新たな職の創出が必要だ。じつのところ、巨大企業はこの必要性にほとんど応えてくれない。意外なこの主張を裏付ける確固としたデータもここで示している。中小企業は間違いなく（世界じゅうの新しい雇用の約八〇パーセントを占める）雇用創出者であり、一流の変革者でもある。この章ではとくに、エクセレントな企業はシリコンバレーのような限定的な地域に存在するとは限らないことを示した。例として挙げたのは、住宅の地下室を居間や客用の寝室につくり変えるビジネスで一億ドル以上の収益を得ているコネティカット州の急成長企業「ベースメント・システム」や、マイアミのリンカーン・ロード一一一一番地にある駐車場（そう、駐車場）だ。この駐車場は文化的なアイコンであり、早朝ヨガから大きな娯楽イベントまで、あらゆる活動の中心となっている。このように、エクセレントな企業はあちこちに、どこにでも存在しているのである。

第Ⅲ部のテーマは人間関係だ。四〇年にわたって三〇〇〇回は行なってきたプレゼンで毎回繰りかえし言っているのだが、私はいつも、声をかぎりに「人がいちばん！」と何度も何度も何度も叫んでいる。なぜこれほど一目瞭然、明々白々なことが理解してもらえないのだろうか。理解に苦しむが、しかたがない。というわけで、もう一度ここで声を張りあげて語っている。

第5章は「何度でも言う――人がいちばん大事」というタイトルで始まる。これまでも、私の採点法では、「人がいちばん」はエクセレントをめざすための基本項目のなかでつねに最重要項目だった。けれども、いまの時代は、これまでよりダントツで「人がいちばん」の重要性が高まっている。最近のニュースのヘッドラインは、ロボットや高度なＡＩが（数百万人もの）人びとに取って代わることに関する話であふれている。いっぽう本書は、刺激的な成長に取りつかれた人びとが想像力と活力を駆使してエクセレントを追求することについてのヘッドラインにあふれている。

（注：たしかにAIはすぐそこまで迫っているが、そのおもな役割は、エクセレントな顧客体験を提供しようと取り組む労働者を支援することであって、労働者に取って代わることではない。）

したがって、私の本では（そう、これは間違いなく私の本だ）、「人がいちばん」は、一九八二年に私たちが初めてエクセレントについての取り組みを行なったころより、はるかに強力に伝えるべき概念である。当時と同じく、ビジネスに携わる人びとが、なぜこの概念をほとんど理解してくれないのか、私にはさっぱりわからない。交響楽団やバレエ団や劇団のリーダーや、スポーツのコーチ、あるいは研究所の所長も理解しているというのに。たとえばアメリカンフットボールでは、ビッグデータによる分析を参考にしているとはいえ、チームは選手の総和であり、彼らの効率性がチームとしての効率性であることは明らかだ。ならば、マサチューセッツ州ウエストポートの我が家の近所にある食料品店でも、それは同じではないだろうか。この地元の店はまさにその好例で、店員のふるまいをみているだけで心が温まる。

アメフトチームのニューイングランド・ペイトリオッツ。

マサチューセッツ州ウエストポートの食料品店。

いずれも同じ。

人がいちばん。

第6章はトレーニングについて書いている。論理的には第5章の一部にすべきだったが、独立した章で主張を際立たせるべきだと考えた。またそうするために強い言葉を使おうと考え、「トレーニングの鬼」というタイトルにした。あなたは、顧客にエクセレントな体験を提供し、喜んでもらい、ファンになって、ファンでいつづけてほしいと考えているだろうか。それなら、従業員一人ひとりにチームにがっちりかかわらせて、チームの成長に専念させねばならない。マシュー・ケリーは、清掃サービス会社の話をベースにした著書『ザ・ドリーム・マネジャー――モチベーションがみるみる上がる「夢」のマネジメント』（海と月社）で、従業員に全身全霊で会社に貢献してほしければ、あなたが全身全霊で従業員の夢を叶える手伝いをし、教育すべきだと語っている。あなたの部下は、現在の顧客に熱意を持って奉仕するだけでなく、ますますクレイジーさを増す世界に浸かりながらも、前進しようとしているのだ。

第7章では、新しいテクノロジーと向きあい、じっくり検討している。タイトルは「テクノロジーの津波、ホワイトカラー存亡の危機、新しい道徳的責務」で、起こりうる黙示録的な変化について説明し、独断的な表現もしている。いやむしろ、独断的な物言いをしているのは、「ビジネスとは人びとに豊かで実りのある暮らしを与えるものでなければならない。そうでないなら、やる価値がない」と言ったリチャード・ブランソンだ。それで私も次のような独断的な表現を使っている。〝企業の責務〟つまり、**リーダーとしてのあなたのもっとも重要な道徳的責務は、指揮下にあるすべての社員（契約社員や派遣社員も含めて）に、あなたの力をつぎこんで、将来必要となる〝一歩先をいく〟専門技術を身につけさせることだ。おまけにこれは、第一級の利益最大化戦略にもなる。**現代のビジネスに必要な道徳的責務というこの概念は、本書の基盤でもある。

第8章「不安定な世界で雇用を安定させる」では、個人の責務、というかむしろチャンスに目を転じている。私は一九九九年に、『ブランド人になれ！　チャンス到来、大ブレイクせよ！　君はグッとくる人になれるか。「ブランド人」になるための50項目』（ＴＢＳブリタニカ）というタイトルの本を出した。当時はいいアイデアのひとつだったものが、現在は責務のひとつになっている。この本では、前述した「防御vs.攻撃」についても強く主張している。ブランド人になることは、ＡＩに対抗する防御ではない。むしろ、あなたやあなたの仲間にとって、新たなテクノロジーをフル活用してワクワクするような生活を築くための攻撃的な戦略である。

次に第Ⅳ部「イノベーション」でトップを飾るのは、第9章「『数打ちゃ当たる』法則と『失敗は成功のもと』法則」だ。イノベーションについては、語るべきことが多くあり、何年ものあいださんざん話してきた。しかし、この部では、ふたつの根本的な概念に限定している。ひとつめはWTTMSW（数打ちゃ当たる）だ。私は、計画に法外な時間をかけることを大声で反対してきた。たとえば、『エクセレント・カンパニー』で取りあげた「八つの基本」のひとつめは、「行動偏重」だ。一九八二年のこの本で、私のお気に入りの会社だったスリーエムは（ほぼ四〇年たってもいまだに花形だ）、会社全体がひとつの巨大な〝遊び場〟だった。本書のこの章で、私が取りあげ絶賛している本のタイトルはずばり、『本気の遊び（Serious Play）』である。（ここでひとつ引用してみよう。「本気で遊ぶ準備ができていて、その気があり、それを実行できない限り、または実行できるようになるまで、あなたは本気の変革者にはなれない」）。

本気の遊び。大げさな企画部はいらない。形に囚われずに、思いきって一歩踏みだし、それから様子をみてみよう。たとえば、組織のあらゆる場所にいる人びとが話しあい、そのあと即席のプロトタイプをつくり、それをさらにいじって遊ぶ。失敗（WSTMSUWあるいは失敗は成功のもと）は、進歩するための必要なステップとして（耐えしのぶのではなく）称賛される。ある成功したCEOであり変革者である人物は、自分の成功は次の言葉のおかげだと語った。「速攻で失敗し、速攻で前進せよ」。

それらすべてに共通する点はのちほどじっくり検討するが、要約すれば次のようになる。「現在のおそろしく加速している変化のペースには、活気に満ちた全社あげてのWTTMSW／WSTMSUW文化が必要だ」。とはいえ、このような型破りな文化はシリコンバレーでは一般化しているものの、大半の企業の組織文化とはかけ離れていて、ガチガチに凝り固まった元の文化を壊すのは、簡単なことではない。

第10章は、大きな概念のうちのふたつめ、「付き合う相手が私たちをつくる」をテーマにしている。この章をまとめると次のようになる。混乱したヘンテコな時代にはヘンテコな人びとと（取りつかれたように！）共に過ごす必要がある。そういう人びととは一般的な人の考えかたとはちがう意見を口にし、誰も考えもつかないようなことを言う。モットーは「この時代、みんな同じは身を亡ぼす」だ。職場のみんなが廊下をうろついていることに気づいたら、あるいはあなたのチームの四分の三の人が似たような経歴で、いつも同じものの見方をしていて、その見方があまりに平凡なものだったら、あなたは大きな問題を抱えていることになる。「みんな同じ」との戦いは仕事の最前線から、とくに会議室に広がっている。重役の多様性が低い＝あまりに一般的＝生命の危機。

第V部。AI支援型の摩擦ゼロのサプライチェーン、言いかえればAI支援型の魂の抜けた業務が氾濫している時代に、効率化とコスト最小化は、あまりにありがちな物語の始まりであり終わりである。でも、ちょっと立ちどまって、メトロバンクのスローガン「成功をめざすなら、経費を削減して我が道を曲げるのではなく、金を費やして我が道を貫け」を思いだしてほしい。第V部はまさにこの精神をテーマにしていて、「付加価値――取りつかれたように優先せよ」と題し、最優先で強化すべき九つの戦略について説明している。

第11章「デザインへの情熱――もっとも重要な差別化因子」では、付加価値を高めるための要素のなかでも最優先すべきものとして、デザインへのこだわりを選んだ。この話には独特の視点がある。デザインとはすばらしい機能であるということだ。そう、デザインには人を惹きつける美しさがある。たしかに。けれどもエクセレントなデザインのエッセンスは、もっと先にある。大事なのは、感情的なつながりを維持できるものかどうかだ。スターバックスのハワード・シュルツは、お店にロマンスを感じてほしいと言う。サウジアラビアの店であれ、ボストンの自宅であれ、デザインに求められているのはロマンスだ。シュルツをはじめとするデザインへの熱意がこの章に命を吹きこんでいる。なにより大切なのは、このような概念はスターバックスだけでなく、地元のガソリンスタンドや総勢六人の購買部、「ギグエコノミー」で成功している二七歳のフリーランス業者にも同じように当てはまるということだ。

そのほかの八つの付加価値強化の戦略は第12章で登場する。そこには、新たなサービスに重点を置きつづけることが含まれている。たとえばロールス・ロイスはいまや航空宇宙エンジンの生産よりもエンジンのメンテナンスなど付随するサービスのほうで稼いでいる。現在のユナイテッド・パーセル・サービス（UPS）社は、小包を玄関ポーチに投げこむ配送業者というよりロジスティクスシステムの管理業者に近い。全社員によるソーシャルメディアの精力的な活用も中心に据えるべき戦略である。ここでは、スーパーボウルのCMに何百万ドルも費やすより、顧客のひとりとツイッターで話すほうがいいと主張する金融サービス会社CEOの言葉を紹介している。またテクノロジーの最前線として、革命的な影響を及ぼすビッグデータやIoT（モノのインターネット）にも触れている。

また、ふたつの巨大市場についても詳しく検討している。これらの市場は、財政的には潤沢なはずなのに、不合理に軽視されている。女性はあらゆるものの主要な購入者である。いまの時代でさえ、それを理解している企業はあまりに少ない。女性市場で利益を得るもっとも確実な方法は、会社のトップの編成を市場と似せることである（つまり、上級マネジメントチームや重役会のメンバーの過半数を女性にすることだ）。同様に軽んじられているもうひとつの巨大市場は高齢者である。高齢者全体の購買力は、大半の企業がターゲットとしている若者の購買力より驚くほど大きい。

最後の第Ⅵ部はエクセレントなリーダーをめざす旅だ。私はそれを「あれやこれやの雑務」と表現している。語呂の良くない軽い呼びかたをしているのは、組織や個人のトランスフォーメーションのためのグランドデザインや神秘的な公式を提供しているのではないことを示すためだ。むしろ私は、「ビジョン」や「確実性」、「ディスラプション」、「トランスフォーメーション」などの言葉をやたらと使いすぎないよう気をつけている。本書の狙いは、現実的な戦法を伝授することだ。今日のリーダーシップの影響力を高め、今日この日にエクセレントへ向けた歩みの起爆剤になるアイデアを伝えることだ（エクセレントはいまから五分間のこと、という基本原理を思いだそう）。これらのアイデアは保証付きだ（何度も何度も何度も、成果が証明されている）。

効果のある戦術。

今日の午後から使える戦術。

戦術はいろいろ組み合わせ、繰りかえし使うことによって、エクセレントなリーダーへと続く階段を登る足がかりになる。

リーダーシップについての章でトップを飾る第13章のタイトルは「エクセレントなリーダーは聴き上手」だ。私は人の話を聴くことに第Ⅵ部全体を費やそうかと真剣に考えた。もしそうしていれば、リチャード・ブランソンの先例に従うことになっただろう。ブランソンは、自分の本『ヴァージン・ウェイ――R・ブランソンのリーダーシップを磨く教室』（日経BP社）のほぼ三分の一を割いて、相手の話に耳を傾けることを書いている。私は少なくとも独立したひとつの章に値すると考え、リーダーシップのセクションの最初の章にこのトピックを選んだ。この章では、あるリーダーシップの専門家が「全身全霊で聴く」と呼ぶ、積極的に人の話を聴く行為を核になる価値観《コアバリュー》の最優先候補として、社内全体で全力で取り組むよう主張した。

リーダーシップの部でふたつめに選んだのは、最前線のマネジャーが果たす、組織内の集合体としての役割である。陸軍を実際に動かしているのは軍曹だし、海軍を実際に動かしているのは上等兵曹《チーフ・ペティ・オフィサー》だ。そして軍隊はそれを充分承知していて、その事実に基づいて行動している。同様に、ビジネスの最前線に立つリーダーは企業の大切な資産だが、大半の企業はその事実に基づいて動いていない。第14章で、私はそれを変えるために、岩のようにかたい主張を行なおうとしている。

そして、第Ⅵ部の根幹をなす第15章では、二六の戦術を示している。たとえば感謝と謝罪の圧倒的なパワーや、私たちの判断力をひどく鈍らせる多くの認知バイアスの分析（とそれらのバイアスのパワーを抑えるためのいくつかの提案）などである。私がめざしているのは、それらの戦術的なコツを伝授し、あなたに試してもらうことだ。いますぐに。何度も繰りかえすが、それらの戦術を絶えず使うことで、それらの知識はほぼ間違いなく、エクセレントに向かうあなたの旅を加速させる。

エピローグは、節度のない時代には節度のない行動が必要だというシンプルな主張でまとめた。迅速で勢いのある活動によってエクセレントとワオをたゆまずに追いもとめることが、けっきょくはこの時代の試練を乗り越えるための、防御ではなく攻撃的なアプローチになる。

本書の全一五章には一五のアイデアが詰まっている。それぞれが、この先の無秩序な時代を生き抜き成功するために必要な、エクセレントに向かう旅の道標となる。

幸運を祈る！

構成についてI

先人たちの肩に乗って

三年まえ、私は組織内の人びとがエクセレントに成功することについて、過去五〇年にわたって考えてきたことをすくいあげ、まとめるという作業に取りかかった。その取り組みの結果、モンスター級の資料ができた。一〇万語の注釈を含む四〇九四枚のスライドからなる一七章。私はこれを「ザ・ワーク」（次のサイトで見ることができる。http://excellencenow.com/）と呼んだ。本書は、その一七章の大作から厳選したものである。具体的に言うと、スライド全体をみて、もっとも輝かしいと思う先人たちによる三〇〇ほどの文を抜きだし、これらの珠玉の言葉をたたき台として本書をまとめた。それらの言葉の論法はシンプルで、私が長年抱いていた考えと一致している。私はこれまで膨大な数の組織を観察してきたし、自分のささやかなビジネスの浮き沈みとも格闘してきた。とはいえ、私はフォーチュン五〇〇社のひとつを経営しているわけでもないし、ユニコーン企業を立ちあげているわけでもない。それは厳然たる事実だ。したがって、私が行なってきたことはすべて、いわば巨人の肩に乗って間接的になされたことだ。だから、「社員は大事な顧客という話で、トム・ピーターズはなんと言ってたっけ?」と私の見解について悩む必要はない。けれども、どうか、サウスウエスト航空の創設者で元CEOのハーブ・ケレハーや、比類なきリチャード・ブランソンなどの先人の言葉は一言一句じっくり読んでほしい。本書は私の本というより彼らの本だ。それは喜んで認めるし、突飛で奔放な世間一般とは異なるエクセレントな数々の例を、改めて自分の頭に叩きこめたことをありがたく思う。そして、本書によって、みなさんの頭にもそれらを叩きこむことができたなら、それはなによりの喜びである。

構成についてⅡ

あなたの肩に

最初の本を書いたとき、私はマッキンゼーでコンサルタントとして働いていた。そして、自分の本のもっとも重要な読者は、大手のクライアントかクライアント候補だと最初は思っていた。けれども、いざ出版されてみると、心を打つ手紙をくれるのは、小学校の校長先生や警察署長や警部補、消防署長、大企業の課長などだった。これらの手紙から得た教訓を本書でもふたたび活用したいと思う。本書のターゲットはおもに、巨大企業に属するメンバー六人の人材トレーニング課の長や、マサチューセッツ州ダートマスの我が家の近所にある社員四人の建設会社の社長や、前述した警察の警部補などである。つまり、チームの仲間を教育し、顧客やコミュニティのメンバーをファンに変えて、活気に満ちた地域や国の経済をつくりだすことで変化を生もうと精一杯取り組んでいる人びとだ。本書が、エクセレントな人生に向けて、あなたの情熱をかきたてるきっかけになればと心から願っている。いまの時代、エクセレントの追求は、これまでになく大きな意味を持つ。

I　実践

1 とにもかくにもまず実践

マイ・ストーリー＊

シンプルな言葉「CAN《キャン》 DO《ドゥ》」から、いかにして私の五〇年ものキャリアが始まったか。

「シズル感を生かすマーケティングの秘密」や、「永続的なディスラプション（破壊）に対抗する」ための確実な公式や、「びっくり仰天の戦略」を生みだす方法やらを提供するビジネス書が氾濫している。そして、目新しい戦略が書籍になり、大きく称賛されて受けいれられるが、しばらくすると、影も形もなくなってしまう。（あるいは、少なくとも影が薄くなる。）そのあと、別の戦略がもてはやされ……同じパターンが繰りかえされる。

　この残念な状況に対する私なりの答えを話すまえに、まずは七五年ほど時代をさかのぼってみよう。

＊　各章は私の回想で始まる。その章で取りあげるテーマがどのようにして、私の心に浮かんできたのかを説明するためだ。そのあとにテーマを肉付けする物語が続く。

当時の米国は、真珠湾攻撃を受けたあと、太平洋の向こうで反撃を開始し、遠く離れた島々を飛びまわっていた。いっぽう米国本土では、米国海軍造修局と土木士官の長であるベン・モリール海軍大将が飛びまわっていた。モリールが忙しく飛びまわっていたのは、建設業の労働組合事務所だった。新しい海軍建設大隊のために新人を採用しようとしていたのだ。この大隊は、太平洋の向こうで戦っている軍隊を支援するために、道路や滑走路をはじめ、必要なものをすべて建設する部隊だった。

モリール海軍大将は組合員に、とてつもなく重要な任務があると話した。その任務では、礼儀や身だしなみ、規律に気を配る必要はない。採用の目的はただひとつ。手元にある、ありとあらゆる道具や設備を使って、文句を言わずにすばやく何かを建設することだ。実際、その大隊はいろいろなものをつくった。開始から終了までたった一二日しか活動できる日がないなか、岩を削って滑走路をつくったり、その滑走路が日中に爆撃を受けて月面のようにデコボコになれば、火を焚《た》いて夜を徹して修復したりした。この米海軍の実質本位の建設隊「シービー」（建設大隊「Construction Battalions」の略でもあり、海の働きバチという意味にもなる）のモットーは「CAN DO《キャンドゥ》（できる）」だ。シービーは日々死傷者を出しながら、幾度も奇跡的な働きをした。くだらない能書きはいらない。敬礼も無用。必要なのは橋や道路、滑走路だ。とにかく建てろ、いますぐに。（シービーをモデルにした一九四四年の映画「血戦奇襲部隊」ではジョン・ウェインが主演を務めた。）

第二次世界大戦から二〇年たった一九六六年の暑い八月の夜、私はベトナムのダナンに降りたった。一〇〇人ほどの新たな第九海軍機動建設大隊（ＮＭＣＢ９）の仲間たちとともに軍用輸送機Ｃ１４１で上陸したのだ。私は二三歳の米海軍少尉で、青二才の若造だった。到着して落ち着くのに半時間だけ与えられたあと、第二次大戦時にシービーにいたタフな部隊長は、着いたばかりの若い士官を集め、命令をくだした。次の九カ月間、われわれは建設を担当するのだと隊長は言った。週七日、日が昇ってから暮れるまで、必要とあれば夜中も働く。ベトナムの四カ月続くモンスーンなどへっちゃらだ。つくっている道路に仕掛けられた地雷にもひるむな。なにものにも邪魔されるな。われわれがここにいるのは、つくって、つくって、つくりまくるためだ。材料はつねに足りないだろう。地ならしの道具も不充分だし、あっても壊れかけているものばかりだ。だが、思い悩んでいる暇はない。礼儀はいらない。身だしなみもどうでもいい。

ただつくれ。

手早く、正確につくれ。以上。

私たちは敬礼し、実際に声を揃えてこう言った。「キャン・ドゥ」

ベトナムで二度、あわせて一四カ月間従軍したが、それが私にとって初のマネジメントの仕事になった。そこで一生忘れられない影響を受けた。くだらない能書きはたくさんだ。言い訳はするな。凝《こ》った報告書など忘れろ。すぐに動け。仕事を済ませろ。この点に関しては、五〇年間、何も変わっていない。多くの人があまりに戦略に踊らされすぎていて、実践派はほとんど姿を消してしまったという癪《しゃく》にさわる事実は追加されたが。

一九六六年の教訓は、

いまの時代でも教訓のままだ。

派手な戦略は忘れよう。

とにかくつくれ。
いますぐに。
やればできる。

実践にまつわる物語

1.1　さっさと実践しよう

シャワーカーテンの原理

ヒルトンホテルの創業者であるコンラッド・ヒルトンは、自身のすばらしいキャリアを祝う祝賀会で、演台に呼ばれ、次の質問を受けた。「長く卓越したキャリアのなかで学んだ、もっとも重要な教訓はなんですか?」

彼の答えを完全に再現しよう。

シャワーカーテンはかならずバスタブの内側に入れておくこと。

本書のトップを飾ることになったこのヒルトンの格言は、じつは過去五年のあいだ、私が行なったすべてのプレゼンで最初に示したスライドの言葉でもある。ホテル・ビジネスでは、「一にも、二にもロケーション」（と優れた建築）が重要で、いい場所にあるホテルはとても魅力的だ。けれども、このシャワーカーテンの教訓が私を引きとめ、友人に紹介するならやっぱりヒルトンという気にさせられる。経営者ならよくわかっているとおり、最初の取引はたいていい損をするが、一八、一九、二〇番目の取引あたりから儲けが出てくる。それはいまの話みたいに大切な言葉が口コミ《マウス》やコンピューターのマウスで伝わることから始まる。

ホテルが大切にしていることは、私たちみんなに当てはまる。

1.2　実践——五つの試み

1.2.1　実践＝戦略

実践こそ戦略だ。

——フレッド・マレク

フレッド・マレクは、私が一九七三～七四年にホワイトハウスの行政管理予算局に勤めていたころの上司だった。（フレッドは公務につくまえ、起業家として大きく成功していた。）フレッドからは、人生に対して一徹に、何がなんでもやりぬく態度を教わった大きな恩がある。フレッドとの会話はいつも、その日に進めるべき仕事をこなしながらだったし、次にすべきことに関する遠慮のない質問が、矢継ぎ早に飛んできたものだ。けれども、その矢のような鋭い質問を受けているうちに、しっかりした進捗をずっとうまく報告できるようになった。

私たちはこの圧倒的な「行動偏重」（私はあとになってこう呼ぶようになった）の結果、戦略的なチャンスをいくつか逃してしまったかもしれない。けれども、フレッドのチームは不可能を可能にするという畏怖に近い評判が、連邦の迷宮のような官僚内だけでなく、議会場にさえとどろいていた。とはいえ、この行動偏重のおかげで、フレッドに「誰それの考えがよくわからない」と伝えただけで、ワシントンからバンコクへの四八時間の辛い往復旅行をさせられたことがあることも告白しておこう。だがそのかいあって、発表寸前だった違法薬物の流入阻止方針に対する大使の反応を自分の目で確認し、フレッドに知らせることができた。

1.2.2 シンプルにいこう

コストコは大きくシンプルな目標を見つけ、とびきりの熱意を込めて実践した。

――チャールズ・マンガー（バークシャー・ハサウェイの副会長）

要約すると、シンプル、熱意、実践。

そのとおり。

ちなみに、コストコのパフォーマンスはずば抜けている。

1.2.3 ジャック・ウェルチのスローガン

現実の生活では、戦略とはとてもストレートなものだ。だいたいの方向を決めたら……死に物狂いで実行せよ。

――ジャック・ウェルチ

マネジメントの専門家に言わせれば、GE（ゼネラル・エレクトリック）の最高経営責任者だったジャック・ウェルチは「戦略の天才」そのものだ。だが、現在語られているエピソードは、ほとんどすべて作り話だ。ウェルチは一流の「実践者」だった。GEでは任務を言いわたされたら、それを果たさねばならない。そうでなければ、GEに長くはいられない。

ウェルチの戦略の定義にある「だいたいの方向」という言葉にも注目すべきだ。私もそのとおりだと思う。細かい戦略は中身のないたわごとだ。だいたいの方向を決めて進むうちに、まわりの風景が現れては消え、現れては消え、どんどん変化していく。進みながら風景が変化していく状態こそ成功の鍵で、チャンスに心を開いていれば、最初に予想していた場所から遠く離れた場所にたどりつくことがほとんどだ。けれども十中八九、それでいい。

（ついでに言うと、ウェルチがGEの舵《かじ》を取っていたとき、最初のステップのひとつが、本社の戦略計画スタッフをこきおろすことだった。戦略計画スタッフが書いた辞書みたいに分厚い書類は、実行を担当している現場の責任者がまとめた一、二ページの文書に入れかえられた。）

1.2.4　アマチュアとプロフェッショナル

本書のイントロ部分を思いだそう。

アマチュアは戦略について語り、プロフェッショナルは兵站術（ロジスティクス）について語る。

——オマール・ブラッドレー大将（ノルマンディー上陸作戦開始日の米軍司令官）

もう一度言う。そのとおり。

ブラッドレーの格言を読むといつも、喜びに頰《ほお》がゆるみ、笑みが浮かび、目が潤《うる》み、興奮がわきあがる。さらに言うと、私はこの言葉を金言というより実用的なガイドラインとみなしていることも付け加えておきたい。ブラッドレーの格言は長いあいだ、軍の根本になる原則だった。適切な時間に適切な場所へ戦車の燃料を届けることは、戦場で成功するためのいちばんの鍵であり、戦いを切り抜けようとする大将にとっては、いちばんの悩みだった。これは、大小を問わず一般企業でもまったく同じことが言える。

1.2.5 仕事をやりとげるワクワク感

実践はビジネス・リーダーの仕事……仕事の候補者に最初に求めることは、実践へのエネルギーと熱意だ。候補者は仕事をやりとげるときのワクワクする気持ちを語っているか？　それとも戦略や哲学ばかり考えているか？　乗り越えねばならない壁を細かく述べているか？……つまり、自分の部下が果たすべき役割についてだ。

――ラリー・ボシディ、ラム・チャラン『経営は「実行」――明日から結果を出すための鉄則』（日本経済新聞社）

（ボシディはGEの元副会長で、その後アライドシグナルのCEOになった。チャランは経験を積んだビジネス・コンサルタントで、さまざまなビジネス書の著者でもある。）

これは一見シンプルなことに思える。ようは、実践について話をする人びとは、ほかの人に比べて実践に時間を費やす可能性が高いということで、逆もまた真なりだ。優れた言葉であると同時に第一級の採用基準でもある。候補者は理論家か、実用主義者か、社交家か？　自分のチームのことを話すとき、誇りや好意がみえない人からは、できるだけ遠くに離れていたほうがいい。

強くお勧めしたいこと。

ボシディとチャランの言葉を二回読もう。

これに従って行動しよう。

ポリシーと行動に組みいれよう。

1.3　後戻りするな――ユリシーズ・S・グラント

どこかに出かけたり、何かをしたりするとき、験担《げんかつ》ぎにいつもしていることは、意図したことが達成されるまで、後戻りしない、立ちどまらないことだった。

戦術はかなり単純だ。敵がどこにいるのか見つけ、できるだけ早くつかまえ、できるだけ強く、そしてできるだけ頻繁に攻撃し、動きつづけること。

——ユリシーズ・S・グラント

グラントは、恐怖症なみに後戻りしたり引きかえしたりすることを極端に嫌った。どこかに向けて出発したら、行く先でどれほどの困難が待ち受けていようとも、なんとかそこへ到達しようとした。この気質こそが、手ごわい将軍になれたひとつの要因だ。グラントはつねに、後戻りは選択肢にないことを強調しつづけた。

——マイケル・コーダ『ユリシーズ・S・グラント——類まれな英雄（Ulysses S. Grant: The Unlikely Hero）』

グラントは自軍をつねに移動させ、敵を不安定な状態にしつづけた。ジョサイア・バンティングは著書『ユリシーズ・S・グラント（Ulysses S. Grant）』のなかで、将軍は「ありえないほど戦略には興味がなかった」と述べた。

まとめ

・派手な戦略には興味を持たないこと。
・完了するまで、しつづけよう。

・必要以上に複雑にしないこと。
・目の前の仕事を片付けよう。

グラントについて称賛したい部分はいくらでもあるのだが、なによりもすばらしいのは、前任者のジョージ・マクレラン将軍のように行動を先延ばしにする人びとが多いなか、行動の人だったところだ。絶えず前進しようとするグラントの強迫観念めいた行動は、おそろしく厳格だったという評判と一致している。これらの対になった特質はグラントの人格を形づくっていて、これによってリンカーン大統領のお気に入りになり、連合軍に勝利をもたらしもした。だが、それがいつもいい影響を及ぼすとは限らない。ときには、ひどく忌《い》まわしい状態になることもあったが、グラントは押しの一点張りで、つねに前進を続け、どんなに状況が悪くても数センチたりとも後戻りせず、任務をやりとげた。

1.4　採用面接――「私たち」は「私」に勝る

採用面接では、候補者が「私」と「私たち」のどちらを使うかをじっくり定量的に観察した。
――レナード・ベリー、ケント・セルトマン『全米№1クリニックが教える最強のマネジメント』（アチーブメント出版）の第六章「価値観と才能で雇う」（この本は医療だけでなく一般にも通じることが書かれている傑作だ！）

採用試験で、候補者が「私」または「私たち」と言った回数を文字どおり数えるというのは、かなりシンプルなアイデアだ。けれども、とても重要なことである。たとえば、メイヨー・クリニックは、一世紀近くまえから「チーム医療」に力を入れている（一九一四年にウィリアム・メイヨーが初めてこの言葉を掲げた）。そしてこの方針によって、一般的にも、そしてとくに医療界で、ほかの機関との違いをもたらしている。たとえば、メイヨーのリーダーは、面接で「私」より「私たち」を多く使うことが、将来自分自身よりチームメイトに注意を向ける傾向を示すきわめて優れた指標であることを発見した。これらはすべて実践の鍵であり、究極の「チーム・ビジネス」でもある。

注：この「私／私たち」の測定基準は、医師の面接だけでなく、どこでも通用する！

この病院では、以前いた病院と比べて何百倍もいい働きができます。それはここのサポートシステムのおかげです。ここで診療しているときは、まるでひとつの生命体のなかの細胞として働いているみたいに思えるのです。私は独りぼっちの単細胞動物なんかじゃないと。

——ニーナ・シュウェンク医師の言葉。レナード・ベリー、ケント・セルトマン『全米№1クリニックが教える最強のマネジメント』の第三章「チーム医療を実践する」

何百倍もいいなんて、言葉どおりに受け取る人なら間違いなく大げさだと言うだろうが、いずれにせよこれはきわめて大事なことで、メイヨー医師が掲げた「チーム医療」に対するきわめて心強い援護射撃でもある（悲しいことに、現代の大半の病院では「チーム医療」は姿を消してしまっている）。

1.5　達人の言葉――真の「トップマネジメント」に関するピーター・ドラッカーの言葉

ある大規模なマネジメント・コンサルティング会社の社長が尋ねる。「ウチで働いてほしいと言わせる、あなたのウリはなんですか?」大多数の人はこんなふうに答える。「経理部を率います」とか「販売なら任せてください」……だが、「マネジャーたちが正しい判断をくだせるよう情報を提供することです」とか、「顧客がすぐにでも欲しくなる製品は何かを責任を持って見つけます」という人は少ない。職位や地位がどれほど高かろうと、部下にプレッシャーをかけるマネジャーは三流だ。けれども、人に貢献し、結果に責任を持つマネジャーは、どれほど下級であれ、文字どおりの意味での「トップマネジャー」だ。そういう人は、チーム全体のパフォーマンスの責任を自分自身が担おうとする。

――ピーター・ドラッカー

責任を果たすという態度や感覚は地位よりずっと重要だ。これは非常に重要な言葉で、ドラッカーの格言のなかでも、私のお気に入りの名言だ。（長年ドラッカーの研究をしている私が言うのだから間違いない。）とくにすばらしいと感じるのは、ドラッカーの評価では、貢献と結果に力を注ぐことで、最下級マネジャーがトップマネジメントへいっきに押しあげられるという考えだ。

1.6　実践を妨げている障害を取りのぞく

1.6.1 部署の垣根を越えたエクセレント（XFX――Cross-Functional Excellence）

部署間の調整不備やコミュニケーション不足が、すべての遅延のおもな要素だ。

決めつけないでくれって？　たしかに。けれども、五〇年間、さまざまな会社を観察してきたからこそ、私は確信を持っている。XFXを追求することの重要性は、格言にしてもいいくらい明らかだ。あらゆる組織、つまり一ダース以上の人が属する組織の大半で、仕事の遅れや、終わらない仕事、従業員の不安、顧客の怒りなどを引き起こすいちばんの原因は、部署間のコミュニケーション不足と調整不備のせいだと私は強く信じている。

重要な付記1――新しい組織の形態に、凝った名前をつけたり、ソフトウェア・アーキテクチャで支援したりしても、財務や技術などの職務や部署という単位をなくすには至っていないし、今後もなくなることはないだろう。本当だ。むしろ新しいソフトウェアは状況を悪化させる可能性がある。ソフトウェア導入（「それはソフトウェアにさせておこう」）に伴う非人格化は、部署間の絶妙な調整がものをいう局面で、災いを引き起こす。

重要な付記2――近年よくみられる主張は、流動的なプロジェクトチームが主導する未来の企業では、部署は不要になるというものだ。私は「部署」という言葉が嫌いなのだが（それより社内の専門サービス会社、PSFのほうがいい。PSFについては12.2.9を参照のこと）、その主張とは正反対のことが起きるだろうと考えている。現在の企業は知的財産をせっせと増やそうとしているが、これは、専門的な人材集団（または部署あるいはＰＳＦ）にかなり依存している。

残念ながら、競争相手の巧妙さではなく、自社内の部署という壁が、高い競争力を阻む大きな障害になっている。理論的にはこれに同意してもらえるだろう。けれども、ＸＦＸに到達しようと日々取り組むことが、誇張ではなくまさに〝戦略的なチャンス〟であることに、あなたは気づいているだろうか？　ＸＦＸの達成は、（調整の不備を正すなど）ネガティブな問題に対応するというより、持続的で競争力のある長所を伸ばすための基盤、つまりとてもポジティブなものをつくりだすことに近い。（繰りかえす必要はないかもしれないが、言いかえると、ＸＦＸは根本的に「購買チームと財務チームの反目をとめましょう」ということではない。ゴールは「購買チームと財務チームがお互いに支えあいながら、生き生きと共同で仕事に励み、イノベーションを実現したおかげでパフォーマンスと利益が増加しています」と言えるようになることだ。）

1．6．2　ＸＦＸがまたとないチャンスなら、どこからはじめるべきだろう？

簡潔な答え――ランチをけっして無駄にするな！

ランチ＝部署間の摩擦低減剤

ランチが？

戦略的に重要なものだって？

そのとおり!

重要なタスク——公式の戦略として、「ランチ多様化プログラム」を開始せよ。

部署間ランチのパーセンテージを評価項目に——月に何回、別の部署の人とランチを取ったか数えてみよう! この回数を社員全員の公的な評価項目に加えよう!

例外的に優れたソフトウェアが部署間の調整を促すこともあるが、XFXの追求には、おもに「人材と人間関係」に重点を置くべきである。そしてランチは、私が「ソーシャル・アクセル」と名付けた部署間の調整を促すソフトツールの大きな部分を占める。ようするに、ランチ多様化プログラムは、たとえば、ソフトウェアへの投資を五〇〇万ドル追加するよりも、ソフトな社会的・文化的因子を強めることができるのである。

1.6.3 個人レベルのXFX

個人的な人間関係は肥沃な土と同じ。そのなかで現実生活のあらゆる進歩、成功、達成が育まれる。

——ベン・ステイン(投資家、エコノミスト)

一七二〇年であれ、一八二〇年であれ、一九二〇年であれ、二〇二〇年であれ、いつの時代にも当てはまる。

（また、人間関係は、行き当たりばったりでつくられるものとして扱われることが非常に多いが、注意深く続けた取り組みや、周到に計算された取り組みの副産物として扱うべきだ。）

XFX＝個人的な人間関係

1.6.4　XFXは社会的――XFXを支えるソーシャル・アクセル

ランチとは、個々の人間関係を育むものだ。XFXは現在も過去も未来も、社会的な営みだ。その考えかたに沿った、「ソーシャル・アクセル」と私が呼んでいる行動をここに挙げておく。これらは、ひとかたまりの「ソフト」なアイデアで、このような行動を組み合わせて継続することで、部署を越えた息の長いエクセレントに到達することができる。

1. **みんなが行なうべき仕事**――ほかの部署の人と友達になろう！
2. ほかの部署の人と頻繁にランチを食べよう！
3. 定期的にほかの部署の仲間を自分のチームの会議に招待し、積極的に話し合いに参加してもらおう。彼らの分野で流行していることを教えてもらおう。（有用だし、敬意の印にもなる。）

4．ささやかなXFXのふるまいの例を率先して探し、個人的にも公的にもそのふるまいに感謝しよう。
5．別の部署にいる同僚に、あなたのグループへの協力を感謝して賞を贈ろう。少なくとも週に一回小さな賞を贈り、年一回はとくにサポートしてくれた人たちを招待してパーティを開こう。
6．別の部署の人から助けを求められたら、隣の席にいる人と同じように、または外部の顧客に対応するときみたいに機敏に対応しよう。
7．「ボンクラ経理め」とか「いまいましい人事部のヤツ」など悪口は言わないこと。ぜったいに。
8．標準的な手順として、臨機応変に対応する姿勢（アドホクラシー）を確立しよう。そして、緊急の問題が起きたときは、迅速に部署を越えた小さなチームをつくろう。
9．新入社員には、入社から数日以内に、プロジェクトの一部の一部のそのまた一部を担当させ、ほかの部署の人びとと働いてもらおう。そうすることで、息をするみたいに自然に他部署の人たちと共同して働けるようになる。
10．できれば、部下の一人ひとりを、財務部の何かの仕事に一時的に割り当ててみよう。（そうすれば、経理畑の人びとと知り合いになれる。ひょっとするとそれが、キャリアのヒントになるかも。）
11．「社員を連れて顧客のところへ出かけよう」多少の差はあっても、定期的かつ物理的に全員に顧客と会う経験を積ませよう。このような経験は、なにものにも代えがたいモチベーションになる。自分たちの仕事の影響を文字どおり目の当たりにできるのだから。
12．受付係をはじめとして、社員各自の評価項目にXFXを加えよう。XFXの成績は、あ、ら、ゆ、る管理評価のなかのトップ二にはいる。

13. 各部署は、有用性と効率、会社全体に及ぼす価値の有無について、ほかの部署から評価を受けるべきだ。

14. 部署を越えて共同する経験を、とくに上級職に要求しよう。たとえば、米軍は司令官志望者全員に、他部署の人とともに任務を終えることだけをゴールに定めた、服務期間いっぱいの任務を義務づけている。

15. エクセレント！　これらを続ければ、ＸＦＸの驚くべき境地にたどりつける。その後もつねにＸＦＸについて話しあい、追求し、もっと上をめざそう。

1.6.5　XFXをコアバリューに加えよう

私が示すＸＦＸの重要性を認識してもらえたなら、次はこれを成層圏へ押しあげ、会社が掲げているコアバリューに加えることを検討してほしい。こういうのはどうだろう。

部署を越えたつながりとコミュニケーションが新たな価値の源となるまで、休むことなく進みつづけよう。部署の垣根を越えたエクセレントなつながりができれば、私たち全員に、日常業務に対する情熱がわいてくるはずだ。

繰りかえしになるが、ここで大事なのは、ＸＦＸはほぼ確実に、サービスや事業を戦略的に差別化するための絶好のチャンスになるということだ。何か出来事があったその瞬間に、この言葉に同意する人は多いが、継続的に、たとえば毎回の会議の最初の議題としてＸＦＸが取りあげられることはそれほど多くない。けれども、私の主張は次のとおりだ。

ＸＦＸを、目につくところに掲げよう。
つねに取り組もう。
測定しよう。
取りつかれたように実践しよう。

1.7

1.7.1　実践Ⅰ――方法を考える時間を測る

実践とは、なにをどうするかをとことん議論し、課題を抽出し、粘り強く最後までフォローし、確実に責任を果たすためのシステマティックなプロセスだ。

――ラリー・ボシディ、ラム・チャラン『経営は「実行」』

ヒント：たとえば、これから行なうプレゼンで、あなたは問題の分析より実行についての説明により多くの時間を費やすだろうか。（時間を測ってみよう！）

1.7.2　実践Ⅱ――策略を楽しむ

なにを実行するにせよ、大切なのは策略だ。策略が好きじゃない人は、どんなときであれ、どんな規模であれリーダーには向いていない。策略は薄汚い話題で使う薄汚い言葉ではない。ドイツ・プロイセンの首相だったオットー・フォン・ビスマルクの言葉を借りれば、「策略とは、不可能を可能にする、目標を達成するための技術である」。

このセクションをまとめていた日、私はたまたまロサンゼルスでテック系の企業を経営している友人のひとりと話をした。友人の会社はとてもうまくいっていて、顧客には超押しの強いウォルト・ディズニーも名を連ねている。あなたはけっして若くないのに、どうやって仕事をこなしているのかと私は尋ねた。彼は東海岸から毎月二回大陸を横断して西海岸に出かけていた。友人は、テック分野の変化に刺激を受けたり、客との駆け引きで優位に立てるようチャレンジしたりするのが好きなのだと答えた。そして、こう付け加えて、私を驚かせた。「じつを言うと、トム。私はクライアントと、あでもないこうでもないと延々と議論するのが心底楽しくってね。話しあったことをすべて考えあわせて、その会社内でうごめく数々の策略のあいだを縫《ぬ》ってどう進もうかと考えるのも好きなんだ」

言いかえると、彼は、自分の目的を達成するために行なう策略をおおいに楽しんでいるのだ。真面目にやれって？　私はそうは思わない。私が知っている、とても成功している人びとの多くは、口論をとことん楽しんでいるし、人間関係／策略のパズルをつなぎ合わせるのが上手だ。たとえば、延々と続く昇進のむずかしい判断について考えてみよう。彼女または彼は、策略に満ちた混沌《こんとん》とした環境で仕事をやりとげるという大事なゲームを楽しんでいるか？　それとも、何もかも策略ばかりでいやになるとブツブツ文句を並べているか？

現実の世界で実践するのに大切なのは……

IQ ＜＜＜ EQ

実践のプロセスを体得するには、標準的なＩＱ（知能指数）よりもＥＱ（心の知能指数）が重要だ。本で学ぶ知識はもう不要だと言っているわけじゃない。ただ、優れたリーダーシップには、人間関係や策略のパズルを解きながら、あなたが通るべき道を見つけることがまず大切だと言っているのだ。

1.7.3　実践Ⅲ——実践について話す

実践の鉄則

いつも実践について話をしていると、それを実践する可能性は高い。話さなければ、実践されない。

「そんなに簡単なものなのか？」
「かなりの程度で、答えはイエスだ」

これを実際の行動項目にさっそく取りいれて、今日からはじめてみよう。会話や会議をモニタリングして評価してみよう。実践／実行／誰が・何を・いつ・どこで・次のステップ・マイルストーンなどを話題の中心に据えて話しあい、記録し、そのあとメールなど文章で繰りかえし話題にしているだろうか？

1.7.4　実践Ⅳ——歴史に残るエピソード

このエピソードは、もともとナショナル・パブリック・ラジオの番組で紹介されたものだが、私のブログ tompeters.com にも投稿された。

ある男が封筒を掲げながらモルガン財閥の創始者Ｊ・Ｐ・モルガンに近寄ってこう言った。「ちょっと失礼。私がいま手にしているのは、成功のための確実な公式です。これを二万五〇〇〇ドルであ

なたに喜んでお売りしましょう」

すると、J・P・モルガンは答えた。「封筒のなかになにが入っているのか知りませんが、まずそれを見せてもらいましょう。読んで気に入ったら、紳士として約束します。あなたが欲しいと言う額を払いましょう」

男はその条件を飲み、封筒を渡した。J・P・モルガンは封筒をあけ、紙片を取りだし、ちらっとひとめ見て、その紙片を男に返した。

そして、男に、約束どおり二万五〇〇〇〇ドルを支払った。

その紙切れに書かれていたのは……

1. 毎朝、その日にすべきことをリストに書け。
2. それを実行せよ。

1.7.5
実践V――ほんのささいなこと＝とても大きな問題

クギがないから　蹄鉄《ていてつ》が打てない
蹄鉄が打てないから　馬が走れない
馬が走れないから　騎士が乗れない
騎士が乗れないから　伝言が送れない

伝言が送れないから　戦ができない
戦ができないから　戦争に負けた
戦争に負けたから　国が滅んだ
何もかも蹄鉄のクギがなかったせい。

――一四世紀のことわざ

（コンラッド・ヒルトンの話に通じるものがある。この章の最初に出てきた、バスタブの内側に入れたシャワーカーテンの話を思いだそう。）

Ⅱ　エクセレント

2 エクセレントはいまから五分間のこと

マイ・ストーリー

「受難日のコンピューター・クラッシュ伝説」あるいは「バレエがビジネスに役立つとき」

一九七八年のイースターの週のことだった。当時私は、マッキンゼー・アンド・カンパニーのサンフランシスコ支社でコンサルタントとして勤めていたが、ニューヨークの本社にいるお偉方から独自に依頼されたあるプロジェクトに懸命に取り組んでいた。そのプロジェクトのことを考えると落ち着かなかった。だいたい、「組織の効率性改善」というプロジェクト名もぱっとしない。

その週のある日、サンフランシスコ支社のメイン・コンピューターがクラッシュした。それは常務取締役が、ロサンゼルスのダート・インダストリーズのトップ・チームに重要なプロジェクトの報告をする予定時間の三六時間まえだった。コンピューターがダウンして、そのチームはプレゼン用の資料が準備できない状態になった。すると、ジョン・ラーソン（サンフランシスコ支社のボス）が、せっぱつまった様子で（ダートは重要なクライアントだ）私のところにやってきて、こう言った。「短いものでいいから、うまくお茶をにごせそうな、気のきいたプレゼンをつくって、私を助けてくれないか？」

「いいですよ」と私は即答した。上司の窮地を救うなんて、願ってもないことだ。そうだろう？

時間はほとんどなくて、すぐにでも取りかかりたかった。けれども、その宿題が課せられた夜は、サンフランシスコ・バレエ団の公演に妻とふたりで出かける約束をしていた。だから、「また、あなたのせいで予定が台無し」と言われて起こるケンカを避けるために、私はバレエ団の上演があるオペラ・ハウスに渋々足を向けた。バレエには疎《うと》かったし、ストレスも溜まりに溜まっていた。ところがその夜、ダンスの美しさと優雅さに私はすっかり魅了されてしまった。

家に戻ったのは一〇時半ごろだった。私の気持ちはまだ高ぶっていたが、それでも律儀に自宅のオフィスでダート関連の資料をまとめはじめた。正直言って、次に何をしようというアイデアはなかったが、とにかくビックのペンを手に取り、壮観なバレエにかきたてられた興奮冷めやらぬまま、たったひとつの言葉をノートの表紙に大きく書きつけた――**エクセレント**。

そして、この言葉はうまく機能していない組織にどう関係するか、これについてなにができるかと思いをめぐらせた。当時（一九七七年）、私は組織の効率性について、スタンフォード大学経営大学院の博士論文を書いたところだった。その夜、私の心によぎったのは次のようなことだったと思う。「私たちは日々のかなりの割合、つまり生活の大部分を組織のなかで過ごしている。組織での経験が、気がめいるものではなく、ワクワクと心が浮き立つものだったらどうだろう？（世論調査によると、自分の仕事を楽しんでいる人は全体の約三〇パーセントしかいないらしい）」心が震えたバレエのことを思い浮かべながら、私は自分の論理を進めた。

バレエは美しさと優雅さと、エクセレントなパフォーマンスを生みだそうとする組織的な人間の努

力の結晶で、それが観客の心を動かす。企業もバレエの真似をしてみたらどうだろう？「驚くべきパフォーマンス」は、バレエ団やアメリカンフットボール・チームやＭＩＴ科学ラボの専売特許ではなく、二四人の購買部門が実現してもいいのでは？

つまり……

「エクセレント」と「ビジネス」という言葉を並べて使えないだろうか？

（いま振りかえってみると）バカバカしい疑問だ！

もちろん、並べて使えるとも！

その後、一九七八年の受難日、つまりキリストの受難を記念する聖金曜日に、私はプレゼンを行なった。反応は上々で上司は喜んでいた。ＬＡのダートの会議室で、天使がつまびくハープの音が聞こえたなどとほのめかすつもりはない。ただ、どういうわけか私の頭のスイッチはオンになっていたとだけ言っておこう。そして、「エクセレントな会社組織」という言いかたは、あえて正反対の言葉を並べた矛盾語法ではないことも言っておきたい。

ビジネスはエクセレントになりうるという考えは、数年かけて私の頭に浸みこみ、私が当時取り組んでいたプロジェクトの調査に影響を及ぼした。そしてとうとうこの言葉は、一九八二年に出版された私とロバート（ボブ）・ウォータマンとの共著『エクセレント・カンパニー』の表紙を飾るまでになった。いろいろあったがひとことで言うと、多くの人びとがこの本を手に取った。その理由はさまざまだが、タイミングが良かったということもある。米国のビジネスは窮地に立たされていたし、実業家は、『ジャパニーズ・マネジメント』（講談社）のようなベストセラーから、唯一の解決策は日本人の真似をすることだと説かれることにもうんざりしていた。（一九八二年当時、大半のＣＥＯの父親は、第二次大戦で戦った経験があった。）けれども、私たちが成功した大きな理由は、一見なんのつながりもないように思えるふたつの言葉を組み合わせたことだと思う。つまり、「ビジネス」と「エクセレント」を。

ビジネス（や労働）でもワクワクはできる。
ビジネス（や労働）でも心地よくなれる。
ビジネス（や労働）でもエクセレントになりうる。

一九八五年にナンシー・オースティンと共著で出した二冊目の本のタイトル『エクセレント・リーダー――超優良企業への情熱』（講談社）にもあるが、エクセレントに対する私の情熱は、四〇年たっても変わっていない。この章には、それを示すヒントがいくつかみられるはずだ。ただし、アハ体験で終わるわかりやすい筋書きではなく、エクセレントについての一四の短い経験談を記しておこうと思う。超優良な（つまりエクセレントな）ビジネス（あるいは個人のふるまい）について説明するには、この方法がいちばんだろう。

（一九九九年、AMACOMから出版された『マネジメントの英断75の伝説』（東洋経済新報社、スチュアート・クレイナー）という題名の本では、ユリウス・カエサル、テッド・ターナー、ヘンリー・フォード、ウォーレン・バフェットなど偉人や実業家たちが取りあげられている。そのリストの四八番目には、驚いたことに、一九七八年の受難日にダート・インダストリーズでのプレゼンを頼まれたときの私のとっさの思いつきが挙げられていた。つまり、エクセレントが世界規模のビジネスに仲間入りしたのだ！）

エクセレントにまつわる物語

2.1

2.1.1 エクセレントなマネジメントは人類の壮大な成果だ

従来から認識されている「マネジメント」という言葉は、退屈で機械的で窮屈そうに聞こえる。けれども、より広く正確で、中身のある次の定義はどうだろうか。ぜひ検討してみてほしい。

マネジメントとは、社会的に価値のある望ましい結果を追求するために、人間関係を調整し活気づけることだ。

マネジメントとは、セオリーXかセオリーYか、「トップダウン」か「ボトムアップ」のどちらを用いるべきか、という次元の話ではない。マネジメントで大事なのは、本質的な人のふるまいだ。つまり、生き残り、適応し、願わくは成功して、エクセレントな人材、エクセレントな組織を達成するために、いかにして集団での取り組みを根本的に調整するかが重要なのだ。

なぜエクセレントに関する章のはじめに、マネジメントという言葉を繰りかえすのか。奇妙に聞こえるだろうが、マネジメントには不変の重要性と高潔で芸術的な本質がある。つまり、エクセレントなマネジメントは、人間の成果の頂点であるということだ（すなわち、人類の進化史上類のないほど価値のある成果)。なんだか気が遠くなりそうな話だって？　たしかに。でも、たとえば、明日オフィスで過ごすことを、人間関係を最高に保とうとするためのひとつのチャンスとして考えてみてほしい。あなたの会社の社員たちを少しだけ幸せにしたり、世界を少しだけより良い場所にしたりするチャンスだ。このようなチャンスを生かすことが、結果的に会社を成長させ、職場を安定させ、利益を増やす最良の方法となる。

2.1.2 エクセレントか、さもなくば……

あなたにとってマネジメントとはなんだろう？　あなたの使命は……

マネジメント――厄介で損な役回り。だが、誰かがそれをしなければならない。いっぽうで上層部のサンドバッグになり、もういっぽうでは文句ばかり言う部下の相手をしなければならない。マズいことが起これば責められるが、うまくいけば上司に手柄を横取りされる。

マネジメント――人間の成果の頂点。人が手にいれられる人生最大のチャンス。中期から長期の成功は、ほかのメンバーの成長や成功をどれほど機能的かつ効率的に手助けできるかにかかっている。そしてチームのメンバーが個人として、またチームのメンバーとして組織に貢献することで、組織はエクセレントをたゆまず全力で追求することができる。

前のセクションからピックアップした言葉、「人間の成果の頂点」はかなり壮大な話に聞こえることはわかっている。けれども実際、かなり壮大なことなのだ。私は本気だ。私のゴールは、マネジメントという仕事、すべてのマネジメントという仕事がちっとも退屈なものではないと示すことだ。マネジメントとは、あなたが管理しているすべての社員の人生の道筋を劇的に変えるまたとないチャンスであり、さらに、あなたの顧客やコミュニティに想像しうるかぎり最大の価値あるサービスを提供するチャンスでもある。

おっと、少々言い過ぎたかもしれない。けれども、正直に言うと、それが私の意図していることだ。あるとき、多くの医療関係者が出席している講演で、マネジャーは外科医よりも多くの人びとの命を救えると話したことがある。患者の命を救う外科医の行為を軽んじているわけではない。けれども、マネジメントというキャリアのなかで、マネジャーは、ときには劇的に、大勢の人びとの人生の方向を変えうる。ようするに、あなたは、夜を昼に変えられるほど劇的な成長のチャンスをとてつもなく多くの人びとに提供することができるのだ。

この主張を通じて、私は真正面からあなたにボールを投げようとしている。チャンス（「人間の成果の頂点」）はそこに、あなたの手の届くところにある。

この主張の裏付けとして、アカデミー賞のスピーチで、映画監督の故ロバート・アルトマンが語った言葉を紹介しよう。

監督の役割は、役者たちがそれまで以上の人物、自分で夢に描いていた以上の人物になれる空間をつくることだ。

この見解は、私の考えとほぼ一言一句合致する。ぜひ、もう一度読んで、じっくり反芻《はんすう》してみてほしい。アルトマンの言葉のなかでも「自分で夢に描いていた以上」という部分は、深い。

2.2 エクセレントなマネジメントはリベラル・アーツだ

直前の主張は、エクセレントの追求は究極には人文主義的な努力であることを示唆している。けれども残念ながら、このような表現が、とくにMBAなどのマネジメント教育について考える人の頭によぎることはめったにない。

2.2.1 リベラル・アーツの勝利――二〇年後の成績表

ヘンリー・ミンツバーグは、組織の効率性の根源を理解しようと数十年にわたって取り組んできたが、仲間はほとんどいなかった。とくに、名著『MBAが会社を滅ぼす――マネジャーの正しい育て方』(日経BP社)では、それまでの常識に逆らう研究結果を述べている。なんと、二〇年たつと、MBAの価値はリベラル・アーツ教育の価値のまえに失墜すると言うのだ。

卒業時――ビジネスや専門職の資格(MBA、エンジニア、弁護士など)保持者は概して、リベラル・アーツの新卒者より面談を受けて雇用される率が高く、入社時の給料も高い。

二〇年後――リベラル・アーツの卒業生は、ビジネスや専門職の資格を持っている同僚より出世している。ある巨大テック系企業では、リベラル・アーツの卒業生の四三パーセントが中間より上のマネジメントに昇進していたのに対し、エンジニアの卒業生のその割合は三二パーセントだった。ある巨大金融サービス企業では、ワーストマネジャーの六〇パーセントがＭＢＡを持っており、ベストマネジャーの六〇パーセントはせいぜいＢＡ（文学士）の資格しか持っていなかった。

スタンフォード大学で私が博士号を取ったときの助言者にこう言われたことがある。「トム、いいかい、学生がＭＢＡを取ろうとしているとき、彼らが望んでいるのは〝より金融っぽく〟て〝よりマーケティング〟らしいものだ。ところが一五年後、エグゼクティブコースを受けに戻って来るとき、彼らのゴールは〝人間関係〟と組織の効率性の改善を手助けすることに変わっている」おそらく、より多彩なバックグラウンドのおかげで、リベラル・アーツの専攻者のほうがもともと優れていたために、前述のような結果になったのではないだろうか。

（じつを言うと、ミンツバーグはビジネスのリーダーシップを学ぶ準備には、哲学の学士号を取るのが最適だと提案している。冗談ではなく、大真面目に。個人的には、きわめていい点をついていると思う。）

2．2．2　ピーター・ドラッカーが、最大の貢献として自己評価したこと――リベラル・アーツとしてのマネジメント

一九九九年のあるセミナーで、現代マネジメント思想の父とみなされているピーター・ドラッカーは、司会者から「マネジメント分野でもっとも重大な貢献を果たせたとご自身で思われることはなんですか?」と尋ねられ、次のように答えた。

私はこのマネジメントという学問分野の焦点を人と才能に切り替えました。つまり価値観や組織構造、組織体質、そしてとりわけ責任感に。そうやって、マネジメント分野は真のリベラル・アーツとしてのマネジメントに的《まと》が絞られるようになりました。

これは、驚くべき宣言にほかならない。典型的なMBAプログラムは、定量的な分析に力を注いでいる。それをクライアント（学生）は望んでいる。「ソフトなもの」、つまり人材トレーニングや組織内の調整は、これらの学生にとっては、メインイベントから逸脱した面倒なものにすぎない。

近年、ドラッカーの見解と一致して、MBAをMaster of Business Administration（経営学修士）からMaster of Business Arts（ビジネス・アーツ修士）へと変換させることに私は力を注いできた。大成功しているとは言えないが、少なくともいくつかの例で、ビジネススクールの学部長や教職員の役割を模索している幾人かの人びとの情熱を呼びおこすことができた。

2.3 エクセレント――会社の責務は、人間の幸福の総量を増加させること

『フロー体験とグッドビジネス――仕事と生きがい』（世界思想社）でミハイ・チクセントミハイ（『フロー体験――喜びの現象学』〔世界思想社〕という著書でよく知られている）は、会社が社会の中心になったと雄弁に主張している。したがって、コミュニティへの責任が会社の重要な役割になっている。チクセントミハイいわく、会社は社会的な基盤として、**「全体的な人間の幸福を増加させる責任」**がある。

会社は「コミュニティの一部」ではない。成人が目を覚ましているときにトータルでどれほどの時間を仕事に費やしているかを考えると、会社こそがコミュニティだ。だから、会社とそれにかかわる人びとはコミュニティとして行動すべきだ。本当にいいニュース（私は自分自身に何度も言い聞かせているし、臆することなく今後も言い聞かせつづける）は、コミュニティへ大きな関心を寄せることは、快活で献身的な、顧客中心の労働人口を得て、結果的にイノベーションと成長と利益を増加（最大化？）させるための優れた（おそらく最良の）方法であるということだ。

本書は、チクセントミハイの考えかたを土台にしている。混乱した時代が急速に迫りつつあるなか、従業員やコミュニティに関する道義上の役割が、会社の責務の中心になりつつある。その役割から逃れるべきではないし、逃れられるものでもない。

2.4　エクセレント――仕事は見直された。では楽しみは？

ビジネスの概念としては、過激で突拍子もなく、ありえないものに聞こえるかもしれないし、バカげているように思われるかもしれないが、楽しいかどうかは僕らの職場では重要な理念だ。楽しさこそ、ミシガン州アナーバーにあるソフトウェアのデザインと開発を行なっている僕らの会社メンロー・イノベーションズの存在理由だ。楽しいか楽しくないかに基づいて、僕らは何をいかにすべきかを決めている。楽しさは僕らのチーム全体で共有している唯一の信念だ。

——リチャード・シェリダン『ジョイ・インク——役職も部署もない全員主役のマネジメント』(翔泳社)

システムのソフトウェアほどタフで競争の激しいビジネスがあるだろうか？　いや、ない！　それでもメンロー・イノベーションズの創設者リチャード・シェリダンが、この過酷な分野での競争に勝つために選んだ武器は、**楽しさ**なのだ。

シェリダンたちはまさに、想像の翼を広げ、刺激的な課題にチャレンジしている！

ちなみに、メンローの業績は優れている。

社員を「力づけよ」。

そうだ。

社員を「参加させせよ」。

そうだ。

「仲間意識」をつくれ。

そうだ。

そう、それでいい。これらは何十年ものあいだ私にとって重要なテーマだった。けれども、シェリダンが示した次の言葉は、これらを跳び越えて、もうひとつ上を行っている。

楽しさこそ僕らの会社の存在理由だ。

これを読み、軽くうなずいて、さっさと先に読みすすめるのは簡単だ。でも私はそうしてほしくはない。ぜひ手を止めて、こんなふうに考えてみてほしい。「**もしかすると……これは大げさなものじゃないかもしれない。ふむ、よく考えてみよう。チームの人たちと話しあってみよう。ねえ、これクールだと思わないか。この男（リチャード・シェリダン）はもっともありえない状況でこの言葉を使っているぞ**」と。ぜひ、じっくり考えてみてほしい。私とシェリダンからの個人的なお願いだ。

2.5

2.5.1 エクセレント——場所は関係ない

（最高の）企業とは……

感動的で、活力に満ちていて、革新的で、楽しくて、創造性にあふれ、独創性に富んだ取り組みができる場所。たとえば従業員や顧客やサプライヤー、コミュニティやほかの経営者、外部パートナーなどに心からエクセレントな奉仕をしようとするときに、最大限の能力が引きだされる場所。

この文章を考えたとき、私は世界の果て、シベリアにいた。私のやる気満々な、米国人らしいメッセージは、一万キロくらい的外れなのかもしれない。けれども、私は何事もストレートにいこうと決めている。バカげて聞こえるかもしれないが、大胆で楽観的なこの声明は時差ボケした私の頭から、魔法のようにわき出てきたのだ。

この言葉はシベリアでは、あるいはどこかほかの場所では一般的な意見かというと、もちろん、まったくそんなことはない。けれども、リチャード・シェリダンの（楽しさを目標とする）精神で、こう言いたい。

ぜひ実現しよう。

絵空事だと却下するまえに、次のそれぞれの言葉について考えてみてほしい。

・感動的
・活力に満ちた
・革新的
・楽しい
・創造性にあふれた
・独創性に富んだ
・エクセレントな

次に、これらの反対語について考えてみよう。無感動で、つまらなくて、創造性が乏しく、エクセレントではない職場がいいだろうか？　もちろん、そんなことはない。だから、もう一度言う。

ぜひ実現しよう。

望みは高く持とうじゃないか。

残念ながら、私の経験では、平均的なマネジャーや社長は、感動的で、活力に満ち、革新的で、楽しい、創造性にあふれ、独創性に富んだ、エクセレントな環境をつくることについて、検討すらしない。彼または彼女は、コストカットや短期的な成長マトリクスに目を配るのに忙しくて、想像力を自由にはばたかせることができないのだ。

だから。

どうかお願いだ。

今日。

この朝。

深呼吸して。

想像力を働かせよう！

2.5.2 エクセレント——バーモント州ブラトルボロのフードトラックみたいに、どこでも、さまざまな国の料理が楽しめる。

エクセレントはシリコンバレーのトッププログラマーや、マディソン街の有名な服屋や、心を震わせるバレエのパフォーマンスでありうるし、そう、シベリアで見つけることさえあるだろう。

さらに、エクセレントは、バーモント州ブラトルボロの移動式フードトラックのメニューにもみられると声を大にして言いたい。

たとえば、《SOバーモント・アーツ・アンド・リヴィング》の、二〇一七年夏版から抜きだしてみよう。

南バーモントのフードトラック、ベスト一〇

ハンバーガーのメニューボードから好きなものを注文し、店主がハンバーガーをつくるのを眺め、自然のなかでピクニック気分で楽しめる……

・アンジェイズ・ポーリッシュ・キッチン（バーモント州ブラトルボロ。「ニューヨーク市のロシアン・ティー・ルームの元シェフ、アンジェイ・ミキジャニークが屋台で彼の故郷の伝統的な料理をつくります」）

・バートのチャック・ワゴン

・ドーサ・キッチン

・ローの店のプチ・フェテ
・チトズタケリア（「チト・ガルサは本場のメキシコ料理を祖母から教わり……」）
・ジャマイカン・ジュエルズ（バーモント州ウェストミンスター、カリブ人シェフ、ジュリアン・〝ジュエルズ〟・パーキンズ）
・ミオ・ビストロ（バーモント州ドーセット。「おすすめはカニとコーンのチャウダー。でもすぐ売り切れます」）
・スモーキン・ボウルズ（バーモント州ベロウズ・フォールズ。「スプリングフィールドにあるエフライム・ファームから届く豚肉を数キロ離れたキッチンでスモークし、人気のプルド・ポーク・バーガーに……」）
・テイスト・オブ・タイ、ブラトルボロ
・ツー・ネアンデルタールズ・スモーキンＢＢＱ

エクセレントなフードトラック。
バーモント州ブラトルボロに。
バーモント州ウェストミンスターにも。
バーモント州ドーセットにも。
どこでだってエクセレントを。
ぜひ実現しよう。

2.6

2.6.1
エクセレントなサービス

組織は人や社会に奉仕《サービス》するために存在する。
リーダーは奉仕《サービス》するために生きている。
サービスは美しい言葉だ。
サービスは特性であり、コミュニティであり、コミットメントだ。
(そして利益でもある。)
サービスは「ワオ」ではない。
サービスは「熱狂的なファン」ではない。
サービスは「すばらしい体験」ではない。
サービスは「ただ」サービスだ。

2.6.2
サービスは人間の最高の使命だ

このパワフルなアイデアはロバート・グリーンリーフの名著『サーバントリーダーシップ』(英治出版)から直接抜きだしてきたものだ。

グリーンリーフがリーダーに、チームについて問いかけている「評価テスト」がある。

1. あなたが奉仕しているチームのメンバーは、人として成長しているか？
2. チームのメンバーは、奉仕されることで、より健康に、賢明に、自由になり、より自立して、その人自身も奉仕者になれているか？

どうだろう。

タフなテストじゃないか？

あなたが、私の行動や本書のロジックにおおむね賛成してくれているなら、自己評価テストをしてみるべきだ……一日一回は。

（もちろん、私はいまでも「ワオ」という言葉と考えかたが気に入っている。でも、ここでは、この純粋な感覚を示す心地よい言葉、「サービス」について、じっくり考えてみてほしい。この章ではたっぷり考えてみてくれ。それがこの章の目的だ。

エクセレントは測定の指標じゃない。エクセレントは心の状態であり、ひとつの生きかただ。息をのむようなすばらしいサンフランシスコ・バレエ団のバレエだ。本書の原動力となっている概念は、「エクセレントはテクノロジーの津波に対抗するための最良の対抗策」ということだ。それは、エクセレントが、きわめて人間味があり、精神的なもので、一目瞭然なものだからだ。この章の明確な使命は、ひとことで言うと「じっくり考えろ」ということだ。）

2.7

2.7.1

エクセレント＝いまから五分間のこと

エクセレントは長期目標じゃない。

エクセレントは超短期戦略だ。

エクセレントはいまから五分くらいのあいだのことだ。


エクセレントはいまからする会話。

エクセレントはいまから始まる会議。

エクセレントは口を閉じて耳を傾けること、つまり本気で人の話を聴くこと。

エクセレントはいまから連絡を取る顧客との会話。

エクセレントは「ささやかな」ことに「ありがとう」ということ。

エクセレントはいまから責任を負って謝罪すること。

エクセレントは失敗に対処するためにものすごいスピードで最大限の努力をすること。

エクセレントは今日職場に持って行った花。

エクセレントは計画から遅れている「落ちこぼれ」に手を貸すこと。

エクセレントは財務（または情報システム部または人事部）の人の考えかたをあえて学ぼうとすること。

エクセレントは三分間スピーチのために「過剰に」準備すること。
エクセレントは「取るに足りない」作業をエクセレントの見本に変えること。

エクセレントは従来（ほぼ間違いなく）、長期的な目標とみなされてきた。けれども、私はそうは思わない。むしろ激しく否定する。エクセレントは、何年も必死で苦労したあとに太陽がさんさんと輝く日にたどりつくゴールじゃない。

エクセレントは、毎日毎日、毎分毎分、私たちを支え、鼓舞してくれるひとつの生きかただ。長時間かけて到達するものとはちがう。それはちょうど、会議のあと廊下に出たときのふるまいのようなもので、あるいは、そう、いまからあなたが書く四行のメールの質でもある。

（そう、まさに、いまからあなたが書くメールの質のことだ。リーダーはいつも「舞台上」にいて、いつも、いつも、いつも部下からみられており、リーダーのふるまいで示されるほんの小さなほのめかしによって、会社全体のエクセレントへの取り組みが強まったり、弱まったりする。頭がおかしいと言いたければ言えばいいが、ひどい文法やマズい言葉遣いやポカミスから、あなたがエクセレントに本気で取り組んでいるかがわかる。）

瞬間瞬間に現われる（または現れない）私たちのエクセレントなふるまいが、エクセレントな会社の土台のそのまた土台なのだ。

2.7.2　エクセレント＝一分間のエクセレント

伝説的なIBMの初代社長トーマス・ワトソンについて、語りつがれている伝説がある。

「エクセレントに到達するにはどれほどの時間がかかりますか？」ワトソンの答え「一分だ。何かを行なうとき、これからはけっしてエクセレントではないことをしないと心に決めるだけでいい」

だから、あなたがそうしたいと思うなら、エクセレントへの旅は始められる。

六〇秒で。

2.7.3 エクセレント＝一分さえも無駄にしない

《アドバタイジング・エイジ》でランス・クレインが、広告代理店であるキャプラン・セイラーの創設者リンダ・キャプラン・セイラーに、広告の殿堂入りを果たしたことについてインタビューしている記事がある。

リンダは自分の広告代理店が急速に成長した理由を次のように語った。「私たちは、未来のことを考えるのに一分だって意識を集中させたことがありませんでした。つねに、今日何ができるかということだけを考えていました。私はいつもみんなに、今後の見通しのことなど一秒だって考えないで、忘れるようにと言っています。成功への道を夢想しないでと……私たちは大きく派手に成功することは考えず、ただ一日一日、精一杯やってきただけです」

未来のことは忘れろ。一分だって費やす価値はない。
「見通し」のことなど忘れろ。一秒だって費やす価値はない。
「夢」のことなど忘れろ。
いま、できるかぎりのことを精一杯やろう。

（じっくり考えてみよう。）

2.8　エクセレント――人生最大の決断！

ひとりの人間からすべてを奪いとることはできるが、たったひとつだけ奪えないものがある。その人が自由にできる唯一のものがある。それは、与えられた環境でどうふるまうかを選べる自由、自分らしいふるまいを選べる自由だ。
――ヴィクトール・フランクル（世界的に優れた心理学者のひとりで、ナチスの強制収容所の生存者）

メッセージ――今日どんなふうに働くか、自分のふるまいをあなたは選ぶことができる！

というよりむしろ、いまからあなたがどうふるまうかを選ぶという行為は、

人生最大の決断だ！

これは大げさでもなんでもない！

そしてこれこそ、短期目標としてエクセレントに向かい合っていることを示す絶好のチャンスだ。たとえば、笑顔でオフィスにはいるという、とても単純に思えるふるまいによって、一日を前向きな決定で始めることができる。もう一度言う。これは大げさでもなんでもない。

もちろん、実際これは単純なことではない。こなさねばならない仕事が千ほどあって（大半のマネジャーには日常茶飯事だが）、それでも自分の気持ちを引き立てて笑顔で挨拶を交わすのは、簡単なことでも自然にできることでもない。けれども、どうか前向きに考えて、実行してほしい。「陽気な笑顔」を心がけることは、今日あなたが行なう投資のなかでもっとも重要なものになるかもしれない。

2.9

2.9.1

エクセレント――利益は副産物

私たちのミッション
人材を発掘しマネジメントすること
その人材の能力をクライアントの利益のために世界じゅうで活用すること
協力してそれを行なうこと
利益を上げながらそれを行なうこと。

――WPP（英国をベースにしている巨大マーケティング・サービス会社）

私は社是を目の前にすると、たいていひるんでしまう。限られた人（管理職のトップ）が酒の席で考えだし、大勢（一〇〜一万人の社員）に押しつける決まり文句で、つねに無理にでも褒めなければならない。

けれども、WPPの社是は私のテストに合格した。なぜなら……

利益はたしかに重要なものだ！

けれども、

利益は副産物だ。

なによりもまず、必須条件として、優先的かつ継続的・大々的に**人材育成**に力を尽くしてこそ、利益が生まれるからだ。

WPPの理念を口にして、これを試してみようという気になった。これと私が提唱している、（しつこいようだが五〇年間かけてつくってきた）理念と合わせてみよう。

人がいちばん大事。
いますぐに試してみよう。
積極的に人の話を聴こう。
ワオか、さもなくば失墜を。
いつもエクセレントであれ。

2.9.2
エクセレント——株主価値より大事なもの

「切り捨てられない掟《おきて》として株主価値を最大限にする」だって？
いったい誰が言っているのだ？
ジャック・ウェルチだ！　ジャック・ウェルチがそう言ったのだ！
何度も何度も何度もそう言っていた。
この目標は、ＧＥでの二〇年にも及ぶウェルチの伝説の目玉だった。
けれどもちょっと待って……
ウェルチはＧＥを引退したあと、《フィナンシャル・タイムズ》で、こんなふうに語っている。

一見してわかることだが、株主価値は世界でもっともバカげた考えだ。株主価値は結果であって戦略ではなく……あなたの大事な支持者は、従業員と顧客と製品だ。

そう、あのジャック・ウェルチがこう言っているのだ。何年ものあいだ株主価値の最大化を絶対的に優先させてきた猛烈な不屈のスポークスマンだった男が。

株主価値を高めることはたしかに立派な目的だし、一部の株主から求められていることであるけれど、何がなんでも株主価値を最大化することをいちばん重要な目的とするのは疑問がある。

それに、けっきょくのところ、株主価値の最大化は法的な必要条件ではないことはたしかだ。

リン・スタウトはコーネル大学ロースクールの教授で会社法やビジネス関連の法律を専門にしていた。

スタウトは、短いが非常に魅力的な著書『株主価値という神話――株主ファーストは投資家や企業や大衆にいかに有害か（The Shareholder Value Myth: How Putting Shareholders First Harms Investors, Corporations, and the Public)』で、次のようにずばりと要点を述べている。

> 会社法で、取締役や経営陣や従業員が株主の財産を最大化するよう定められているという考えは真実ではない。米国の株式公開企業の経営幹部には株主の財産を最大化する法的義務がある、という主張には強固な法的裏付けがない。それは神話にすぎないのだ。

スタウト教授の本を読んだ直後に、私は偶然、電子部品を扱うある（一〇〇億ドル以上の）大企業のリーダーたちに講演を行なうことになった。この本がなにより頭にあったので、その会社のCEOと会話しているときにスタウト教授の主張に触れた。彼が返した言葉は次のようなものだった。

私は役員たちにこう話したことがある。「次の一二〜一八カ月で株価を五〇パーセント上げたければ、私はなんの苦もなくやってのけられる。だが、そうすると、会社の長期計画をぶち壊すことになる。私はその道を歩むつもりはないので、その仕事を実施するなら、誰かほかの人を探してくれ」

ハーバード・ビジネス・スクール学長のニティン・ノーリアとラケシュ・クラーナは《ハーバード・ビジネス・レビュー》に寄稿した「マネジャー版『ヒポクラテスの誓い』」というタイトルの論文で、同様の意見を述べている。一節を挙げてみよう。

マネジャーらはここ一〇年の広範な組織的信頼の失墜とビジネスにおける自己規制の崩壊に直面し、正当性を失ってしまった。社会の信頼を回復するために、ビジネス・リーダーたちは株主への責任のみならず、組織の管理人としての義務や、公民として、またひとりの人間としての貢献を含め、自分たちの役割を見つめる方法を受けいれねばならないであろう。言いかえれば、マネジメントもついに専門職になるときが来たのだ。

専門職としてのマネジメントというアイデアは興味深い。さらに、少なくとも私にとって興味深いのは、現状のマネジメントのあり方は、広い意味での専門職ではないとほのめかしているところだ。

ノーリアが言おうとしているのは、「現在のトップマネジャーは単に株主価値を最大化する職人にすぎない。だが、マネジャーの仕事はそれだけではない」ということではないかと思う。

（二〇一七年の半ば、ふいにこのトピックに火がついた。ダフ・マクドナルドが『ゴールデン・パスポート――ハーバード・ビジネス・スクール、資本主義の限界、そしてＭＢＡエリートの道徳的崩壊（The Golden Passport: Harvard Business School, the Limits of Capitalism, and the Moral Failure of the MBA Elite）』という六五七ページの傑作を武器に、ハーバード・ビジネス・スクールに襲いかかったのだ。マクドナルドいわく、ハーバード・ビジネス・スクールは、マネジメントの質を向上させるという概してまっとうな理由で始まったが、一九七〇年代に、ビジネス・マネジャーは株主価値以外は無視すべきだという考えがこの学校に根づき、ほかの目的が事実上抑えこまれるようになったとき、道を誤った。その結果、いまや世界全体が病に冒されていると言う。

マクドナルドの本が出版されたのと同じ時期に、ハーバード・ビジネス・スクールの学内ジャーナルである《ハーバード・ビジネス・レビュー》も、おそらくこの学校のもっとも著名な教授であるジョセフ・バウアーの「健全な資本主義のためのコーポレートガバナンス」という題名の痛烈な論文を引っさげて、この論争に飛びこんできた。バウアー教授いわく、問題は株主価値の最大化が義務とされていることだ。

この論争の決着はいかに？　それは様子をみるしかない。けれども、残念なことに、株主価値の最大化を行なう人びとは今後も生き残り、そのいっぽうで巨大企業の大半では、イノベーションのための資金が短期コスト削減推進者と技術第一主義者によって最小限にされ、それらの企業は道の先にある大きな変化の力にますます対応しきれなくなっていくほうに私は賭ける。だからこそ、私は自分の資金を中小企業に投資しているのだ。詳しくは第４章を参照のこと。）

2.9.3 エクセレント――充分だ！

「株主価値よりもっと大事なもの」という精神は、バンガード・ファンドの創業者ジャック・ボーグルに継承され、その著書『充分（Enough）』の序文に記述されている。

シェルター・アイランドで開かれたある億万長者のパーティで、作家のカート・ヴォネガットは同じく作家の友人ジョーゼフ・ヘラーに、このパーティのホストはヘッジ・ファンドのマネジャーで、ヘラーのバカ売れした小説『キャッチ＝22』（早川書房）が出版されたあとヘラーが儲けた以上の額をたった一日で稼ぐのだと伝えた。するとヘラーはこう答えた。「そうか、でも彼がけっして手にいれられないものを僕は持っているよ……充分という気持ちさ」

ボーグルの本の特徴をつかむために、この本の章タイトルを読んでみよう。

「多すぎるコスト、少なすぎる価値観」
「多すぎる投機、少なすぎる投資」
「多すぎる複雑さ、少なすぎる簡潔さ」
「多すぎる期待、少なすぎる信頼」
「多すぎる業務遂行、少なすぎるプロフェッショナルな経営」

「多すぎる販売術、少なすぎる経営術」
「多すぎる多方面への注力、少なすぎるコミットメント」
「多すぎる二一世紀的価値観、少なすぎる一八世紀的価値観」
「多すぎる〝成功〟、少なすぎる人柄」

ジャック・ボーグルの情熱はこの本のどのページからもほとばしっている。世界最大級の投資会社（二〇一七年一月で四兆ドルの運用資産）の創業者でインデックス・ファンドの父と呼ばれる男が、株主価値より人生には大事なものがある（またはあるべき）と言っているのだ！

2.10　エクセレント――「気配り主義」はほかの派手な手法より優れている

私がバーガーキングにいたころ、社是はなかった。でも私には夢があった。とてもシンプルな夢だ。こんな感じの。「バーガーキングでは二五万人が働いている。その誰もが気配りのできる会社になればいい」経理の人も、システムの人も、ドライブスルーの店員はもちろん誰もがブランドを担っている。私たちが話しているのはそこだ。それ以上でも、それ以下でもない。
――バリー・ギボンズ（バーガーキングの元CEOで、驚異的な転換を成しとげた開拓者。私はバリーをよく知っているが、これは真の基本理念だ。）

ギボンズの言葉に刺激されて、私は関連するツイートストリームをつくった。ここに見出しを書いておく。

1．あれこれと手法（シックス・シグマやアジャイルなど）を比較するのにどれほどうんざりしているか、ふいに気づいた。敬意／傾聴／感謝／礼儀を身につけよう。手法などくそくらえ。
2．あなたが本当に本当に（本当に）人びとのことを気にかけているのなら、ほかの「ミラクルな」マネジメント手法はさほど重要なものではない。
3．敬意／思いやり／気配り主義という文化がないなら、「すばらしい」手法を使っても、より官僚主義的になり、民主主義が軽んじられ、事態は悪くなるだけだ。

私の（個人的な）結論──
敬意は手法に勝る。
傾聴は手法に勝る。
「気配り」は手法に勝る。

「気配り主義」（いくらかすわりが悪いが、私なりにギボンズの言葉を解釈した）はおそらく、生産的で革新的な社員が活躍し、顧客も幸せに過ごせる環境のための重要な鍵だ。

2.11

2・11・1
エクセレントは成功に勝る——エクセレントは幸せに勝る

エクセレントをめざせ。成功は無視しろ。

——ビル・ヤング（レーシング・カー・ドライバー）

私に言わせれば、カーレースに出ることは、美術館に展示されるに値するアートの創作に匹敵する。大半の活動の頂点は、アートと呼ぶにふさわしい。じつのところ、本書の基本的な前提は、人工知能に追いつかれないように、私たちはありふれたコモディティ（とそれに伴う短期的な利益、つまり「成功」を測るありふれた尺度）を扱うのをやめ、製品やサービスにアートを導入すべきだということだ。それは、社員全員がそれぞれ心を込めた取り組みを行なうことでのみ実現する。

卒業生は幸せと喜びを追求するようにと教えられた。けれども、もちろん、あなたが崇《あが》める誰かの伝記を読んだとき、その人びとが幸せを感じた出来事があなたを感嘆させることはめったにない。不幸を招いた行為、つまり辛くて惨《みじ》めになったこと、ときに味方を失い、憎悪を引き起こした行為が、あなたを感嘆させるのだ。それがエクセレントであり、幸せとはちがうが、われわれがもっとも感嘆するものである。

——デイヴィッド・ブルックス「あなたのことではない（It's Not About You）」、《ニューヨー

ク・タイムズ》の署名入り論説

ブルックスの言葉は、落ち着かない気分になるとしても、的を射ている。たしかにじっくり考えるに値する言葉だ。少なくとも、何かでエクセレントを極めるには、優れたレベルに達するまで長い時間を必要とするし、そのレベルを維持するために、さらにたゆまず努力しなければならず、そんなこんなで力は使い果たされて、つねにフラストレーションにさらされることを知っておかねばならない。

2.11.2 エクセレントは（私にとって）精神的なもの

直前のふたつの引用に関して言えば、

エクセレントは、私の定義では、最高かつ最重要の生きかたである。毎日、毎秒、まわりの人間に対する思いやりや敬意を込めたふるまいだ。ようするに、エクセレントは精神的なものだ。

繰りかえすが、本書の大半はビジネスのためのものだが、社員同士や顧客、コミュニティの人びとに対し思いやりを示し、注意を払うことを通じたエクセレントは、とくに不確実な時代には、利益を上げ、利益を保ち、仕事を維持し、重要性を高めることにつながる。

2.12　エクセレントのための一八の鍵

・みなぎる元気（大地を揺るがすほどのワクワク！）
・エネルギー（火になれ！　心に火をつけろ！）
・実践（行動しよう！　いますぐ！　やりとげろ！）
・権利付与（敬意と感謝！　いつもこう尋ねよう、「あなたはどう思う？」。そして、人の話に耳を傾けよう！　自由にさせよう！　褒めよう！　一〇〇パーセントの変革者か、さもなくば破滅を！）
・尖ろう。（最先端で、あるいは最先端を越えて、永久に踊ろう。）
・激怒せよ。（現状に異を唱え、変える覚悟をせよ！）
・没頭せよ。（歩きまわるマネジメント［ＭＢＷＡ］にのめりこめ。コミュニケーションを取れ。つねに。）
・デジタルに精通せよ。（電子コミュニティをつくることで六〇秒／六〇分／二四時間／七日／三六五日ずっと世界とつながろう。あらゆる種類のつながりを持とう。クラウドソーシング／クラウド・ドゥーイング・パワー！）
・懐《ふところ》深く受けいれろ。（さまざまな意見をせっせと追求せよ。多様であるほど活気が生まれる！　多様性にはいい作用がある！）
・感情的になれ。（中心的要素。リーダーシップの真髄。販売の真髄。マーケティングの真髄。真髄だ。以上。それを認めよう。）

・共感（他人の現状と野心に気持ちを通じさせよう！　とことん人の身になって考えよう！）
・経験（人生は舞台だ！　すべての活動を忘れがたいものにしよう！　たとえば、スティーブ・ジョブズの基準「とてつもなくすばらしい」をめざしてみよう。）
・試そう。（構え！　撃て！　狙え！　数打ちゃ当たる。）
・失敗は成功のもと。（さっさと失敗するほど、さっさと成功する。多く試せば、それだけ多く失敗もする。それは必要で、称賛に値する過程だ。）
・公明正大（失敗には公平に！　リンカーンのように正直に！）
・期待（ミケランジェロはこう言った。「大半の者にとって最大の危険は、目標が高すぎて達成できないことではない。低すぎて到達してしまうことだ」アーメン！）
・幸福（エウダイモニア）（アリストテレス哲学の核である、人間の最終的な到達目標を追いもとめよう。人の役に立とう。いつも。）
・**エクセレント**（唯一のスタンダード！）
（出典――トム・ピーターズ・カンパニーのポスター）

2.13　つねにエクセレントを

つねにエクセレントであれ。

エクセレントでないなら、どうする？

いまエクセレントでないなら、いつなるのか？

2. 14　エクセレント――極上

エクセレントは、
……適切だと思われている以上に人に気を配り、
……安全だと思われている以上のリスクを冒し、
……現実的だと思われているより大きな夢をみて、
……可能だと思われている以上に期待をかければ、
手にいれられる。

――K・スリラム、tompeters.com に投稿された言葉

3 組織文化は不可欠

マイ・ストーリー

戦争だ。戦争そのものだ。それにナンセンスでもある。当時、私はそんなふうに感じていた。

一九七七年、マッキンゼーのマネージング・ディレクター、ロン・ダニエルは、優秀な自分の企業が、とくにボストン・コンサルティング・グループ（ＢＣＧ）によって危機を迎えていると感じていた。マッキンゼーは「トップマネジメントのカウンセラー」として最高であることに疑いの余地はなかったし、マッキンゼーは米国のビジネスを形づくり、世界じゅうのビジネスも形づくりつつあると主張する者もいた。けれどもＢＣＧは多くのよくできたコンセプトを提案していた。マッキンゼーのスター社員はトップマネジメント向けのカウンセラーだったが、ＢＣＧのスター社員は、企業の未来を創造するアイデアマンたちだった。

ダニエルは、優れたカウンセラー役を維持しつつも、アイデアマンたちの世界にも追いつきたいと考えていた。じつのところ、マッキンゼーの知的な馬力はＢＣＧとどっこいどっこいだったのだ。ダニエルはふたつの大きなプロジェクトに着手した。それらのプロジェクトを率いるのは、ニューヨーク本社の外にいる優秀な上級社員たちだった。ひとつは「魅力的な戦略」を、もうひとつはクライアントの事業の「効率を最大化するオペレーション・システム」を生みだすプロジェクトだった。

けれどもダニエルにはもうひとつ、個人的に気になっていることがあった。何年もまえから気づいていたことなのだが、マッキンゼーはクライアントに適切な助言を行なっているはずなのに、グランドプランをいざ実行してみると、うまくいかないことが多かった。だから、ダニエルはレーダーに引っかからないようこっそりと、「組織の効率性」に関する第三の「アイデア」プロジェクトを開始しようと決意した。当時、私はマッキンゼーの社員だがパートナーではない存在で、「クレイジーな」サンフランシスコ支社で短期間ながら良好な実績を上げていた。なかでもダニエルの関心を引いたのは、私が当時スタンフォード大学で、組織の効率性に関するテーマで博士号を取ったばかりという点だった。結論から言うと、なんと私が、そのプロジェクトを担当することになり、ボブ・ウォータマンというパートナーと共同で仕事をするように言いわたされた。この五年後、ボブと私は『エクセレント・カンパニー』を共著で出版することになる。

プロジェクトを発足させるために、無制限の旅費予算を与えられた私は、組織の効率性に関するもっとも進歩的で刺激的な考えかたを求めて、学術の世界をおもに放浪した。私の放浪は約六カ月続き、頻繁に飛行機に乗ったせいで総飛行マイル数は数万になった。私はその道で「著名な人ならほとんど誰でも」会いに行ったが、そのなかには、その後まもなくノーベル賞を受賞した、カーネギー・メロン大学のハーバート・サイモンもいた。

率直に言えば、私が見聞きして集めた概念は、かつて私の博士号論文のテーマとなった考えと酷似していた。私のメンターのひとり、ジム（ジェイムズ）・マーチは、スタンフォード大学に来るまえはカーネギー・メロン大学にいて、数十年ものあいだサイモン博士の重要なパートナーだった。

簡単に言うと、私の見つけだした結論は、数学的な公式やほかの定量的なトリックを使わないという点で、マッキンゼーの基準からかなり外れていた。私はこう結論した。ある組織をめきめき成長させるのは、マッキンゼーの同僚らが「例のソフトなツール」とあざけるように呼んでいた、直線的ではない「人間力」などだ。また私は、いまでは「企業文化」と呼ばれているものの重要性にもすでに気づいていた。その言葉は一九七七年にはまだ存在じていなかった。その前身となったものには、「非公式な組織」「経営スタイル」「我が社のやりかた」というラベルがつけられていた。

私はマッキンゼーのお偉方に向けてプレゼンを行なったが、大半が冷ややかな反応を示した。けれども、私は社内に反逆者のネットワークを築きはじめていて、その仲間たちは、私のまとめた概念に興味を抱いたクライアントを紹介してくれた。そういうクライアントは、マッキンゼーのお偉方が重要視していない、厄介な「実践部分」こそがじつは、勝敗をわける決定的な違いであることを知っていた。

私が勢いを増すと、マッキンゼーの伝統主義者が反撃してきた。私はネットワークを通じて、《ウォール・ストリート・ジャーナル》に署名入り論評を発表した。その論評のなかで、企業文化がビジネスの結果に及ぼす影響の重要性を論じ、暗に（いや、正直言って、かなり明確に）戦略の役割は低いとこきおろした。あとで聞かされたのだが、この異端的な八〇〇ワードの論評を理由に、ニューヨーク支社長がダニエルのところに来て、私を解雇させようとしたらしい。けれども、ダニエルは首を縦に振らなかった。じつを言うと、ダニエルが求めていたのは、「マッキンゼー的概念」をめぐるこのような反論や公《おおやけ》の反応だったのだ。

ときがたち、マッキンゼー・ドイツ支社の反逆者、ヘルベルト・ヘンツラーが、クライアントのシーメンスから資金を得て、もう一度世界をめぐる旅を支援してくれた。今回は学術機関ではなく企業に焦点を絞り、世界のトップ企業の秘密を突きとめることが目的だった。この結果は一九七九年に社内で発表したが、そこに登場した主役は「ソフトなツール」、とくに企業文化だった。

このハード対ソフトの戦争は続き、マッキンゼーの約半数が一九八二年一〇月の『エクセレント・カンパニー』の出版で危機を感じたようだった。これらの伝統主義者にとっていいニュースは、出版社があまり期待をかけなかったため初版部数がたった五〇〇〇部だったことだ。悪いニュースは、一年後、出版社がカリフォルニア州のパロアルトまでやって来て、一〇〇万部販売突破を祝ったパーティでボブ・ウォータマンと私をもてなしてくれたことだ。

「ソフト支持者」は優勢に、少なくとも重要な足がかりを得た。そして、「企業文化」などのソフトなツールが、ビジネスの概念という大リーグに仲間入りしたのだ。（そこに行きつくまでのスピードは緩やかだったが、今日のマッキンゼーの総収入の大きな部分、ひょっとすると半分は、少なくとも間接的に「組織の効率性の実践」と呼ばれるプロジェクトやその関連の活動の賜物だと言う人もいる。）

3.1　組織文化にまつわる物語

3.1.1 組織文化こそ勝負の決め手

マッキンゼーでは、シニア・パートナーのルイス・ガースナーほど、私が支持する「ソフトなツール」をバカにしていた人はいなかった。ガースナーはタフで、率直で、戦略家のなかの戦略家だった。「正しい戦略を立てれば、道はもう四分の三進んだも同じだ」というのが、彼の暗黙のメッセージだった。ガースナーは最終的にマッキンゼーを去り、アメリカン・エキスプレスのトップに立ち、その後RJR・ナビスコのCEOになった。けれども、もうひとつ大事なキャリアがある。IBM（ビッグ・ブルー）だ。

IBMといえば、七〇年代と八〇年代は米国企業の象徴のような存在だった。八〇年代が終わりに近づくにつれ、IBMは活気をなくし、多くのチャンスを逃して非常に厳しい状況に陥った。

IBMの理事会は大赤字に対処して栄光を取りもどすための最後のひとあがきとして、一九九三年にガースナーを招きいれた。そして、ガースナーは期待に応え、問題を解決した。九年という任期の終わりには、IBMはふたたび成功の波に乗り、その後何年か先の未来に備えた準備も整えられていた。

ガースナーは、二〇〇二年に出版された著書『巨象も踊る』（日本経済新聞社）で、自分がいたころのIBMの歴史を詳しく語っているが、そのなかで、いちばんの「教訓」と自らが呼ぶものを説明している。

IBMの組織文化に真っ向から取り組むことを選択していなければ、私はおそらくいまのように成功してはいなかっただろう。私が得意とするのは戦略、分析、値の測定だった。それに比べて、何十万もの人びとの態度やふるまいを変えるのは、ひどくむずかしかった。とはいえ、このIBM時代に、組織文化は単に勝負の一面を担っているのではなく、これこそが勝負の決め手なのだと思い知った。

戦略家のガースナー。
組織文化を語る。

組織文化こそが勝負の決め手。

そのとおり。『巨象も踊る』には、組織文化という言葉が何度も登場する。鍵になる考えのひとつとして、この言葉を使っているからだ。最初のイノベーションの章では、できるだけ迅速に何度も並行して実験してみることの重要性を述べ、次のようなことを書いている。「絶え間ない改革という概念は、何かをすぐに実行したときの副産物で、言うのは簡単だが、実践するのはずっとずっとむずかしい。その概念を作用させるには、少なくとも『すぐ試そう文化』をその企業の精神の深い場所に埋めこまねばならない」あれこれ大きな概念を掲げたところで、それを支え、包みこむ組織文化という傘がなければ、ほとんど意味がないし、まず維持できない。

3.1.2　組織文化がいちばん重要

同意事項――

1. MITの教授エドガー・H・シャインは、一般的に組織文化のムーブメントの創始者とみなされている。

「組織文化は戦略を朝メシにする」（もともとはピーター・ドラッカーの言葉）

2. 《ウォール・ストリート・ジャーナル》の二〇一三年のインタビューから。
レポーター「長い年月でみて、企業にとっていちばん重要なものは戦略ですか？　それとも組織文化ですか？」
マッキンゼー・アンド・カンパニー、常務取締役のドミニク・バートンの答え――

「組織文化だ」

（これは、この章の最初に語った、組織文化という概念にマッキンゼーの一部が抵抗していた時期よりかなりあとのことだ。）

3. 組織文化は勝負の決め手。たとえその勝負がアメリカンフットボールであってさえ。プロフットボール殿堂入りしたNFLのコーチ、ビル・ウォルシュは、低迷していたサンフランシスコ・

フォーティナイナーズのコーチを一九七九年に引き継いだ。とても期待されていたものの、就任した最初の年の勝敗数は、改善しなかった（前年は二勝一四敗、その年も二勝一四敗）。なぜすぐに転換しなかったのだろうか？　ウォルシュは自著『得点は自然にはいるようになる（The Score Takes Care of Itself）』で、最初の年は組織文化をつくることに費やしたと述べている。そう、アメリカンフットボール・チームでも、組織文化がものを言うのだ！
ウォルシュは次のように説明している。

「いい組織文化ができれば、いい結果はついてくる。あとからいいものを思いついても、表彰台に向かう途中で付け足すことはできない」

ウォルシュは、最初の年はプロ意識、礼儀、仲間意識などの理念の構築に努めたと述べている。最初の年は二勝一四敗だったけれども、それからたった二年後の一九八二年、スーパーボウルで、フォーティナイナーズは一七勝二敗という成績で優勝した。

3.2　CEOは人生をかけて組織文化にこだわれ

前述の箇条書きは、「CEOの最初の掟」であると言いたい。つまり、

CEOの役割は、一日・一時間・一分も休まずに、人を最優先に考えながら、イノベ

ーションとエクセレントをめざすという組織文化をたゆまず育てることである。

キーワードは、

「一日・一時間・一分も休まずに」だ。

組織文化は、リーダーが取りつかれたように育むべきもので、そうしなければほとんどまったく育たない。

組織文化は、毎朝受付を通るときに受付係に軽くかける言葉によって形づくられる。

組織文化は、受付から自分のオフィスまで二〇メートルほど歩くあいだに何人かの部下にかける、それぞれ三〇秒にも満たない会話で形づくられる。

組織文化は、デスクについてから一五分以内に返信する六件のメールに込められたトーンや質、気遣いによって劇的に形づくられる。

組織文化は、毎朝の会議でリーダーが示すしかめ面、瞬き、コメントによって形づくられる。

ルール

まず組織文化ありき。

組織文化を変えるのは非常にむずかしい。

組織文化の変化は避けたり防いだりできないし、すべきでもない。

組織文化の維持は組織文化を変えるのと同じくらいむずかしい。

組織文化の維持には一日・一時間・一分も休みなく取り組まねばならない。

組織文化の変更や維持は、意識的・永続的・個人的な課題にせよ。

組織文化の変更や維持には、大きなことより小さなことのほうが大切。

繰りかえす。組織文化の変更や維持には、一日・一時間・一分も休みなく取り組まねばならない。

永遠に。

ずっと。

3.3　組織文化は清潔な靴ヒモ

ミネソタ州ロチェスターのメイヨー・クリニックの従業員マリー・アン・モリスは、総合サービスおよび医事課の管理者で、この病院にはいったばかりのころの話をよく語っている。モリスは当時、検査室で働いていて、仕事柄、白い制服と靴を着用しなければならなかった。ある朝、ふたりの我が子をあわただしく学校に送って仕事場に着くと、上司に靴をじっと見つめられた。そして、靴ヒモが靴の穴の部分で擦れて汚れているから、洗いなさいと注意された。モリスはむっとして、検査室で働いていて、患者を相手にしているわけではないのに、何が問題なのかと尋ねた。

上司はこう答えた。気づいていないかもしれないが、あなたは患者と接触しているのだ。たとえば、メイヨーと書かれた名札をつけたまま病院の外に出ることがあるだろうし、院内の廊下を歩いているときは患者や患者の家族とすれ違ったりもする。だから、汚れた靴ヒモでメイヨー・クリニックの看板を背負ってもらっちゃ困る、と。「最初はむっとしましたが、ときがたつうちに、私のふるまいはすべて、靴ヒモも含めて、患者と来院者に対する私の心構えを示しているのだとわかってきました……自分自身や同僚にどれほどの業務レベルを求めるべきか、その基準を決めるとき、いまでも汚れた靴ヒモの一件を思いだすようにしています」

――レナード・ベリー、ケント・セルトマン『全米No.1クリニックが教える最強のマネジメント』の第七章「品質の手がかりを編成する」


（メイヨー・クリニックはたいてい、米国内のベスト医療提供施設に選出されている。ずば抜けた「チーム医療」の実践（組織文化！）については前述の本の第一章で述べられている。）

3.4

3.4.1 組織文化＋ハードはソフト、ソフトはハード

大胆すぎるかもしれないが、『エクセレント・カンパニー』は次の言葉で要約することができる。

「ハードはソフト。

ソフトはハード」

ハード（数値／計画）はソフト。その心は、計画は幻想でしかないことが多く、数値はごまかしがきくという意味である。たとえば、〝市場分析家〟と格付け機関の職員は、すでに価値を失った計画の数値を巧みに飾り立てて評価し、二〇〇七〜二〇〇八年以降の数兆ドルもの金融危機に拍車をかけた。

ソフト（人材や人間関係や組織文化）はハード。つまり、組織文化は達成がむずかしく《ハード》、休みなく取り組まなければ維持できない。

以前から重要とされてきた「ハードなツール」をすっぱり切り捨てるつもりはないが、「ソフトなツール」は長期的な成功とエクセレントの基本として欠かせない。

私は数字に強いし、資格も持っている。定量的に言えば、私は技術者としての学位をふたつ、経営に関する学位をふたつ、計四つの学位を持っている。『エクセレント・カンパニー』の共著者ボブ・ウォータマンも、定量的な教育を受けた。つまり、技術者としての学位と経営の学位をひとつずつ持っている。

第1章の最初に、ベトナムで工兵として過ごした私自身の経験を述べた。ベトナムに到着したときは、たくさんの土木用の道具を持っていたが、まもなくさらに過酷な環境で派遣部隊を指揮しなければならなくなった。一夜明けてみると、私が気を揉むべきことの九九パーセントは「人間関係」になっていた（いわゆる「ソフトな」懸念事項だ）。

そのときの私は、「ソフトに強いリーダーシップ」を発揮する準備がまったく整っていなかった。そのうえ、銃で狙われることがあったし、道路にはどっさり地雷が埋めこまれている状態だった。

そんな極限状態で始まった私の「マネジメント」人生で、長いことかけて得た教訓がこれだ。

私のライフ・ワーク。
ハードはソフト。
ソフトはハード。

3.4.2 ハードはソフト、ソフトはハード――「マッキンゼーの7Sモデル」

7Sとは、

・戦略（STRATEGY）
・組織構造（STRUCTURE）
・システム（SYSTEMS）
・スタイル（STYLE）
・スキル（SKILLS）
・スタッフ（STAFF）
・共通の価値観（SHARED VALUES）

このうち、（一般的に重要視される）「ハードなS」は、

・戦略
・組織構造
・システム

（無視されたり、軽んじられたりすることが多い）「ソフトなS」は、

・スタイル（「私たちが物事を行なう方法や企業文化」）
・スキル（「他社と差別化できる能力」）
・スタッフ（人材）
・共通の価値観（長持ちする優れたパフォーマンスという基本原理）

「マッキンゼーの7Sモデル」は、ボブ・ウォータマンと私、アンソニー・アトス、リチャード・パスカル、ジュリアン・フィリップスが一九七九年に開発したものだが、それから四〇年たったいまも、時代を超えて生き残っている。マッキンゼーはようやく、7Sを聖書に近い絶対的なものと認めた。一九九〇年代のマッキンゼーの常務取締役は、このモデルが「組織の効率性を評価するためのとても有用なフレームワーク」でありつづけていると述べた。

そして、「ハードはソフト、ソフトはハード」という概念に内包され、そこで大きく成長してきた概念は、ソフトなSはハードなSと同じく、組織の福利と競争力の強化を最大限にするために考慮され、管理されるべきであるというものだ。けれども、ソフトなSは長いこと列の後方にすわらされて

きた（そもそも、導入さえされないこともあった）。

本当に大事なのは、ソフトなSを列の前に引っぱってくることではなく、バランスを保つことだ。すべての要素に等しく注意を注ぐべきなのだ。秘訣中の秘訣は、時代のニーズに応じて、さまざまなSのバランスを適切に保つこと。これによって永続的な成功を手にすることができる。そのためには完璧なバランス感覚を持つ、優れた指揮者が必要だ。九〇年まえ、GMの伝説的な社長、アルフレッド・スローン（その時代のアイコン的CEO）は、効率性の鍵は、権限の集中（ハード。しっかり舵《かじ》を取る手）と分散（ソフト。咲きほこる一〇〇本の花）のバランスを絶えず調整することだと述べた。ときには厳しくコントロールし、ときには各部門（シボレー、キャデラックなど）の本部長に大きな権限を与えることも必要なのだ。そしてもちろん、7Sアプローチも。

3.4.3 「ハードなツール」、とくに数字／マトリクスに注意せよ

私は「ハードなツール」に反対しているわけでも、敵視しているわけでもない。むしろ数字は大好きだ。良くも悪くも、私は数値で考え、夢を描く。重要なのは、数字を追放せよということではない。数字はあくまで枝葉であって、幹ではないと言っているのだ。

数字は、抽象概念である。

数字は現実の行動の副産物だ。

いっぽう「ソフトな」人間関係では、本物の血が流れる。

数字は重要だ。

とても。

けれども「数字による経営」は負けイヌの妄想だ。

（そう、ビッグデータなどの時代であってさえも。）

これを言いあらわしている文として、ジャック・ボーグルの著書『充分（Enough）』に引用されている世論調査専門家のダニエル・ヤンケロビッチの言葉ほどぴったりくるものはない。ヤンケロビッチは分析的なモデルの限界について、次のように語っている。

第一段階は、たやすく測定できるものばかりを測定すること。これくらいはまあ、いいかもしれない。第二段階は、測定できないものを無視したり、そこに定量的な値を勝手に当てはめること。これは人為的だし、誤解を招く。第三段階は、測定できないものはそれほど重要なものではないとみなすこと。これは賢明な行為とは言えない。第四段階は、測定できないものを、本当は存在していないのだと述べること。これは自殺行為だ。

（そのとおり。）

3.4.4　ソフトエッジで息の長い成功への道をつなぐ――シリコンバレーでも

《フォーブス》の発行人で、シリコンバレーの熱烈な支持者リッチ・カールガードは、いまや経済を大きく動かすテクノロジー大企業の再構築力を、ずいぶんまえから熱心に観察しつづけていた。カールガードは二〇一四年の著書『グレートカンパニー――優れた経営者が数字よりも大切にしている5つの条件』（ダイヤモンド社）で、成功するか失敗するかを左右する因子を評価している。カールガードの主張の要点は次のとおりだ。

ビジネスの世界はいま岐路に立っている。ハードエッジを支持する人びとは話し合いや議論の場で優勢に立っている。……大半の企業や大半のマネジャーのあいだで勃発している金vs.気配りのバトルは、ハードエッジvs.ソフトエッジのバトルである……。エクセレントなソフトエッジの達成に、時間と金をほとんど投資していない会社があまりに多すぎる。……この過ちの原因は、次の三つだ。

・ハードエッジはソフトエッジより数値にしやすい。
・ハードエッジへの投資がうまくいくと、ソフトエッジより早く投資利益率を上げることができる。
・CEOや最高財務責任者（CFO）、最高執行責任者（COO）、取締役会、そして株主は、財政のことばかり考えている。

では次に、あなたの会社がソフトエッジに時間と金を投資した場合、どうなるかを説明しよう。

・ソフトエッジの強みは……ブランドに対する認識が高まり、利益率が上がることだ……「ソフトエッジは」凡庸さから脱出するためのチケットだ。
・ソフトエッジが強い企業はほかの企業より、大きな戦略的ミスに強く、激しい混乱を生き抜く準備が整っている。
・ハードエッジの強みは、生存しつづけ、競争に勝つために不可欠だが、そのアドバンテージは儚《はかな》い。

どうだろう、印象的なリストではないだろうか？　『エクセレント・カンパニー』は充分いい本だと思っているけれど、このカールガードのハードとソフトについての評価は、私がこれまで出会ったなかでダントツにいい。

カールガードが主張をいかに具体化しているか、その特徴を示すために、『グレートカンパニー』から、主要な「ソフト」のセクション・タイトルをみてみよう。

・信頼
・チーム
・テイスト
・知性
・ストーリー

この本の例は、ハイテクやシリコンバレーという領域を跳び越えて広範で多岐にわたっている。それでいて、パワーの源は、シリコンバレーにあるように私には思える。シリコンバレーというと心に浮かぶ言葉は、エンジニアリング、コーディング、ソフトウェア、アルゴリズム、クラウド、そしてビッグデータ。つまり、「ハードなツール」のなかでもガチガチにハードなものだ。それでもカールガードは、とくにシリコンバレーの勝者は別の面、ようするに「ソフトなツール」をよく理解していると主張している。

なんと説得力のある強力なメッセージだろうか。私は、ここ一〇年のビジネス書のベストワンとしてこの本に一票を投じたい。この本をどれほど多くの人にプレゼントしたことか。そしてそうすることで、どれほど多くの人びとがこの本から衝撃を受けたことか。

3.4.5 ソフトエッジ——リベラル・アーツ的思考は「シリコンバレー」に由来する

二〇一五年七月の《フォーブス》で取りあげられた、ひとあじちがう話を検討してみよう。

新たなゴールド・チケット。金持ちになるためにプログラミングを学ぶ必要はもうない。リベラル・アーツ卒業者がシリコンバレーを征服する方法。

ハイライト

哲学専攻者のリベンジ——シリコンバレーでは、優れたプログラミングやエンジニアリングを目にするのは珍しいことではない。本当の付加価値は、それを売り、人間味を付け足す人びとから生まれつつある。だからこそ、テック系スタートアップ企業がにわかにリベラル・アーツ出身者を求めるようになった。

そこは、評価額が一〇億ドル以上とされるユニコーン企業のなかでもひときわ輝いているテック系企業のひとつだ。ユーザー数は一一〇万人、市場評価額は二八億ドルにのぼる。Ｓｌａｃｋ（スラック）のチーム向けのメッセージ・ソフトウェアを使ったことはあるだろうか。使ったことがあれば、このソフトのキャッチーな技術革新のひとつが「スラック・ボット」であることはご存じだろう。これは定期的にポップアップする小さなアバターで、使いかたのヒントをくれる便利な存在なのだが、言葉がとても軽快で、人間くさい。

このような創造力はプログラム化などできない。その大半は、スラックの一八〇名の従業員のひとり、三八歳の編集ディレクター、アンナ・ピカードがつくっているのだ。ピカードは英国のマンチェスター・メトロポリタン大学で演劇の学位を取ったあと、オーディションをいくつも受けたが、いつも冷たくあしらわれ、不合格になることに心底うんざりするようになった。やがてブログやビデオゲームでの文章、ネコの擬人化などで称賛されるようになり、テック業界で自分の道を見つけた。そこでの彼女の仕事は、「大好きよ、スラック・ボット」などの言葉を打ちこむユーザーに返す、おどけた返事を生みだすことだ。ピカードは、自分の使命は「ユーザーにちょっとした驚きと楽しみを提供すること」だと語る。給料は申し分ない。ストック・オプションなら、なおのこと。

特集記事がひとつ出たからといって、それがすぐさまトレンドになるわけではない。とはいえ、この話は「ソフトはハード」という認識の高まりともっともかけ離れているように思える場所での、「ソフトエッジ」の重要性を示している。

3.4.6 ソフトなツール──自分たちには必要ない？

パトリック・レンシオーニは著書『ザ・アドバンテージ──なぜあの会社はブレないのか？』（翔泳社）で、興味深い出来事を語っている。

私は会議室にすわって、注目すべき型破りな活動［人優先のドグマ、リーダーシップのスタイル、コミュニティ文化など］に光を当てたプレゼンテーションが次々と発表されるのを聞いていた。これらの活動のおかげで、この組織はこれほど健全でいられるのだ。私は身を乗り出すようにして、CEOに半分お世辞めいた質問を投げかけた。「一体全体、なぜ御社の競争相手はこういうことをしないんでしょうか？」

数秒の間のあと、CEOは心から残念そうにこう答えた。「きっと、自分たちには必要ないと思っているんでしょう」

ワオ。

たしかに。何十年も企業を観察してきた経験からしても、そのとおりだ。

3.4.7 ハードvs.ソフトの考察──「ソフトなツール」による防御とは？

「テクノロジーの津波」と、起こりうる（おそらく起こる？）「雇用崩壊（ジョブ・アポカリプス）」は同時に起こる可能性が高い。

どうやって反撃すればいいのか？
いやむしろ、どうやって先手を打つべきか？

私が思うに、最善かつ、おそらく唯一の有効な手段は、「ソフトなツール」（たとえば、企業文化、人材育成、相手の話にじっくり耳を傾けること、「もっとも失敗した人が勝つ＝失敗は成功のもと」という方針を介したイノベーション、すばらしいデザインによる差別化など）を強化して、四六時中つねにエクセレントだけを追いもとめつづけることだ。

確実な保証はない。
けれども、探求するに値する有望な道はある。
インスピレーションを与えてくれる手本もある。

4 中小企業という開拓者

マイ・ストーリー

シー・アンカーは、海錨、ドリフト・ソック、パラシュート・アンカーまたはボート・ブレーキなどとも呼ばれる、悪天候時に船を安定させるための道具だ。船を海底につなぐのではなく、水の抵抗を増やしてブレーキのような役割を果たす。船の横から波を受けないよう波に対して船の向きを垂直に維持するために、船尾に取りつけることもある。

妻と私はたいてい、北米では冬になる数カ月間を、地球の裏側にあるニュージーランドの南島の北端で過ごす。私たちはタスマン海の海辺に小さなコテージを持っているのだ。

そこから約四〇キロメートル先にモツエカという小さな町があって、そのメイン・ストリートには、特徴のないドアがひとつある。そのドアを抜けると、W・A・コピンズという会社の営業所と工場につながる。そこは、シー・アンカーとその関連品をデザインし製造している世界的な企業だ。

もともと一八九六年に創設されたときは、織物のデザインと製造を行なっている会社だった。こんにちのコピンズの成功は、社長が「厄介な問題」と呼ぶものを取り扱ってきたおかげだ。製品は、軽いレクリエーション用の小物から、米国海軍やノルウェー政府など上得意のための巨大なシステムまで多岐にわたる。

正直に言おう。私はW・A・コピンズ（やその種の企業）が大好きだ。コピンズらは販売用語で言う、特定のものを専門に扱う「カテゴリー・キラー」で、無限の想像力とエクセレントな質で、モッエカのような辺鄙《へんぴ》な場所から世界へ向けてビジネスを展開し、ニッチなマーケットを占めていることが多い。

ある賢人の言葉を借りれば、中小企業というカテゴリーに分類される、W・A・コピンズのような規模の会社は、ニュージーランド経済（GDPは約二〇〇〇億ドル）であれ米国経済（GDPは一七兆ドル）であれ、あらゆる経済の「知られざるバックボーン」である。バックボーンというのは、（1）イノベーションのおもな源泉であり、（2）雇用と仕事創出のおもな源泉でもあり、私たちが直面しているテクノロジーの大変動のただなかでは、とくに重要な存在だ。

二〇一四年に、私はニュージーランドで行なわれた、第一回目の経営者と政府の年次カンファレンスで基調講演を行なった。その講演で、ニュージーランド人はこれまで不安定なコモディティ（一般化して差別化が困難になった製品やサービス）にあまりに依存しすぎていたので、コピンズのような企業をできるだけ生み、育てる必要があると述べ、聴衆の不興を買った。（当時、この国の輸出品の主軸は、中国市場に向けた乳児用の粉ミルクだった――まさに不安定とはこのことだ。船一隻分の積荷がだめになったら、国家の輸出額は急落するだろう。）先ほど述べたとおり、ニュージーランド人は怒ったが、それが私の目的だった。

とにかく私は、世界的なニッチ・マーケットを支配している、モツエカの奇跡、W・A・コピンズが気に入っている。

ブラボー！

一〇〇回分のブラボーを贈る！

（コピンズは、これは偶然でもないが、奇跡のパートナー企業二社に支えられている。コピンズのシー・アンカー製品のベースはナイロンの一種であるダイニーマでできているが、ダイニーマはその専門会社DSMオランダが開発し製造している。また、布はウェリントン近郊にある小規模な専門会社、W・ウィギンズに外注している。このような小さな人気商品が組み合わさった別の人気商品は珍しいものではないし、国家の成功は、活力に満ちた自己強化型の中小企業の生態系に強く後押しされているという考えを裏付けている。）

コピンズのような会社はいたるところにあるが、巨大企業が固執している「経営の専門家が書いた本」（私自身の罪も否定しない）やビジネススクールのカリキュラムで学ぶだけではこの状況は把握できない。そこで、この章では次の三つを示そうと思う。ひとつめは、ニュージーランドやドイツや米国、その他どこでも、W・A・コピンズのような勝者は、スタンディング・オベーションで喝采を受けるにふさわしい企業で、国やコミュニティへの経済貢献はもちろん、それらの企業が創出している何百万という優良な雇用のことを考慮すると、私的・公的な支援を受けるに値するということ。ふたつめは、経済のいたるところに、優れたロールモデルがあること。シリコンバレーのプログラミング王やアプリ・クリエーターに注目が集中しがちだが、私たちはむしろ、誰も手を出したがらない「厄介な問題」を扱うシー・アンカーの王みたいな企業を探すべきなのだ。三つめは、コピンズのような会社からは、多くの教訓が得られるし、そのような会社にこそ、エクセレントなビジネスの純粋な姿を求めるべきである。

だから、（海）錨を上げて船を出し、もっと大きな物語をみてみよう……。

中小企業にまつわる物語

4.1　思いがけないスーパースターはコピンズだけじゃない

私のお気に入り、シー・アンカーを製造するエクセレントな会社はすでに紹介した。次はどこの会社をみてみようか？ 海中から地中へ行ってみるとしよう。

4.1.1　ドライな地下の王──ベースメント・システム／「地下のことならすべておまかせ」

コネティカット州シーモアにあるベースメント・システムという会社は、おもに地下室からカビと湿気を追い出すことを仕事にしている。悪臭がして害さえ及ぼしかねないあなたの家の地下室が、倉庫や居間や客用の寝室に生まれ変わる。つまり、効率よく部屋をひとつ増やしてくれるのだ。（ささやかなこと、ではないだろう？）

「地下室を快適に」

退屈そうなビジネスだって？

ラリー・ジャネスキーにとってはそうではない！

ラリー・Jと彼のチームにとって、地下室は心躍るロックンロールだ！

ジャネスキーはさまざまなことを成しとげているが、なかでも秀逸なのは、自分たちの活動（「地下のことならなんでも」）とその活動の価値を描いた『乾いた地下の科学（Dry Basement Science）』という本だ。この本は一〇万部以上を売り上げた。それだけじゃない。ジャネスキーは二五を超える特許も持っている。

一九八六年に立ちあげられたこの会社は急成長し、六カ国で四〇〇以上の業者を抱え、収益は一億ドルを超える。

ベースメント・システムは「もっとも働きたい企業」、「ベスト・スモール・ビジネス」、「今年の企業家」などのカテゴリーで、（地元、州、国の）賞の常連でもある。この会社は、まさにありとあらゆる次元でいい手本だ。

4.1.2 スゴイ駐車場――リンカーン・ロード一一一一番地

名著『シンプルにスゴイ――スゴイ組織は普通のことをスゴイ方法で行なう！（Simply Brilliant: How Great Organizations Do Ordinary Things in Extraordinary Ways!）』の著者、ビル・テイラーが連れていってくれるのは、ほかでもない、かのマイアミビーチの、なんと、

リンカーン・ロード一一一一番地だ。

この住所はマイアミビーチのランドマークになった。たとえば、当時マイアミ・ヒートで活躍していた世界的なバスケットボール選手のレブロン・ジェイムズが、ナイキの一一番目のシリーズ〝レブロン11〟を紹介したのが、このリンカーン・ロード一一一一番地だった。

この特別な住所には何があるのだろう？

三〇〇台収容の駐車場だ！

土地開発業者のロバート・ウィネットは「一九二〇年代のリンカーン・ロードのビジョンに戻す」ことを望んでいた。そしてなにより、世界的に名高いスイスの建築家ユニット、ヘルツォーク&ド・ムーロンのデザインで変身させたいと考えていた。その「プロダクト」は、ある記者の言葉を借りれば、「ハイエンドの建築《アーキテクチャ》と車両《カー》の保管場所が思いがけず融合」した「カーキテクチャ」であった。

リンカーン一一一一の特徴は、パブリックアートであることと、壮大な階段だ（多くのジョガーが毎朝ここでワークアウトし、そのあと駐車場内のヨガ・クラスにも参加する）。ウィネットはこの駐車場を「物語を紡ぎだす、体験型のアート空間」と呼ぶ。

ウィネット自身はこの駐車場の最上階にあるペントハウスで暮らしている。

これはやりすぎでは？　もちろん、そのとおり。けれども、大きな利益をもたらすベンチャーでもあり、コミュニティの変革者でもあり、想像力に富んだ比類のない行為でもある！　（『シンプルにスゴイ』には、このようなインスピレーションを刺激する例が満載だ。）

4.1.3 ジムズ・グループ——面倒な雑用を引き受けるオーストラリアのスター企業

ジム・ペンマンがジムズ・モウイングという会社を立ちあげたのは一九八四年だった（文化人類学で博士号を取ろうとしているときに、アパートメントの庭の芝生を刈って家賃を稼いだ）。芝刈り機ひとつでひとりで始めた会社は、二〇一六年になるころには、オーストラリアやニュージーランド、英国、カナダで三六〇〇のフランチャイズを抱えるジムズ・グループに成長していた。ペンマンの生活の糧《かて》は、セクション・タイトルで示されているとおり、「面倒な雑用」だ。

カテゴリー・キラーの好例

・ジムズ・モウイング・カナダ
・ジムズ・モウイング・UK
・ジムズ・アンテナズ
・ジムズ・簿記
・ジムズ・ビルメンテナンス
・ジムズ・カーペット・クリーニング
・ジムズ・カー・クリーニング
・ジムズ・コンピューター・サービス
・ジムズ・ドッグ・ウォッシュ
・ジムズ・ドライビング・スクール

・ジムズ・フェンス
・ジムズ・フロア
・ジムズ・ペインティング
・ジムズ・ペイビング（舗道修理）
・ジムズ・パーゴラ
・ジムズ・プール・ケア
・ジムズ・プレッシャー・クリーニング
・ジムズ・ルーフィング（屋根修理）
・ジムズ・セキュリティ・ドア
・ジムズ・ツリー
・ジムズ・ウィンドウ・クリーニング（窓掃除）
・ジムズ・ウィンドスクリーン
などなど。

（ラリー・ジャネスキーが『乾いた地下の科学』を書いたのと同様に、ジム・ペンマンもビジネスのいきさつを『次は何をフランチャイズ化する？（What Will They Franchise Next?）』と『顧客を熱狂的なファンにする（Every Customer a Raving Fan）』などの本にしている。）

コピンズ、ベースメント・システム、リンカーン・ロード一一一、そしてジムズ・グループは、非常に重要な中小企業分野のなかでも最良の実例だ。最高の会社は、シリコンバレーのパロアルトから遠く離れた、思いがけない場所にあるのだ。

だが、専門家が書いた著書を読んだり、よくあるビジネススクールの履修一覧をチェックしたりしても、中小企業が経済的に大きな割合を占めている領域がある状況はけっしてつかめない。専門家やビジネススクールや、全国紙が注目するのは、ほぼ大企業に限られているからだ。だが、それはあまりいいやりかたではない。第一に、非常に多くの優れた中小企業が非常に多くの魅力的な場所で、すばらしい仕事をしていて、私たちはそこから学ぶことができるからだ。第二に、最初の理由と同じくらい重要なのは、世間でもてはやされている大企業が私たちにどれほど多くのことを教えてくれるのか、明らかではないからだ。正直言って、大企業の長期的な成績は少々疑わしい。（しかもこれは控え目な表現なのだ。）

4.2 本章のエピソードを、（不安定な）大企業の簡単な評価を交えつつ、もう一度読みなおしてみよう

あとで述べる中小企業の成功例は、オックスフォード大学の経済に関する論文などにはほとんど載っていない。論文で取りあげられるのは巨大な企業ばかり。そして、それこそが私の最初の本『エクセレント・カンパニー』の本質だった。実際、巨大企業から私たちは多くを学ぶことができる。（とはいえ、「エクセレントなエッジ」を維持するのはおそろしく困難だ。全体として私たちがかかわった企業は、財政的に驚くほど良好な状態だが、『エクセレント・カンパニー』で取りあげた一流企業の多くは、その本が出版されて三六年のうちに、その輝きをおおかた失ってしまった。）

巨大企業の経済への貢献は、とくに雇用、雇用創出、技術革新などの面で、かなり過大評価されている。さらに、大企業の長期の成績は全体としてあまり思わしくない。そして、復活を賭けて企業は合併と買収（M&A）をよく行なうが、惨めな失敗に終わることが多い。M&Aの取り組みはほとんどお笑い草だが、何十万人もの労働者にとっては、笑いごとでは済まされない。買収のために支払った莫大な金を埋め合わせるためにコストカット（やむをえず研究開発費も含め）やリストラが行なわれ、首を切られるのだから。

したがって、次に挙げたのは、大企業の歴史に大きな傷を残す小さな証拠の例だ。

量産すると収益が上がるという規模の経済を私は信じていない。大きくなることで良くはならない。悪くなるのだ。

——ディック・コバセビッチ（米国の大手銀行ウェルズ・ファーゴの元CEO）

引用の内容を補強すると、ウェルズの「成長のための成長」という戦略は、近年裏目に出ている（たとえば、売り上げのためにあまりに強くプレッシャーをかけすぎると、顧客に対するひどい行動につながるなど）。

フォスター氏とマッキンゼーの同僚たちは米国の（大規模な株式）会社一〇〇〇社の過去四〇年にわたる詳細な業績データを集めた。すると、長期間生き残り、市場で卓越した業績を示している企業はゼロであることが明らかになった。むしろ、データに長年の記録がある企業ほど業績が悪くなっていたのだ。

——《フィナンシャル・タイムズ》

（一〇〇〇のうちゼロとは、かなりひどい打率だ。）

巨大な企業構造に巻きこまれたくなくて、逃げ道を探している起業家候補から「どうやって規模の小さな会社をつくればいいのか？」とよく質問される。その答えは明らかだ。「大企業を買って、ちょっと待てばいい」

——ポール・オームロッド（経済専門家）『なぜたいていのことは失敗するのか——革命、断絶、経済（Why Most Things Fail: Evolution, Extinction and Economics）』

（冗談キツイよ。）

世界統合の影の立役者である多国籍企業は、二〇一六年のポピュリズムの波のまえにすでに後退してしまっている。それらの会社の財政的なパフォーマンスは低下しており、地元の企業をもはや上回っていない。多くはコストや税金を削減することと、地元の競合他社を出し抜くことに疲れきってしまったように思える……グローバル企業躍進の中心にあったのは、それらが優れた金儲けマシンであるという主張だった。けれども、その主張は使い古されてもうボロボロだ。

——《エコノミスト》、二〇一七年一月二八日、特集記事「多国籍企業の危機（The Multinational Company Is in Trouble）」

世界じゅうにいる私の個人的な友人はほぼみな大企業を扱っている。同じ会社を六回くらい買ったり売ったりすれば、誰でも金を儲けることができるが、それらの会社に本当のイノベーションが生じているかは定かではない。

——ジェフ・イメルト（GE社の元CEO）

（イメルトは定かではないようだが、私は確信している。この売ってまた売ってというイノベーションの記録は、けっして輝かしいものではない。ウォール街でこの状況を観察しているオブザーバーは、悲惨な状況を「買って切り刻む」と的を射た言葉で言いあらわしている。）

イメルトの見解に対して——

期待どおりの大きな合併をひとつだけ挙げてくれと最近言われたとき、ゴールドマン・サックス投資政策委員会の元副議長だったレオン・クーパーマンは、こう答えた。「サクセスストーリーもきっとあるはずだが、いまのところは何も思い当たらない」

——マーク・シロワー『シナジー・トラップ——なぜM&Aゲームに勝てないのか』（プレンティスホール出版）

（おっと、またゼロだ。）

サステナブルな転換を果たし、大規模な買収や合併によって飛躍した企業はひとつもない。それに加えて、飛躍できなかった、あるいは飛躍したとしてもそれを維持できなかった競合企業は、大規模な買収や合併で自らを巨大化しようとすることが多い。彼らは、金の力で成長路線を取ることはできるが、金の力では優れた企業にはなれないというシンプルな真実を理解していない。

——ジム・コリンズ、《タイム》

（大規模な買収と合併に関する研究では、新たな組み合わせの約七五パーセントは価値を破壊するという結論が示された。）

裁判長、証拠は以上です。いや、それはジョークだが、たしかに驚くべき重要証拠の数々だ。

4.3

4.3.1

本当のスター企業とは——中規模なニッチを攻めよう

研究によると、新しい小規模な会社がほぼすべての新たな民間セクターの仕事を創造し、けっして小規模ではない刷新を行なっていると言う。

——『未来は小規模——もうひとつの投資マーケット（AIM）が、借り入れブームを越え、世界のベスト市場になる理由（The Future Is Small: Why AIM [Alternative Investment Market] Will Be the World's Best Market Beyond the Credit Boom）』ジェルベ・ウィリアムズ（優れたファン

ド・マネジャー）、《フィナンシャル・タイムズ》での報告

ほとんどの（前述の言葉を借りれば「ほぼすべての」）仕事。

ほとんどのイノベーション。

（それなのに、繰りかえしになるが、政策立案者や私はあまり注意を払っていなかった。）

4.3.2 ベストをめざせ

ジョージ・ホウェリンの著書『一流の小売業――米国の独立した商店ベスト二五の内側（Retail Superstars: Inside the 25 Best Independent Stores in America）』には、優れた中小企業の大胆で想像力あふれる二五の行動が描かれている。

私はこの本を、スモール・ビジネスを立ちあげている人びとだけでなく、会計士や人事部の長に自分の直感に任せて贈っている。私はこの本を何冊も配り歩いてきた。

それは、なんといっても仕事上での想像力をかきたてる唯一無二の実例集だからだ！

小規模な会社が大規模な企業に勝る、思わぬ成功を収めている！

それが可能なのだ！

私がこの本を人に配る理由は、想像力という部分が惹きつけられるからだけでなく、気のきいた言い回しが絶妙だからだ。

「ベストをめざせ。混みあっていないのはその市場だけだ」

中小企業の信条を煎《せん》じつめたバージョンがあるとすれば、これだ。（グレイトフル・デッドのリード・ギタリストの故ジェリー・ガルシアの言葉は、ホウェリンより先を行っている。「ベスト中のベストになるだけでは充分ではない。唯一無二の存在とみなされたいのだ」）

4・3・2・1 米国でいちばんのトイレ！

オハイオ州フェアフィールドにある〝ジャングル・ジムズ・インターナショナル・マーケット〟をご存じだろうか。社長が「ショッパーテイメント」と呼んでいる顧客体験を求めて、近隣だけでなく遠くから、ときにはかなり遠くからも客がやってくる。

まず食品がすごい。一六〇〇種類ものチーズに、ピリ辛のソースだけで一四〇〇種類、ワインは一本八ドルから八〇〇〇ドルまで一万二〇〇〇種類も揃っている。けれども、ある意味、食品はいちばん地味な部分だ。故ホウェリン氏は次のように述べている。

ジャングル・ジムがつくった店には、見て驚くような仕掛けが施されている。外のオアシスは動物であふれているし、エントランスの上にはレーシング・カーがディスプレイされているし、体長二メートルのロボットのライオンは、エルヴィス・プレスリーの《ジェイルハウス・ロッ

ク》を歌って客を喜ばせている。英国の食品の売り場には、シャーウッドの森が広がっていてロビン・フッドが話しかけてくる。惣菜売り場の天井には、豚の顔が描かれたアンティークなトラックがぶらさがっている。中華料理の売り場には実物大の人力車がディスプレイされている。……ほかにも、肉売り場にはアーミッシュの馬車があるし、キャンディ・コーナーには、お菓子の詰まった遊園地のバンパー・カーが置かれている。

設備もちょっと変わっている。店の中央エリアに置かれた男性用と女性用のふたつの簡易トイレ、ポータ・ポッティは食品の店ではなく工事現場にありそうな外観だ。けれども、それは見せかけで、ドアをあけてなかにはいると、清潔できれいなトイレになっている。この創造性豊かな設備は、二〇〇七年の第六回のコンクールで「米国のベスト・トイレ」と認められた。このコンクールのスポンサーは、トイレの洗剤や消毒剤の販売業をしているシンタス社だ。

私はとくに「米国のベスト・トイレ」の部分が気に入っている。ビジネスの世界には、品質を称えるマルコム・ボルドリッジ賞など多くの賞があり、ホワイトハウスの芝生の庭で、大統領から表彰を受けられる賞もある。けれども、私が市場の充実しているビジネス分野の経営者だったら、ホワイトハウスの芝生の上で飛び跳ねるより、米国のベスト・トイレ賞を受けるほうがずっといい。簡単には実現できない方法で、想像力と顧客への気配りを表現できるからだ。

トイレのトピックを終えるまえに、テキサスのハイウェイにある次の広告も紹介したい。

バッキーズまでは、あとたったの四二一キロメートル。あなたなら我慢できる。

あるいは、次の広告。

トイレは磨きに磨き、小便器にはミントを置いています。

バッキーズはテキサス州のコンビニエンス・ストアとガソリンスタンドが組み合わさったチェーン店だ。ニュー・ブローンフェルズにある店は、米国最大のコンビニエンス・ストアとされている。六三〇〇平方メートルの敷地には、一二〇の給油スペースがあり、八三のトイレ、三一個のレジがある。そして、ニュー・ブローンフェルズのバッキーズは二〇一二年の**米国のベスト・トイレ賞**を受賞した。気に入ってもらえただろうか。この、ブローンフェルズのエクセレントな企業は、思いがけない場所に思いがけない特徴の店をつくる中小企業の想像力を示す、巨大なリマインダーだ。

（だからこそ、この仕事はやめられない。私がこの箇所を下書きしていた日、思いがけず、以前私のセミナーに参加してくれたブラジル人がメールをくれた。メールには、ブラジルのバウルにあるガソリンスタンドのすばらしいトイレの写真が四枚添付されていた。送り主はこのトイレにはいったとき、サンパウロで参加した私のセミナーと私自身のことがぱっと頭に浮かんだのだと言う。バウルのエクセレントなガソリンスタンド！　エクセレントなトイレ！　すばらしい！）

4.3.2　もうひとつの一流小売店──アブト・エレクトロニクス。想像力と差別化を育む思いきった行動

従来からある電化製品の小売店（いわゆる「電気屋」）は、インターネットの普及ですっかりダメになった。けれども、実店舗が残っている例外もある。先ほどのホウェリンの著書からもうひとつ例を挙げてみよう。

家族経営のアブト・エレクトロニクスは一九三六年に創設されていらい、いまだに安定していて、おそろしく競合が激しいシカゴ都市圏のマーケットで成長し繁栄しつづけている。左に、アブト・エレクトロニクスが抜きんでていることを簡単にまとめた。

・店内は約三万二〇〇〇平方メートル／四万五〇〇〇坪
・年間の収益は三億ドル
・デザイン・センター（一流の設備、一流の品々）
・「目的地」がある（イケアのように）──たとえばレストランや美しい花が咲き乱れる中庭や、二万八〇〇〇リットルの水槽など。
・独自の配達チーム（きちんとした制服がある）
・全般的なトレーニングと知識のトレーニング
・スタッフを手厚く扱う。財政的にも、その他の面でも。

・バカげていると思える顧客の要求にも「はい」と答える。できないという言い訳はしない。
・人員の過剰配置！
・独自の商品化計画（海洋用の電子機器を備えたボート、さまざまなシステムを搭載した車など）
・ウェブマニア（ほぼすべての製品に関する百科事典なみの情報サイト、ブログ、専門家との二四時間／週七日のライブ・チャットなど）
・サービスの格付け。ホーム・デポ、ロウズカンパニーなどよりはるかに優れている。

4.3.3 小さな巨人——大きくなるより優れていることを選んだ会社

このセクションのタイトルは《インク》の共同創設者ボー・バーリンガムが出した本のタイトルに由来している。バーリンガムはホウェリンの著書の続篇のような一冊を著した。この本では一四の企業が研究されている。これらの会社のマーケットは概して非常に専門化されている。たとえば、アイダホ州ボイシーのECCOは「商用車両の補助アラームと琥珀《こはく》色の警告灯の一流製造会社」だ。ミネソタ州セントポールのリール・プレシジョン・マニュファクチャリングは「ラップトップ・コンピューターのカバーに使われる蝶番などの動作をコントロールする部品を製作」している。

これらの優れた質を誇る会社は、その分野の特別な市場を大きく占めている。バーリンガムは一四の会社には共通して、次の四つの特徴があると述べている。

1. 個人的な交流や一対一のコミュニケーション、お互いに協力しあって果たす約束などに基づいて、顧客やサプライヤーと非常に親密な関係を築いている。
2．各企業は、ビジネスを行なっている土地の市や街、郡ときわめて親密な関係を保っており、その関係は地域還元という一般的な概念を超えたはるかに良好なものである。
3．それらの企業はありえないほど親密な職場という印象を私は受けた。
4．会社が行なっていることに対してリーダーは情熱を持っていた。リーダーたちは、音楽であれ、安全灯であれ、食物であれ、特殊効果であれ、締まり具合が安定している蝶番であれ、ビールであれ、記録保管であれ、建設であれ、食事であれ、ファッションであれ、会社が扱っているものを愛していた。

成功している企業の四つの強力な特徴は誰にでも利用できる。リストはすぐに日常に取りいれやすくて、インスピレーションに満ちている。市場で勝つ公式であり、気味が悪いくらいジョージ・ホウエリンが見出したものと一致している。最後の項目、情熱についてもう一度おさらいしておこう。これは、勢いを失った大企業の多くで、消えてしまったもののリストのいちばん上あたりに来る。意地悪に聞こえるかもしれないが、巨大企業には、短期結果に対する情熱はあるけれど、米国のベスト・トイレ賞のトロフィーを手にいれたいという欲求はほとんどない。

4.3.4 二一世紀の隠れたチャンピオン――知られざる世界市場のリーダーたちの成功戦略

ハーマン・サイモンは、『隠れたコンピタンス経営――売上至上主義への警鐘』（トッパン）という中小企業に関する、また別の傑作を世に送りだした。サイモンはドイツの一流経営思想家とみなされている。私はこの本のハードカバー版を持ち歩いていて、セミナーのときには、大きな音を響かせてこの本を演台にたたきつけ、大声で言う。**「イエス、ユーキャン」**

風変わりな場所にある、
風変わりだけれど、たいていは「地味」なビジネス。
その道の極一流になれ。
繰りかえす。中小企業はすべての国の経済のバックボーンだ。

サイモンの『隠れたコンピタンス経営』から、ここにいくつか抜きだしてみよう（抜きだした基準は、少なくともその分野の世界的な市場のトップ三であること、売り上げが四〇億ドル未満であること。）

・バーダー（アイスランド、魚肉加工システム、世界市場占有率八〇パーセント）
・ガラガー（ニュージーランド、電気柵）
・WET（ドイツ、カーシート・ヒーター技術、世界市場占有率五〇パーセント）
・ゲレッツ（ドイツ、映画館幕壁と舞台装置）
・エレクトロ・ナイト（ベルギー、鋼鉄業のセンサー）
・エッセル・プロパック（インド、歯みがきチューブ）
・SGS（スイス、製品監査と認証）

・DELO（ドイツ、専用接着剤）
・アモリム（ポルトガル、コルク製品）
・EOS（ドイツ、レーザー焼結システム）
・オミクロン（ドイツ、走査トンネル顕微鏡）
・ディクソン・コンスタン（フランス、工芸織物）
・O．C．タナー（米国、従業員認識システム）
・ヘガネス（米国、金属粉）

4．3．5　ミッテルシュタンド

多国籍モンスターの足のあいだを疾走する敏速な生き物。
――ドイツのミッテルシュタンド企業の効率の良さに関して、《ブルームバーグ・ビジネスウィーク》

ニッチを占有する中小企業をドイツ語で「ミッテルシュタンド」と呼ぶが、これらがドイツの安定した輸出記録に寄与していることは疑いようがない。近年、中国にトップの座を奪われたものの、ドイツは何年間も、米国や日本、中国に先んじて輸出一位の国として格付けされていた。

4・4

4・4・1

原則——より安くのまえにより良く

デロイトのシニア・パートナー、マイケル・レイナーとムムターズ・アフメドは、ある研究に五年間取り組み、過去四五年にわたる、数百分野二万五〇〇〇社以上の企業のデータベースを掘り起こした。そして、統計学的にパフォーマンスが「ずば抜けている」企業に当てはまるのは、そのうちの三四四社であることを明らかにした。さらに解析を行なって選別すると、残ったのは二七社になった。それらの会社の長期戦略を細かく研究したところ、超精密な調査を生き延びた会社は、リニアテクノロジー（アナログ・デバイセズに二〇一七年に買収され一部門となっている）、トーマス・アンド・ベッツ（ABBに二〇一二年に買収され一部門となっている）、ワイス・マーケッツ、ハートランド・エクスプレスだった。この研究がベースになって、『三つのルール——奇抜な企業の奇抜なアイデア（The Three Rules: How Exceptional Companies Think）』という本が生まれた。

優れたパフォーマンスについて数十もの仮説が検証された結果、勝ち残ったのは次の三つ（そう、たった三つ）のルールだ。

1. 安さより質。
2. コストより売り上げ。
3. それ以外のルールはない。

これは簡単で当たり前のことに思えるかもしれない。だが、そうではない。苦境のなかでこの研究が強調している三ルールを守った企業は、非常にまれだ。前述のとおり、二万五〇〇〇社のうちたった二七社なのだから！

4・4・2
原則――短期の儲けより価値を

驚くほどよく似た結論に達しているのが、《フォーチュン》でもトップのマネジメント専門家、ジェフ・コルヴィンだ。「経済は恐怖に満ちているが、スマート・カンパニーは勢いづいている（The Economy Is Scary, but Smart Companies Can Dominate)」というタイトルの特集記事で、コルヴィンは優良な企業を観察して得た見解を次のように言いあらわしている。

1. 優良企業は、短期的な儲けではなく長期的な価値を管理している。
2. 優良企業は、徹底的に顧客中心のサービスを追求する。
3. 優良企業は、人材という資本を開発しつづける。

そのとおり。
そのとおり。
そのとおり。

4.4.3
原則――経費削減は悪循環のもと。大事なのは売り上げを増やすこと

三つの項目を実践――本書のはじめにあった二〇〇万個のイヌ用ビスケットの話を思いだしてほしい。つまり、コマースバンク‐メトロバンク‐バーノン・ヒルの物語だ。銀行に人びとを呼びこみ、営業時間を延ばし、人びとから愛される銀行をつくり、ファンを増やし、コマースバンクをトロント・ドミニオン銀行に八六億ドルで売却し、英国のメトロバンクを創設し、既存の銀行からあっというまに一〇〇万件もの口座を奪いとった。

この活動を支えた哲学の最初のふたつは、先ほど挙げた箇条書きと一致する。

1. 「成功をめざすなら、経費削減して我が道を曲げるのではなく、金を費やして我が道を貫け」
2. 「社員に過剰投資しよう。設備に過剰投資しよう」
3. 「経費削減は悪循環のもと。大事なのは売り上げを増やすこと」

中小企業のドグマ――1を実践＝2を実践＝3を実践。

最優先にすべきことは、エクセレントな製品やサービスを提供し、人びとに投資することだ。

4.4.4
原則――「ありきたり、あるいはコモディティ」である必要はない

アトランタにあるLEFKOリノベーションズのデヴィッド・レフコウィッツは、標準的な手紙を書くことをやめた。そのかわり、家の改装プロジェクトを開始するとき、近隣住民に向けて、不便を感じてほしくないという由の手紙を書いた。何か不便があれば、個人的に電話をしてくださいと伝えたのだ。多くの人びとが礼儀正しい彼のふるまいに感動し、その手紙を取っておいて、彼に仕事を依頼した。

——ヴァーン・ハーミッシュ、《フォーチュン》

私は、「これはコモディティだから、薄利多売でいこう」のような文で使われる「コモディティ」という言葉が嫌いだ。私の考えは前述したとおりだし、LEFKOリノベーションズのデヴィッド・レフコウィッツの話にも書いたとおり、「コモディティ」かどうかは心構えしだい。コモディティは、負けイヌの心構えだ。なんであれ、大きく（劇的に）差別化させることはできる。ずば抜けたエクセレントに達するチャンスはあらゆるところに存在する。

たとえば、

地元の配管業者や電気技師が次に当てはまるなら、そのサービスは「コモディティ」ではない。

もし、

・仕事を理解しているなら
・いつでも新たな技術を学んでいるなら
・性格がいいなら

・時間どおりに現われるなら
・きちんとした服装をしているなら
・トラックのなかが整頓されているなら
・問題を洗練された方法で折よく解決し、行なったことを明確に、そしてなぜそうしたのかを明確に説明してくれるなら
・あとで、顧客が「床に食べ物を置ける」くらい、きれいに掃除をしているなら
・いまやっている仕事以外に小さな作業を無償で申し出るなら
・二四時間後に問題はないかと連絡（メールではなく電話）してくるなら
・顧客のために、ときどきお役立ち情報などを投稿するブログを開設しているなら。たとえば、小さなヴァージニア州の水泳プールの会社はそのようなソーシャルメディア戦略を行なった結果、文字どおり「世界一」になった。
・もし……

その人がつまらない人間でないのなら！

私はこのように、脱コモディティ化しエクセレントを追求しつづけることを、「金を費やすに値する差別化（DWPF）」と呼んでいる！

（二〇一六年後半に行なった講演中に、これについて徹底的に議論したことがある。それは、フランチャイズ加盟者の一団とのあいだで起こった。彼らは悲惨な状況［新たなライバル、新たな技術、新たな規制］のせいで、しかたなく低賃金にしているが、その結果、仕事は手抜きされ顧客サービスはお粗末なものになると苦々しげに不満を言っていた。

私は講演内容からは脱線して、彼らを非難し、ジョージ・ホウェリンやバーノン・ヒルやラリー・ジャネスキーやジム・ペンマンやデヴィッド・レフコウィッツの精神を簡単に述べた。私は、彼らの店のゴールはその分野で最高の賃金を払い、「いちばんになること」で、市場価格より著しく高い料金を請求できるほど価値のある「その道で唯一の」サービスを実現することだろうと話した。

すると、多くの人に反論された。けれども、おそらくもっとも成功している、かなり大きなフランチャイズ店の加盟者が（文字どおり）立ちあがって私をかばい、私の意見は、「まさにそのとおり」で「言うべきことだった」と主張してくれた。おかげで、私は窮地を救われた。）

4.4.5　中小企業が生む一〇〇万の仕事

先ほどの配管業者と電気技師のたとえ話に話を戻そう。私は自宅の腐食した配管の修理を頼んでいる地元の土木業者のオフィスに書類を受け取りに出かけ、ボストンから八〇キロメートルほど南の郊外を車で走っていた。さまざまな店やオフィスが並ぶ区画を通りかかった。道路の脇の看板には、キルト店やウェディング・ケーキ店、水泳プールの販売設置会社、服の修理・手直しの店、医療費請求サービス、弁護士の個人事務所、フィットネス・センターなどがあった。

国じゅうに何千、何万ものこのようなエリアがある。事実、彼らが数百万もの人びとを雇っている。そして、それらのいずれにも、地元の一流企業になるチャンスがある。莫大な富をつくりだすユニコーン企業ではないが、先ほどの配管業者や電気技師、あるいは前述したリアルなデヴィッド・レフコウィッツみたいに、特別な存在になれる。きわめて特別な存在に。ベストになれる。選ばれる雇用者になれる。大人数を雇うのではなく、優れたパフォーマンスを維持し、良い評判を増やし、スタッフの規模を、たとえば三人から五、六人、ときには九人と徐々に増やしていくのだ。そうすれば、新たに増えた仕事を高い質でこなすことができる。おそらくきわめて割りのいい高額の仕事は来ないが、そこそこの金額で仕事を取れる優れた会社になれる。この小さな「ベストをめざす」会社の三、四人か九人ほどの社員は、多くの良い習慣を吸収し、ハードスキルとソフトスキルを身につけることで、自分たちの雇用可能性を高め、その後の数年、あるいは数十年先までそのスキルに助けられるだろう。

最初は、多くの仕事がなんの変哲もないサービスに思えるだろうけれども、それらの業務がコモディティ、つまり変わりばえしないものである必要はない。特別な／エクセレントな／「ワオ」な／「(その地域で) 業界唯一の」企業になるチャンスは、選ばれた一握りの会社にしか開かれていないわけではない! 生き生きとした想像力や優れた労働倫理、改善への熱意、気配りの姿勢、エクセレントに対する揺るぎない探求心がある人びとは、人とはちがう特性を手にいれることができる。

腐食した配管に関する書類を手にいれたあと、髪を切りに行ったのだが、そのとき不思議なことが起こった。店に少し早く着いたので、すわって待っていた。運命のめぐりあわせか、そばにあった小さなテーブルの小さな額に次のような格言が書かれていた。「小さなビジネスをサポートすることは、ひとつの夢をサポートすることだ」。ちょっと近所に出かけただけのはずが、最後にぴったりの言葉に出会うとは。

夢をみよう!
エクセレントか、さもなくばお払い箱か!

ベストをめざせ！

選ばれる会社になろう！

大きな夢をみよう／ベストをめざせ／いつでもエクセレントを／一〇〇万の（良い）新たな仕事をつくろう。いまの時代にエクセレントで「ワオ」なものを顧客に提供しようと献身した一〇〇万の小さな会社（社員が一〇人未満）は繁栄し、新たな社員をひとり雇わねばならなくなる。その会社は、新入社員の将来の仕事の見込みが指数関数的に改善するほどエクセレント／「ワオ」なレベルまでその新入社員を訓練する。

「一〇〇万の夢」に関する基本原理は、個人だけでなくコミュニティ、国家まで、みんなが成長すること。一流になることだ。

（このトピックに関して私は少し過剰反応しているかもしれない。いや、少しどころではない。車であれ徒歩であれ、小さな会社の前を通るたび、その会社が提供できる新たなサービスや、彼らが抜んでるための数えきれないほど多くの方法や、彼らの分野でエクセレントな会社とはどういうものかを想像してしまう。中小企業については、際限なくあれこれ想像を膨らませずにいられない。いわば、「トムの中小企業天国」だ。）

4.5　中小企業こそ希望の星

新たに試したい組み合わせが不足する危険はない。技術が今日フリーズしたとしても、別のアプリケーションや機械、タスク、分配チャネルを設定する方法はまだまだあって、使いつくせないほどの新たなプロセスや製品をつくりだすことができる。

——エリック・ブリニョルフソン、アンドリュー・マカフィー『機械との競争』(日経BP社)

今後やってくるテクノロジーの津波を切り抜ける望みがあるとすれば(ブリニョルフソンとマカフィー[と私]は望みがあると考えている)、それは、火花を散らしている巨大企業ではなく、起業家たちの小さなビジネスにある。つまり、コピンズや、ジャングル・ジムの店や、ベースメント・システムや、アブト・エレクトロニクスやバーリンガムの「小さな巨人たち」や、テイラーの「すばらしい」会社や、ドイツやその他の国のミッテルシュタンドこそ、希望の星なのだ。

Ⅲ 人びと

5 何度でも言う――人がいちばん大事

マイ・ストーリー

一九八八年の初頭、ミシガン州ベイシティのオフィスにはいると、パット・キャリガンは立って私たちを待っていた。

客を出迎えるときの礼儀だからというより、型にはまった机をはさんだやりとりから取材をスタートさせたくなかったからだろう。工場の話を聞きに来たのなら、まずは現場を見てもらわなければ、というわけだ。

（私は、のちに《リーダーシップ・アライアンス》と名付けられるPBSのスペシャル番組を撮影するために来ていた。）

パットは、ジョージア州レークウッドのGMの工場で、初の女性工場長になり、そこでUAW（全米自動車労働組合）との闘争をきわめて生産的な和解へと導き、工場の閉鎖で失われた数千人の雇用を復活させるという奇跡を起こしたあと、低迷している駆動装置部門の指揮をとるためにGMのベイシティ工場に移ってきていた。

パットと番組ディレクターと私は工場に向かった。現場をちょっとのぞくといった感じで、カメラはまわっておらず、重役や重役のお付きたちも同行していなかった。パットを神格化するつもりはないが、次の一時間あまりで目にしたものは、驚くべき非日常的な日常の光景だった。パットは一〇〇〇人を超える従業員全員の名前を知っており、それぞれの仕事内容を多少なりとも把握しているようだった。神に誓ってもいいが、本当だ。彼女が私たちの目を意識することなく、従業員たちに仕事の状況を尋ねる場面が幾度となくあった。そういうとき、パットはかならずこう締めくくった。「困ったことがあればいつでも相談して。それがあなたの使命よ。私のドアはいつでも開いているから」（これはテレビ向けのセリフではなく、彼女がいつも口にする言葉で、実際にドアはいつでも開いているのだと、あとで複数の従業員が語った。）

視察の最後に、パットは私たちを労働組合長のオフィスに案内した。パットと組合長は雑談をしたり、共有している課題について情報交換をしたりした。パットのほうは、前日のGMの重役たちとの会議について語り、直面しているいくつかの壁について話しながら、何度かやれやれと肩をすくめた。ふたりとも笑っていた。締めくくりの言葉はやはり、彼女の決めゼリフであろう「困ったことがあればいつでも相談して」だった。

パットが部屋を出ていき、私とディレクターが腰をおろすと、労働組合長は三〇分ほどかけて、パットが来るまえと来たあとの変化について話してくれた。ある話がとくに心に刺さった。一〇〇パーセント正確とはいかないが、できるだけ再現してみよう。

「パットが着任した初日のことだ、たしか正午あたりにこの工場に到着したんだが、一時間ほどするとここのドアを叩く音がして、女性の声が聞こえた。『パット・キャリガンです。ご挨拶させてもらってもいいかしら』」

そこまではいい。問題はここからだ。

組合長はこう続けた。「トム、私はこの工場で一〇年にわたって労働組合長を務めてきた。だが、工場長が私のオフィスにやってきて、ドアをノックしたのは一〇年間で初めてのことだったよ。それまでは、何かあるたびに、私のほうが呼びつけられていたんだから」彼は〝初めて〟という言葉を三回ほど口にしたと思う。そのあと、カメラがまわっているときに、彼はその後のPBSの番組で流れた、私のお気に入りのセリフを口にした。「パット・キャリガンの辞書に〝口先だけ〟という言葉はないよ」

〝初めて〟と言えば、こんな話もある。ある朝、シフト交代の時間に組立ラインの従業員六人から話を聴いた。勤続年数はおしなべて長く、全員合わせると一〇〇年を超える年数をこの工場で勤務していた。私が心底驚いたことに（私がどれだけ驚いたかは、テレビに映った私の表情を見てもらえればわかる）、彼らはこう言った（カメラの前で、それぞれにもう一度言ってもらったのだ）。「パットが来るまでは、工場内で工場長とただの一度も顔を合わせたことがない」。私は、インタビューを受けるまえに何かクギを刺されたか、と尋ねてみた。ひとりが答えた。「ああ、組合長に言われたよ。『パットはうわべを取り繕ったりしない。取材にはきれい事じゃなく、悪いこともひっくるめてありのままを話せ』ってね」

そんなわけで、この章は、単なるスローガンではなく、〝本気で〟人をいちばんに考えることについて書いている。この章の知的な内容を理解するのに学位はいらない。ここで紹介するのは、パット・キャリガンのような人たち――従業員の名前を覚え、フロアを歩きまわり、困ったことはないかと尋ね、自分が話すより一〇倍人の話を聴くことで、めざましい成果を上げた人たちについての二五か一二五の物語だ。

この物語が難解だったら、私の血圧が上がることもなかっただろう。複雑な公式を使わねばならないとしたら、間違ってもしかたがないと大目に見ることもできるだろう。けれども、これは複雑でもなんでもない。だから、よくわからないという言い訳の余地はゼロだ。繰りかえす。〝ゼロ〟だ。だから、私はこの章のことを個人的に「苛立ちの章」と呼んでいる。困ったことはないか、と尋ねないマネジャーたちに苛立ち、人を育てる熱意のないリーダーたちに苛立っている。そう、残念ながら、私は怒り心頭に発している。これまでの三五年間ずっとそうだった。

以降の文を読んで、どこがそれほどむずかしくて、実行できないのか教えてほしい。(私は信心深いほうではないが、善行にはかならず御利益《ごりやく》がある。人を助ければ、自分自身とこの世での短い生に対して清らかな気持ちになれる。私がこれを書いているのは日曜日だから、これは極小版の説教だ。)(パット・キャリガンについて追記をふたつ。ひとつめ。パットがGMを引退したあと、ミシガン州議会は彼女の働きを称える共同決議を可決した。ふたつめ。このことははっきりさせておきたいのだが、キャリガンを取りあげた私の番組は、上っ面をなぞるだけの軽薄な番組ではない。番組のディレクターは、マイク・ウォレスがレポーターだったCBSテレビのドキュメント番組「60ミニッツ」のディレクターも務めたやり手で、嘘やごまかしを一〇〇キロ先からでも嗅ぎつける男だ。私は彼が鼻をきかせた場面に何度も立ち会っている。)

人にまつわる物語

5.1 とにかく人がいちばん——一二の簡潔なメッセージ

何もむずかしいことはない

働くのは人だ。
顧客と生き生きとつながるのも、台無しにするのも人だ。
成長と利益を生みだすのは人だ。
とにかく肝心なのは人だ。サービス提供者として、それ以上にひとりの人間として。

5.1.1　ブランド＝人材

これは目新しい概念だろうか？

メトロポリタン・オペラではそんなことはない。
MITメディアラボではそんなことはない。
NBAのゴールデンステート・ウォリアーズではそんなことはない。

けれど残念ながら、ビジネスの世界の多くの分野では、目新しい概念らしい。
だからこそ、私は七五歳のいまも、ポーチの揺り椅子でうたた寝するのではなく、こんな本を書き、しゃかりきに世界じゅうを飛びまわり、わかりきったことをもったいぶって話しているのだ。

ふとこんなことを考える。有名なプロフットボールチームのコーチからメールがきて、チームの成績を上げるためのコンサルタントを依頼されたとする。私は引き受け、目玉の飛び出るような報酬を要求する。彼は同意する。私は一カ月ほどかけて調査を行なう。

報告の期日が来る。私は有名なコーチのオフィスに赴き、彼となごやかに談笑する。それから、真面目な顔つきになって報告をはじめる。「コーチ、あなたのもっとも重要な資産がわかりました。選手たちです」それを聞いたコーチが、デスクに置かれた重いトロフィーを私に向かって投げつける。私は一目散に逃げだす。

だが、ごく一般的な会社のオフィスでなら、反応はちがっているだろう。私の見解は、鋭いとみなされ、すばらしい仕事をしてくれたと称えられ、次の便で小切手が送られてくるはずだ。

もちろん、このたとえ話は誇張だ。だが大げさすぎるとは言えない。

5.1.2 「戦略よりも人」

この言葉の出典は、《ハーバード・ビジネス・レビュー》、二〇一五年七・八月号、ラム・チャラン、ドミニク・バートン（マッキンゼーの取締役）、デニス・ケアリーによる巻頭記事の見出しだ。

へえ、戦略コンサルタント総本山のマッキンゼーでさえ、一周まわって「人がいちばん」のほうに舵《かじ》を切っているらしい。

ハレルヤ。

5.1.3 「顧客と同じように従業員を扱うこと」

サウスウエスト航空の創立者で、元CEOのハーブ・ケレハーが、もっとも重要な成功の秘訣は何かと訊かれたときのセリフ。

長年にわたり、私はかなりの時間をケレハーとともに過ごしてきた。だからわかる。これは単なるマーケティングのためのスローガンではない。これは、二五年以上にわたり、激化する競争のなかで度重なる人員削減を余儀なくされてきた航空業界にあって、ケレハーが高らかに歌いあげてきた絶対的真理《ゴスペル》だ。

ちなみに、ケレハーが引退したとき、サウスウエスト航空の労働組合員であるパイロットたちは、金を出しあって新聞に一面広告を出し、三五年にわたる彼のずば抜けたリーダーシップに感謝を示した。

5.1.4 「スタッフに最高のサービスを求めるなら、そのスタッフに最高のサービスを与えよ」

デリカテッセン・チェーンをはじめさまざまな飲食ビジネスを展開しているジンガーマンの、アリ・

ワインツワイグの言葉。出典はボー・バーリンガム『Small Giants（スモール・ジャイアンツ）――事業拡大以上の価値を見出した14の企業』（英治出版）。

引用した言葉を何度か読んでみてほしい。あなたがサービス業界の管理職なら、いちばんの仕事は、フルタイムで従業員に尽くすことだ。

もうひとりの成功した起業家は別の言い方で同じことを言っている。「誰かを雇うということは、その誰かのために働くということだ」

このセクションの見出しを、気のきいたキャッチコピーと受け取らないでほしい。これは言葉どおりの事実、深遠なる真理と考えよう。あなたにとって今日という一日は（もしくは昨日や明日は）、この言葉が指し示す方向に沿ったものだろうか。一般化せずに、自分自身のこととして答えてほしい。

5.1.5 「従業員が体験したことを、顧客も体験する。最強のマーケティングは、幸せで熱意のある従業員だ。従業員以上に顧客が幸福を感じることはない」

成功した起業家で、顧客サービスの教祖、ジョン・ディジュリアスの『顧客サービス革命――ビジネスの常識をひっくり返し、社員をワクワクさせ、世界を変えよう（The Customer Service Revolution: Overthrow Conventional Business, Inspire Employees, and Change the World)』より。

まさにそのとおり。

簡潔にして的を射た言葉だ！

もう一度言う。読み飛ばさずに、手を止めて、じっくり反芻しよう。いつも目にとまるように、デスクの上に貼っておくといいかもしれない。（しつこいようだが、何もむずかしいことはない。）

5．1．6
「私たちは、紳士淑女に尽くす紳士淑女だ」

リッツ・カールトン・ホテルの信条より。（このホテルは、働きがいのある米国の企業ランキングの常連だ。）

ホテル業界で、接客スタッフは昔からずっと〝紳士淑女〟というより、いつでも替えのきく使い捨て要員として扱われてきた。その接客スタッフに対する敬意が、信条として明文化されているのはまさに革命的だ。そして私の経験では、この信条は〝マジ〟だ。

従業員が紳士淑女として扱われるなんて、最高じゃないか！

5．1．7
「ビジネスとは人びとに豊かで実りのある暮らしを与えるものでなければならない。そうでないなら、やる価値がない」

ヴァージン・グループの創設者、リチャード・ブランソンの言葉。私なりに解釈すると、ブランソンは、商品やサービスがどれだけクールで魅力的で儲かるものでも、従業員が最終的な勝者になれないのなら、そのビジネスという大勝負はすべきではない、ということを効果的に伝えている。

やる価値がない。この言葉を胸にとどめよう。手帳に書き留め、私自身、何度も自分に言い聞かせている。この言葉はまったくもってヤワではない。端的に言うと、従業員が価値のある将来を手にいれるのを助けることこそが、けっきょくは会社を経営するためにもっとも利益を上げる方法であると言っているのだ。ほかに付け加えることはない。

5.1.8 社会運動家、ラルフ・ネーダーの言葉――「最初に言っておくが、リーダーの役割は、より多くのリーダーを育てることであって、より多くの取り巻きをつくることではない」

これをわかっているリーダーがあまりにも少ないのは、一体全体どういうわけだろう（しつこく言い過ぎだというのはわかっている。とりわけこの章では）。私が一九九九年に『ブランド人になれ！』を書いたとき、じつに多くのリーダーたちが口にしたのは、二五人かそこらのテンションの高い〝ブランド人〟が好き勝手に仕事をするなんて、混乱の極みじゃないかということだった。

私は声を大にして反論する。新たな手ごわい世界で生き残れるかどうかは、二五人であれ二人であれ二五〇人であれ、起業家精神を持って個人的成長に邁進する従業員一人ひとりにかかっている。その道を進むことなくして、労働者と組織は変化に対応し、生き残り、ましてや繁栄するチャンスを手にすることはできない。

生き残るために私たちが欲するのは、**すべての従業員がリーダーである**状態だ。ネーダー氏がそのことにお墨付きを与えたのだ。

5.1.9　いまこそ〝もてなしの心〟を取りいれよう。従業員をもてなすことはリーダーの役割だ

〝おもてなしの文化〟に通じる道には、皮肉なことに顧客経由ルートはない。真にもてなしの心を持つリーダーは、まず従業員に目を向ける。

われわれは、［ホテルを手にいれるとすぐに］……〝思いやりの改革〟を行なった。バスルームやレストランや客室をリニューアルするのではなく、従業員の制服を新調し、花やフルーツをプレゼントし、社内の雰囲気を変えたのだ。われわれが重視したのは、ホテルのスタッフだった。彼らにこそ幸せになってもらいたかった。毎朝やる気満々で、新しい一日をスタートさせてほしかった。

——ヤン・グンナーソン、オーレ・ブローム『ホストマンシップ——人をいい気分にさせる技術(Hostmanship: The Art of Making People Feel Welcome)』

（グンナーソンとブロームは経営の権威で、実際にホテルを経営している。これは単なるセオリーではない。）

〝思いやりの改革〟――いい言葉だ。しっかりと心に刻んでおこう。

ふたりの著者はこう続ける。**「あなたが利用したいのは、スタッフが自分の仕事を愛しているホテルだろうか、それとも経営者がお客様を最優先にしているホテルだろうか」**

一見したところでは、この質問は奇妙に思えるかもしれない。けれども、顧客第一をスローガンに掲げていても、顧客に実際にサービスを提供する従業員が、そのスローガンをうわべだけの言葉にしかとらえていないケースはよくある。よくというのはどれくらいかって？　残念なことに、半数以上だ。ここに提示した正反対のロジックは、じっくり検討してみる価値がある。

言いかえれば、これほど正しいロジックはない！

5．1．10　想像力を高めよ――リーダーは「ドリーム・マネジャー」であれ

組織が到達しうる理想の組織は、その組織を動かす人たちが、努力して到達した理想の自分を超えるレベルにはならない……従業員は組織にとって最初の顧客であり、もっとも影響力の大きい顧客なのだ。

――マシュー・ケリー『ザ・ドリーム・マネジャー』

〝理想の自分〟になること──どんな従業員にも夢はある、とケリーは力説する。現在の仕事に関する目標だったり、もっと広い意味での将来の夢だったり。たとえば、ホテルの清掃係を例にとってみよう。ふたりの子どもを持ち、ふたつの仕事を掛け持ちするシングルマザーの従業員は、モップやマットや掃除機とは関係のない将来設計に役立ちそうな短大の卒業資格や学位取得といった目標のためなら、やりがいを持って働くことができる。

従業員が抱いている仕事上やプライベートの夢の実現を応援する（つまり、部下の〝ドリーム・マネジャー〟になる）と、従業員たちは自分自身を向上させようと日々努力し、その過程で必然的に仲間同士が支えあい、顧客のために生き生きと働く環境が生まれる。つまり、これは非常に有効な方法なのだ。

（もうひとつ付け加えるとすれば、継続的な雇用には成長が不可欠という世界では、ごくまっとうな方針だ。）

『ザ・ドリーム・マネジャー』は、寓話の形をとって語られている（一般的には私の好みに反する）が、実在のなみはずれた成功を収めている清掃サービス会社（社名は伏せられている）のエピソードをベースにしている。幸運なことに私は、この会社の控え目なＣＥＯに会うことができた。彼女はたしかに存在している。

マシュー・ケリーのおかげで、ホテルの現場で働くスタッフと接するたびに、彼または彼女はドリーム・マネジャーに恵まれているだろうかと想像するようになってしまった。

（ここでもう一度言わせてもらうが、ドリーム・マネジャー的なアプローチが成功するかどうかは、企業文化が鍵を握っている。管理職チームは一丸となって従業員を応援し、大きな夢を達成できるよう本気でかかわる必要がある。そうでなければ、その取り組みは失敗し、害を及ぼす可能性が大きい。

約束が果たされないという害だ。)

5.1.11 「スタッフがいちばん」という医療革命

手術後に退院して家に帰ったとき、「みごとな縫合技術だった」とか、「腎臓を間違えずに摘出してくれたよ」と言う人はいない。話すのは、入院手続きや手術で世話になった受付係や看護師や医師のことだ。話題にするのは夕食の席でだけではない。われわれは自分の体験を友達や同僚に話したり、フェイスブックやツイッターといったSNSで発信したりする。

——ポール・シュピーゲルマン、ブリット・ベレット『患者より優先すべきこと——進む道を変えることで変化をリードする(Patients Come Second: Leading Change By Changing the Way You Lead)』

医療は圧倒的に規模が大きく、そしてもちろん、もっとも複雑な業界だ。患者はますます、ウシの群れのように扱われつつある。医師たちは一日にとんでもない数の患者を診なければならず、そのせいで診察が通り一遍になり、その結果、あまりにも頻繁に診断ミスが起こる。さらにIT化によって、看護師は実質ベッドサイドにいるあいだじゅうタブレットにデータを入力することを余儀なくされている。そのため、数多くの研究が裏付けているとおり、患者を安心させるために不可欠なアイコンタクトさえままならない。

ここで重要なのは、忙しい病院スタッフたちが、患者の記憶に残る、親身な(そして当然だが安全な！）ケアができるかどうかは、そうすることを妨げている要因に病院がしっかり目を向け、対処できるかどうかにかかっているということだ。賢明なリーダーなら、前述した〝もてなしの心〟に従って、スタッフに焦点を当てた〝思いやりの改革〟をスタートさせることだろう。そうでなければ、患者のケアの質の向上を期待することなどできない。

幸せな（少なくとも不幸ではない）スタッフは、入院患者に対してよりよいケアをし、それが患者の予後にめざましい効果をもたらすことが何度も実証されている。

ようするに、優先すべきことから取りかかれということだ。そしてこの『患者より優先すべきこと』のなかで語られている優先すべきこととは、環境を整えて病院スタッフを励ますことだ。そうすれば、そもそもスタッフたちがその職業を選んだ理由であるはずの行為、つまり、ベッドで不安や心細さを抱えている患者を精神的に支えるようになる。

ちょっと立ちどまって、振りかえってみよう。

このセクションの見出しをじっくり読みかえし、その言葉の意味を噛みしめてみてほしい。

・従業員の人生を豊かにできなければ、そのビジネスはやる価値がない。群雄割拠の航空業界に挑戦し、成功を収めたリチャード・ブランソンの言うことだから間違いない。**やる価値がない**。働き手のためにならないことなら、やめてしまえ。

・サウスウエスト航空の創立者、ハーブ・ケレハーも同意見だ。成功の秘訣を訊かれたとき、彼は本書の冒頭で紹介したコンラッド・ヒルトンと同様に、簡潔にこう言った。「サウスウエスト航空のスタッフは、いちばんのお得意様だ」

・『スモール・ジャイアンツ』で取りあげられた、デリカテッセン・チェーンの創始者アリ・ワインツワイグは、自分の仕事は「スタッフに最高のサービスを与えることだ」と語っている。

・ジョン・ディジュリアスは、顧客が従業員以上に幸せを感じることはない、と語っている。

・従業員第一主義の〝思いやりの改革〟という考えかた。

・〝ドリーム・マネジャー〟は部下が、会社とは関係のない人生の目標を達成できるよう助ける。

などなど。

過去二四時間の自分の行動を振りかえってみよう。

あなたとあなたの組織は、ここに挙げたビジネスのカリスマたちが示したことをいくつ実践しただろうか（具体的に答えてほしい）。

これらは単なる「気のきいたフレーズ」ではない。これらの言葉は、熾烈な競争を強いられるさまざまな業界の大企業から小さな企業までが実践できる、利潤を最大化するための実質的で現実的なアプローチだ。

やらない手はない。
すぐに始めよう。

5.1.12 これをまとめて私流に言うと

エクセレントな顧客体験は、ひとえにエクセレントな従業員体験にかかっている。顧客に「ワオ」と言ってほしければ、まずは従業員に「ワオ」と言わせなければならない。

5．2

5．2．1

「人が（断然）いちばん」主義のリーダーシップについての短い覚え書き――レス・ウェクスナーには哲学がある。

かつてファッションのトレンドを見極めることにワクワクしたのと同じくらい、人を育てることにもワクワクした。

――レス・ウェクスナー（リミテッド・ブランズの創始者、ＣＥＯ）

リミテッド・ブランズ（現在のＬブランズ）の創始者でＣＥＯでもあるレス・ウェクスナーが事業を成功に導いた道のりは、「ほかに類をみない」という賛辞に値する。婦人服を手頃な価格で販売する革新的な手法に加えて、財務上の成功を長期にわたって成しとげた。《ブルームバーグ・ビジネスウィーク》によると、その期間は、語り草になっているジャック・ウェルチの指揮下にあった時代のGEを上回ると言う。

《ブルームバーグ・ビジネスウィーク》の記事のなかで、ウェクスナーは自身の長期にわたる成功の源は何かという質問に、前述の言葉で答えている。そして、事業を拡大し、なおかつ新鮮さを保つには、売り場に立つ若い店員から重役の面々に至るまで、ほかにはないチームをつくることが不可欠だとしだいに理解するようになったと語った。

じつのところ、これこそがここまで紹介したすべての引用に通底することなのだ。幸運なことに、私はウェクスナーを含むここに言葉を引用した経営者たちのほとんどを直接知っている。人を第一に考えることに対する彼らの情熱は、ずっと以前から現在にいたるまで際立っている。

5.2.2　人が（断然）いちばん──「人を最優先に考える」を日常に落としこむ

つい先日のセミナーの休憩時間に、こんなやりとりがあった。

「ところでトム、あなたの実践の核になるのは〝人がいちばん〟ですよね。でもそれって具体的にはどういうことですか？　日々の仕事のなかでは、どんなことをすればいいんでしょう」

私はしばらく考えこんだ。いくつかの答えが頭のなかで渦巻いていた。そして突然ひらめいた。何年かまえに、大きな成果を上げていたノードストローム（百貨店チェーン）の地域マネジャーと交わした会話を思いだしたのだ。雑談の最中に、何がきっかけだったか、その女性マネジャーが残念そうに言った言葉が忘れられない。

私がいまやっている仕事は会社にとって重要なことです。だけど、その仕事は、以前五年近くやってきた自分の担当店を持つ喜びにはかないません。当時はつねに多くの問題を抱えていたけれど、悩んだり、ストレスを感じたり、へとへとになったときはいつも、何をすればいいのかわかっていました。

自分の席を立って、店内を歩きまわるのです。従業員とほんの三〇秒か長くて五分ほど会話を交わすの。ぶらぶらする時間はせいぜい三〇分くらい。感傷的に聞こえるでしょうけど、スタッフたちといるだけで元気になれました。私たちはチームそのもので、互いのことを気づかっていて、仲間と言える存在でした。

大げさだと思われたくはないけど、三〇分ほど店内をうろうろしてデスクに戻ると、頭はすっきりして、それまで私を悩ませていた問題が、前向きな行動を起こすきっかけに変わっていました。重役になったいまでは、そんな高揚感はもう二度と味わえないでしょうね。

諸君、こういう人こそ、人がいちばん主義の「ピープル・パーソン」だ！

5.3　人が（断然）いちばん――AIによって自主性が強化される、熱意のある「ソーシャル従業員」

人工知能が猛烈な勢いで仕事のありかたを変え、仕事そのものを破壊しつづけるなか、「人がいちばん」などというのは時代遅れだと思う人もいるかもしれない。だが、こんな時代だからこそ重要なのだという健全な議論もある。「人が（断然）いちばん」という考えは、実際、この時代を生き延びる者の特性になるだろうし、かつてないほど重要な概念になるだろう。さらに言えば、AIが破壊者ではなくむしろ支援者になるケースもある。つまり、AIを自由に使う権限を与えられた従業員たちが、まったく新しい、高度に差別化された顧客体験をつくりだすというケースだ。

たとえば、シェリル・バージェスとマーク・バージェスは、先駆的な著書『ソーシャル従業員（The Social Employee）』のなかで、すべての従業員が新しいテクノロジーによって骨抜きになるどころかバージョンアップし、ビジネスに顕著で画期的な価値を加え、顧客とのコミュニケーションのありかたを刷新する希望の星になるかもしれない世界を描いている*。

大企業のなかでもIBMは、全従業員をテクノロジーで強化するというこの戦略に力を入れ、一歩先んじてきた。IBMのエンタープライズソーシャル戦略部門のディレクター、イーサン・マッカーティの言葉を借りれば、この新たな理論は次のようなものだ。

ボールがひとつと、複数のビー玉が入った袋がひとつあるとする。体積はどちらも同じ、つまり水の入ったバケツに入れると、あふれる水の量は同じだ。ただ、表面積には違いがある。袋にはいったビー玉の表面積をすべて合わせると、ボールひとつ分の表面積よりはるかに大きくなる（袋のサイズがバカでかくなれば、その差は桁違いに大きくなる）。

袋のなかのビー玉の表面積の拡大は、多様化したソーシャル・ブランドを表している。ひとつひとつのビー玉の表面は、それぞれ独自の方法でつながり、影響を与えあい、顧客にも従業員にも同様に問題解決に向けての無数の道を提供する。どの道も適切でないとわかれば、ソーシャル

・メディアに通じている従業員は自分で新しい道を切り開くことができる。

このイメージは非常に力強い。簡単に言えば、仕事に全力で取り組む従業員が、ＡＩに使われるのではなくＡＩをうまく利用すれば、いまだに一般的な古い組織モデルのなかで広まっている狭い意味での権限付与に比べて、はるかに革命的な自主性がそれぞれにもたらされる可能性がある。

袋にはいったビー玉のイメージには説得力があるものの、それを実行するための課題は途方もなく大きい。とはいえ、バージェス夫妻は『ソーシャル従業員』のなかで、有効な方法でその問題に取り組んでいる。したがってここでは、採用、トレーニングと育成、実践と抑制のメカニズム、そしてとりわけ、組織と従業員全体の成長に対するまったく新しいアプローチをサポートする企業文化の確立など、企業はあらゆる面で劇的に変わらねばならないと言うにとどめておく。

5.4　人がいちばん――採用

ようするに、採用はビジネスにおいてもっとも重要な要素であるにもかかわらず、あまりにも軽視されている。

――ジェフ・スマート、ランディー・ストリート『社長の悩みがすべて解消する「右腕採用力」

＊　ＡＩ（人工知能）という言葉とＩＡ（拡張知能）という言葉は区別されることが多い。バージェス夫妻が検証し、論じているのはＩＡについてである。

養成講座――アメリカの成功企業が実践する科学的採用法』（ダイレクト出版）についての《ウォール・ストリート・ジャーナル》書評より

もう一度読んでみてほしい。

力強いメッセージだ。

正しい意見だ。

何を置いてもいちばんにやるべきことだ。

そして、

能力開発は、できる人材をよりできる人材にするのに役立つ――けれども、自由に使える金が一ドルあるとすれば、私なら正しい人材を雇うことに七〇セントを割くだろう。

――ポール・ラッセル（グーグル、リーダーシップと人材開発部門のディレクター）

あなたは自分の採用スキルをどのように評価しているだろう。時間をかけて、正直に、真剣に考えてほしい。自分は「採用のプロ」だと自信を持って言えるだろうか。効果的に人を雇うために地道に学んでいるだろうか。たとえば、採用に関する本を何冊読んできただろうか。あるいは、採用に焦点を絞ったセミナーを受けたことがあるだろうか。先ほどの言葉のように、もし採用が「ビジネスにおいてもっとも重要な要素」で、あなたがビジネスを行なっているなら、〝エクセレントな採用力〟は一流のエンジニアや生化学者がそれぞれの分野でもつ才能と、少なくとも同じくらい注意を払われるべき能力ではないだろうか。

5.4.1　採用にはすべてを変える力がある（それなのに軽く見られることがあまりにも多すぎる）

目を見張るようなイノベーションを次々と起こしたり、これまでとはまったくちがう体験を顧客に提供できる未来に向けて組織文化をつくるためには、技術的なスキルや、さらに言えば最先端のテクノロジーよりも、採用のプロセスを重視する必要がある。

5.4.1.1　聴き上手で、思いやりがあり、笑顔を絶やさず、「ありがとうございます」が言えて、心が温かいかどうか

サウスウエスト航空を例にとろう。この会社は、最高水準のサービスと体験を顧客にもたらす、価値の高い「人間文化」を備えた格安航空会社でありつづけている。それは、パイロットから整備士や客室乗務員までさまざまな社員に適用される独自の採用基準から始まっている。

サウスウエスト航空の元社長、コリーン・バレットによると、

採用のときに判断するポイントは、聴き上手で、思いやりがあり、笑顔を絶やさず、「ありがとうございます」が言え、心が温かいかどうかだ。

バレット氏の言葉は表向きのコメントだろうか、それとも本当のことなのだろうか。

ひとつ例を挙げよう。私は、ニューヨークのオールバニ空港からボルチモア行きのサウスウエスト航空の便に搭乗しようとしていた。機体の準備は整っている。よくあるように、ゲートの前には車椅子の乗客が三、四人並んでいる。到着便が遅れたらしく、乗務員たちが急いだ様子で搭乗ブリッジに向かう。だがふと、ひとりのパイロットが足を止めて、車椅子の列のいちばん前にいる年配の女性に声をかけた。「押しましょうか?」

女性は言う。「ええ、お願いします」

パイロットは女性の車椅子を押して、機内へ乗りこんだ。

私はこれまで一万回近く空の旅を経験しているが、こんなことは初めてだった（実際、驚いて声を上げそうになった。航空会社というのは得てして〝顧客に優しくない〟業種のトップにランクインする）。

このパイロットの親切——しかも、時間に追われながらの親切——は、たまたまではなく、「聴き上手で、思いやりがあり、笑顔を絶やさず、〝ありがとうございます〟が言えて、心が温かいかどうか」という採用基準が直接もたらしたものだと確信している。

5.4.1.2 楽しい人

〝朗らかな〟人柄について話すとき、製薬会社が話題にのぼることはあまり想像できないだろう。ではここで、製薬会社オプティノーズのCEO、ピーター・ミラーを紹介しよう。

［採用のプロセスで］われわれが使う究極のフィルターは、「一緒にいて楽しい人」かどうかだ。能力の査定が終わると、われわれは「ダメ出し投票」と呼ばれる審査を行なう。一五人から二〇人の従業員と候補者を交流させて、従業員に、この人物を雇うべきかどうか「ダメ出し」してもらうのだ。

ミラーはこう続ける。

私は企業文化というものを強く信じている。腐ったリンゴがひとつ混じると、一箱全部がだめになる。仕事がデキて人間的にもデキている人はいくらでもいる。人を不快にするイヤなヤツを我慢して雇う必要はない。

楽しい人！
製薬会社で！
そのとおり！
（これと同じ文脈で、ある友人が、競争の激しいエンターテインメント業界でおおいに成功しているニュージーランドの会社のことを話してくれた。創業者が採用にあたっていちばん大事にしているのが、**「ゲスは採るな」**ということだと言う。まったく同感だ。）

スラックの共同創業者兼CEOであり、写真共有サイト「フリッカー」の創業者であるスチュワート・バターフィールドの発言を紹介しよう。

5．4．1．3　共感力

どういう人材が欲しいかと訊かれれば、共感力は重要な要素だ。他人に共感することができる人は、いい仕事ができる。共感する能力がない人は、仲間にフィードバックを伝えたり、人の改善を助けたりすることがうまくできず、すべてのことがむずかしくなる。

共感力を計るひとつの指標は、気配りができるかどうかだ。……うわべの礼儀正しさだけでなく、実際に他人が何を求めているかを推測し、それに応えようと努めているかどうかが重要だ。

5．4．1．4　いい人

ここでアメリカンフットボールのフィールドに舞台を移そう。勝つためにいちばん大事なのはなんだろうか。身体的なスキルでは？　アメリカンフットボールの伝説のコーチ、ボー・シェンベックラーによると、どうやらそうではないらしい。

花形選手ではなく、人柄がいいと思える選手を採用し、その選手がいい働きをした例は数えきれないほどある。教室でも、フィールドでも、当然、卒業したあとでも同じだ。鳴り物入りのスター選手がいつの間にか消え、われわれが注目した無名の新人が、さまざまなリーグやオール・アメリカ・チームへとコツコツと上りつめていくことが幾度もあった。

（バスケットボールの伝説のコーチ、ジョン・ウッデンは、同じことを別の言葉で言いあらわしている。**「トップに上りつめるには才能が役に立つが、そこにとどまるには人柄が役に立つ」**）

人柄——セオは独自の哲学で、一〇八年の低迷を終わらせた。

二〇一七年半ば、《フォーチュン》は「世界の偉大なリーダー五〇人」を特集した。驚いたことにリストのトップは、シカゴ・カブスを一〇八年ぶりにワールドシリーズの勝利に導いた、ゼネラル・マネジャーのセオ・エプスタインだった。

記事の中心にあったキーワードは、**人柄**だ。

その三年まえ、エプスタインは並みいる強敵を抑えて、ボストン・レッドソックスをメジャーリーグのトップに君臨させた。統計学的な高レベルの解析（データを使ってパターン分析を行なう〝アナリティクス〟）に基づいて選手の採用を決めたことが優勝に大きく貢献していた。ところがその後、チームは空中分解する。おもな原因は内紛だ。そして、エプスタインはカブスへと移る。そのとき痛感したのが……人柄の重要性だ。

《フォーチュン》はこうリポートしている。

人柄と相性は、データを駆使した量的アプローチではけっしてとらえられない強みだ。エプスタインのボストンでの最後のシーズンとなった二〇一一年、シーズンの終盤にチームがガタガタになっていくにつれて、人柄と相性の欠落は痛ましいほどはっきりしていた。負けが込めば込むほど、チームは内側から崩壊していった。

カブスのゼネラル・マネジャーになったとき、エプスタインはスカウト担当者にきわめて具体的な指示を出した。……それは、両親、進路カウンセラー、チームメイト、ガールフレンド、きょうだいなど、とにかく周囲のありとあらゆる人たちから話を聴いて、選手の人柄を掘りさげて調べろというものだった。……そのときから、カブスのスカウトの選手評価リポートは、通り一遍のものではなくなった。

エプスタインは統計データの上をいき、人柄を重視して選手を採用した。

そして、カブスは二〇一六年に、一〇八年間逃しつづけてきた優勝をつかんだ。

(それほど単純な話だろうか？　もちろんそんなことはない。それでも、私がさまざまな人から聞いた話によると、テーマの中心はまさにそこにあり、それは私にとっておおいに納得できるものだ。)

5.4.1.5 好奇心

話の軸足を少し変えてみると、この混沌《こんとん》とした時代に特別な意味を帯びたもうひとつの特性がある。

《ヴァニティフェア》のインタビューで、実業家で政治家のマイケル・ブルームバーグは、あなたのもっとも際立った特徴は何かと訊かれて、ひとことこう答えた。

好奇心だね。

現代の職場では、**好奇心はどんな仕事をする人でも備えるべき〝必需品〟**だ。好奇心は、この機械化の時代、個人レベルであれ、会社規模であれ、私たち自身を差別化するいちばんの方法と言って差し支えないだろう。

なかには（そこにはデータ重視の採用に宗旨替えする人たちも大勢含まれるが）、世の中には朝から晩まで同じことを繰りかえさなければならない仕事もあると反論を唱える人もいる。私も好奇心に度合いがあることは否定しない。研究を行なう科学者に期待される好奇心と、コールセンターのスタッフやホテルの清掃員に求められる好奇心は別物だ。

それでも私は、どんな仕事であれ人を雇うときには、口癖のように「なぜ」「どうして」と口にする人を全力で推したい。

ホテルの清掃員チームを考えてみよう。データ採用に賛同する友人たちは、いわゆるビッグデータに基づく採用によって、短期的には生産性を六パーセント上げられるかもしれない。けれども長い目で見れば、「紳士淑女が紳士淑女にサービスする」ホテルで働く、「笑顔を絶やさず」「親切で」「共感力が高く」「好奇心旺盛な」清掃チームのほうが、データ採用の集団よりも圧倒的に成果を上げるのではないだろうか。このチームになら喜んで大金を賭けてもいい。
あなたなら、どちらに賭けるだろうか？

5.4.1.6 結論

率直に、これまで出てきた言葉を飾らず使おう。採用担当者がよく使う、奥歯にものがはさまったみたいなまわりくどい言葉などいらない。採用すべき人物像は、

・聴き上手
・思いやりがある
・笑顔を絶やさない
・「ありがとうございます」が言える
・心が温かい
・親切
・共感力がある
・人柄がいい
・好奇心がある
・不快感を与えない
・ゲスではない

どんな規模のどんな会社のどんなポジションでも、ここに挙げた一一の特性が利益を生むはずだ。

そう思わないか？

もう一度言う。

率直に、飾らない言葉で表現しよう。

すべての仕事に当てはまるわけではないが、あとふたつの特性を付け加えずにはいられない。それは、ジェフリー・ロスフィーダーの著書『日本人の知らないＨＯＮＤＡ』（海と月社）のなかで次のように説明されている。

> ホンダで採用したくなる理想的な候補者について尋ねられ、本田宗一郎は「苦労人」が望ましいと答えた……また、天才は人とちがうことから生じると信じ、「変わり者であることは、芸術家や発明家にとって欠かせない要素だ」と語った。

そんなわけで、前述のリストへの追加を検討してほしい特性として、このふたつを挙げておく。

・苦労人である
・変わり者である

5.4.2

5.4.2.1

人がいちばん――失われた五〇パーセント／寡黙な人を見過ごすな

私にとって人生を変えた本をひとつ挙げるとすれば、それはスーザン・ケインの注目すべき著書『内向型人間の時代――社会を変える静かな人の力』（講談社）だ。

スーザン・ケインは、列車一両分ほどもある大量の確かなデータをたずさえて、私たちはマヌケだと熱っぽく主張している。もちろん、そうはっきり言うわけではない。だが、この本を読むうちに、私は自分が大バカ者のような気がしてきた。概して（というかほとんど例外なく）、雇用主は雄弁な人に採用の段階から引き寄せられる。だが、それは大きな間違いだ。そんなことをすれば、人口のほぼ半分を占める「寡黙な人たち」、つまり口を開くまえに熟考し、ちがった切り口から有益なものの見方を提示してくれる可能性が高い人たちを戦力にするチャンスを、みすみす捨ててしまうことになるのだから。（私はコンサルタントとして報酬を得ながら、これまで何度もこの機会を見逃してきた。よほどの大バカ者である。）

『内向型人間の時代』からいくつか引用する。

1.「外向型の人が理想」とされる常識を疑え――「外向型の人が理想とされることは多くの研究で報告されている……たとえば雄弁な人は、頭も見た目も良く、おもしろくて友達にしたいタイプだとされている。声の大きさや、話す速度も重視される。人は早口な人をゆっくりしゃべる人よりも有能で魅力的だと判断する。……しかし、私たちは外向的なほうがいいという説を、あまりに不用意に受けいれるという重大なミスを犯している」

2. ペアでの会話実験――「内向的なペアも外向的なペアも、会話の量は同じくらいだったという事実は、内向的な人は口数が少ないという通説と食い違っている。しかし、内向的なペアがひとつかふたつのテーマに絞ってじっくり会話をしたのに対して、外交的なペアは幅広いテーマについて軽い調子でおしゃべりをしていた」

3. 雄弁な意見の罠――「また、覚えておきたいのが、集団思考《グループシンク》の危険性だ。あなたの求めているものが創造性なら、従業員にはミーティングのまえに、課題解決のためにどうすればいいかをひとりで考えさせることだ……自信満々に語られる雄弁なアイデアをいいアイデアと混同してはいけない。もしあなたの会社の従業員たちが前向きでやる気のあるタイプなら（もちろんそうであってほしいが）、外向的でカリスマ性のある上司のもとで働くよりも、内向的な上司のもとで働くほうがいい仕事をするかもしれないことも覚えておくといい」

4. 静寂のもつパワー――「次に表情や声の落ち着いた人と会ったときには、その人は頭のなかで込み入った問題に取り組んだり、ソネット（一四行詩）を創作したり、帽子のデザインを考えているのかもしれないと想像してみてほしい。つまり、その人は静寂のパワーを周囲に張りめぐらせているのかもしれない」

告白すると、私も間違っていた。

私もよく雄弁な人に引っかかっていた。

雄弁であることを、〝エネルギッシュ〟だとか〝前向き〟だとか、最初の引用に挙げたポジティブな言葉すべてと結びつけていた。私はなんというバカ者だったのだろう。

自分が情けない。

ありがとう、スーザン・ケイン。

大げさに聞こえるかもしれないが、『内向型人間の時代』は私の人生を変えた。その内容は、私が講演で声を大にして聴衆に伝えるメッセージの定番になっている。

あろうことか、私はこれまで人口の半分を無視していた。

内向的な人よ、ようこそ！

『内向型人間の時代』を読んで、よければスーザン・ケインのウェブサイト上の「クワイエット・レボリューション」（www.quietrev.com）に参加してみてほしい。

この本はまぎれもなく、

行動を起こすきっかけになる。

寡黙なことはいいことだ。

寡黙なことには価値がある。

知ったからには
もう言い訳はできない。

5.4.2.2 人がいちばん――寡黙な人たちは言う。「頼むからひとりで静かに仕事をさせてくれ」

スーザン・ケインは、もうひとつ気になることを問題提起している。それは、猛烈な勢いで広まってきている仕切りのないオープン・オフィスについてだ。この短い要約で彼女の主張を充分バックアップすることはできないが、おそらく一般通念となっていることに多少なりとも疑問の種を植えつけることはできると思う。

『内向型人間の時代』のなかで、アップル社の共同創設者、スティーブ・ウォズニアックが語っている説得力のある意見について考えてみよう。

私がこれまでに出会った発明家やエンジニアは、たいてい私と同じだ。つまり、恥ずかしがり屋で、自分の世界にこもっている……いちばんいい仕事ができるのは、ひとりで、自分のつくりたいもののことを自由に考えられる場所にいるときだ……私がこれからするアドバイスは、受けいれがたいかもしれない。それは、**仕事はひとり**でしろということだ。そうすれば、画期的な製品や機能を、最適な状態でデザインできるようになるだろう。

同書からもうひとつ。

> オープン・オフィスで働く人たちは、高血圧やストレスの上昇に悩まされ、風邪を引きやすくなる。仕事仲間との口論も増える……内向的な人は直感的にこのことをわかっていて、人と群れることを避けているようだ。

もうひとつこの本から、ビデオゲームのデザイン会社、バックボーン・エンターテインメントのクリエイティブ・ディレクターの言葉を引用する。

> われわれは、仕切りのないオープンなオフィスから、ひとりずつに仕切られたブース形式に切り替えて本当に良かったのかと危ぶんでいた。クリエイティブな職場で仕事をする人たちには不評なのではないかと。だが、彼らはむしろ、集団から離れて引きこもれる場所を好んでいることがわかった。

ここに挙げた三つの引用は、データを示した論証ではない。けれども問題提起をしているのは確かだ。

断っておくが、気に入らなければ無視してくれてかまわない。**私がオープン・オフィスを毛嫌いしていることは認める。オープン・オフィスで仕事をするなら死んだほうがましだと思っていることも事実だ**（言い過ぎかもしれない。いや、そんなことはない）。

経営学者のデビッド・バーカスは、自身の優れた著書『新しいマネジメントのもとで（Under New Management）』のなかの一章にこんなタイトルをつけている。「オープン・オフィスを閉鎖《クローズ》せよ」

これは私のお気に入りの言葉だ。

5．5　人がいちばん――評価は（本当に）真剣に

人を効果的に評価することが、ナンバーワンの差別化要因だ。

ジャック・ウェルチは、CEOとしての最初の一〇年ですばらしい成果を上げたあと、GEがなんにでも手を出す（寄せ集めの）「複合企業《コングロマリット》」以上の存在だとついに金融業界に納得させた。ウェルチは、他社とのいちばん大きな違いは、優れたリーダー管理者を育成する能力が突出している点だと述べた。人材育成の成功は、時価総額で数百億ドルの価値があると彼は言う。

市場も同意見だった。

そのエクセレントな管理者育成力は、人材評価の重要性に注目し、評価スキルを高めていたことが大きく作用していた。マッキンゼーのエド・マイケルズは、著書『ウォー・フォー・タレント――〝マッキンゼー式〟人材獲得・育成競争』（翔泳社）のなかで、GEの評価プロセスの特徴についてこんなエピソードを語っている。

ほとんどの企業で、能力査定のプロセスは茶番劇だ。いっぽうGEでは、ジャック・ウェルチとふたりの優秀な人事担当者がそれぞれの部署を一日かけて訪問していた。彼らはトップの二〇

人から五〇人を一人ひとり検分するし、タレントプール（ウォー・フォー・タレントでエド・マイケルズが提唱している人材確保の概念）の強化についても話しあった。能力査定のプロセスは、GEでは真剣勝負だ。大半の企業が予算決定プロセスにかけているのと同じ集中力と重みを、人材査定に注いでいる。

興味深いことに、ウェルチの後継者のジェフ・イメルトはウェルチの模倣はしないが、この評価プロセスについては、GEの成功のいちばんの要因だと語っている。

説得力があると思わないか？

（多くの評価プロセスは、骨がないし、全体的なタレントプールの質に目を向けていないというエド・マイケルズの意見に、私も同意する。だが、GEのやりかたがつねに正しいと言っているわけではない。たとえば、なかには単刀直入で言葉の暴力ととられかねないものもある。その点については、イメルトは長年の懸案だった変革を数多く行なった。だが、評価プロセスへの集中力や真剣さ、戦略的重要性はいささかも低下していない。）

評価について思うこと

・アメリカンフットボールのコーチや舞台監督は、選手や俳優を評価するのに標準評価フォームを使うだろうか。バカげた質問だって？　ここで言いたいのは、違いを認め、個性を大切にすべきだということだ。全員を同じ評価フォームで評価することは、ぜったいに避けるべきだ。

・CEOは副社長を評価するのに標準評価フォームを使用するだろうか。答えがノーなら、どうして一般社員にはそれを使うのだろう。たとえばスターバックスの店舗で一〇人のバリスタを一律に評価することは、一〇人の副社長を標準評価フォームで査定するくらい間違っている。私は大真面目に言っている。さっき言ったことをもう一度読み返してみてほしい。目的は、心に残る顧客体験を提供するおもしろいチームをつくることだ。一人ひとりがユニークな個性を持っていることは、たとえば時間に正確だという点で同質であるのと同じくらい大切なことだ。

・あなたに八人の部下がいたとする。その八人がいまの仕事につくまでには、まったくちがった道筋をたどってきたはずだ。画一的な標準評価フォームがどれほど役に立つだろう。

・有益な評価は会話の積み重ねから生まれるもので、半年か一年に一度、標準評価フォームに記入することからは生まれない。

・あなたが上司なら、一時間の評価面談の準備に少なくとも丸一日かけているだろうか。もしノーなら、あなたはそのミーティングや評価される従業員のことをあまり重視していないということになる。

・上司であるあなたが、評価面談のあと疲れきっていないなら、面談の会話に真剣に取り組んでいなかったということだ。

・私は、誰がポテンシャルの高い従業員かを特定するための研修をあまりいいとは思わない。私が管理職なら、チームメンバー全員をポテンシャルの高い人材として扱うだろう。（ハイポテンシャル研修は、〝そうでない九五パーセントの人びと〟のやる気を喪失させてきた歴史がある。）

・評価面談の道標として、評価する側とされる側がチェックリストを共有することに異論はない。だが、それより大切なのは、リストには載せきれない会話のほうだ。

・評価面談のキモは、企業の文化と価値観だ。評価対象者はどのように（具体的に）会社の文化と価値観に賛同し、そこにエネルギーを注ぎこんでいるだろうか。

・上司の上司がいちばん注目すべき点は、彼または彼女にどんなリーダー育成の実績があるかということだ（これは面談まえに詳しく調査しておくべきだ）。

いちばん重要なメッセージは、人はひとつのものさしで測れないし、ぜったいに測るべきではないということだ。

（ぜったいに！）

まとめ――あなたは本当に**「評価のプロ」**と名乗れるだろうか。

もしそうでないなら、どうすればそうなれるだろうか。

学び

実践し
指導し
フィードバックする

これこそ、上司であるあなたの本業だ。熟練の域に達するのはとてつもなくむずかしい。エクセレントな評価を行なうことは、エクセレントな脳手術をするのと同じくらい複雑だ。これは誇張でもなんでもない。

（要約――リーダーには、ビジョンや人徳その他もろもろが必要かもしれない。けれども、マネジャーやリーダーが発揮する大きな影響力の核であり源でもあるのは、〝雑務〟、つまり採用や評価といったこまごましたタスクである。だが、はっきり言って、マネジャーやリーダーの仕事のキモであるこれらのこまごましたタスクに精通している〝プロ〟と呼べるリーダーはほとんどいない。）

5．6　「ビッグデータ」は人事の天才か、狂気か、未来か？

リーロム・シーガル、アーロン・ゴールドスタイン、ジェイ・ゴールドマン、ラハフ・ハーフーシュの共著『会社をデコードする――顧客よりも社員を知ろう（The Decoded Company: Know Your Talent Better Than You Know Your Customers）』より。

DPSS（データ処理システム・シミュレータ、あるいはデータ駆動型第六感）
（働く動機に関する過激な洞察）

適切なシステムを導入したデコーデッド・カンパニー（解読された会社）は、組織という個体の自己受容感覚《プロプリオセプション》（〝デジタル・ボディランゲージ〟）を提供するために必要な全データを従業員から収集し、彼らに隣の部署やチームがどんな仕事をしているか、そして自分のチームのメンバーたちが何に取り組んでいるかといったバックグラウンドの感覚を与えることができる。われわれは、これが死角をなくすものだと考えている。（自己受容感覚とは第六感とも呼ばれ、筋肉や関節の緊張・伸縮などを感知する感覚。この感覚によって、たとえば目を閉じていても自分が腕や足を伸ばしていることがわかる）

私にとってこの引用は、一言一句がジョージ・オーウェルの『一九八四年』（早川書房）の一節のように読める。少なくとも、火遊びのような危険性をはらんでいる。この場合、遊びの対象は人間だ。人工知能とビッグデータは、またたくまに人事の世界にはいりこみ、その世界を席巻している。たしかに、大きな価値があるのは間違いないが、なみはずれたとは言わないまでも、マイナスに働く可能性もある。引用のなかの「チームのメンバーたちが何に取り組んでいるか」ということについて言えば、このような考えに基づくＡＩは、あなたのため息やしかめ面や笑顔をすべてモニターし、その結果をチームメイトの表情と比較する能力を持っているはずだ。それによって仕事の調整はいくぶんうまくいくようになるかもしれないが、私がなにより危惧するのは、最悪のタイミング、つまり差別化と雇用の定着のために創造性がいちばんの鍵となる瞬間に、その能力が個性と創造性を破壊する完璧なツールになるのではないかということだ。

「遊び」に関する先ほどのコメントについて言えば、人事関係のソフトウェアのほとんどが充分テストされているとは言えないというのが私の考えだ。もちろん、ソフトの制作者は入念にチェックしているだろうが、中長期的に、創造性や人間の精神全般にどんな影響を及ぼすかはまったくの未知数である。

ここでは、この先われわれを待っているプライバシーの侵害にまつわるシナリオをひとつだけ紹介しよう。エリック・シーゲルの『ヤバい予測学——「何を買うか」から「いつ死ぬか」まであなたの行動はすべて読まれている』（CCCメディアハウス）からの一節だ。

暗黒郷《ディストピア》にひとっ飛びしてみよう。あなたはシックなブースで働き、チキン味の栄養剤をチューブから吸っている。一心不乱にコントローラーを操っている……上司がやってきて、あなたを一《いち》瞥《べつ》する。「きみのこの会社への忠誠心について話しあう必要がある」あなたが働く組織は、あなたが辞めようと思っていると推測したのだ。AI／ビッグデータ・モデルは、あなたが何を考え、何をするつもりかを予測する。ひょっとすると、あなたが思いつくまえに。

ようするに、いったいどれほどの数かわからない組織から吸いあげられた、海のものとも山のものともつかない情報に基づいて、AIのアルゴリズムが、おそらくあなたの入力したすべての単語（そのひとつひとつがコンピューター会社のビッグデータ用クラウドサーバーに保管されている）を慎重に分析した結果、メールやインスタントメッセージで使った言葉遣いが、以前辞めた人たちが使った言葉遣いと一致すると判別されるのだ。そう、世界じゅうの膨大な数の人たちから集められたビッグデータ間の無限の相関関係から、シーゲルが言うように、あなたが何を考えているかを、おそらくあなたが思いつくまえにはじき出す。（ちなみに、あなたの秘密が漏れるのは「ヘッドハント」といった誰もがすぐに気づくような言葉からではない。もっと微妙な、たとえば「お役所仕事」というフレーズを使うことが増えたり、社内でランチを取るより外に出かける回数が増えたりといったことがヒントになる。）

これは幻想や妄想ではない。シーゲルの例は、ＨＰ（ヒューレット・パッカード）の人事部門で開発された「離職リスク予測」モデルをもとにしている。

賢人たちのなかには、私たちは勇敢にも、ＡＩが組織の意思と労働構造を決定する未来に突入しようとしていると主張する人たちもいる。ＤＰＳＳやＨＰの離職リスク予測などのツールが、迅速な短期の生産性向上に役立つことは間違いない。だが私は、未来の有効な組織化と人員配置が、マッキンゼーのあるレポートに出てくる言葉を借りれば「アルゴリズムで最適化される」運命にあるという考えには、同意できない。

その「大きな」理由は、ＡＩがもたらす雇用破壊に対するいちばんの防御策は、機械化された世界で異彩を放つ製品やサービスを生みだすための、裾野の広い比較的自由な創造性と、新たな組織のありかたを実現することだからだ。このような創造性はアルゴリズムで最適化された人事の対極にあると、私は強く信じている。

ゲームは始まっている！　掛け金は、組織にとっても個人にとってもずばぬけて高い！

そして、あまりにも多くの人がうかつにも注意を怠っている。たとえば、きちんと検証されていない強力なアプリケーション・ツールを無防備に購入して使っている！

（私がこの件についてひとつだけ命令をくだせるなら、キャシー・オニールの傑出した著書『あなたを支配し、社会を破壊する、ＡＩ・ビッグデータの罠』〔インターシフト〕をとことん読みこめと言うだろう。このタイトルは、ビッグデータをなんの制約も加えずに使うことに伴うさまざまな問題――不平等を増大させ民主主義を脅かすということ――を示唆しており、ハーバード大学の数学博士であるオニールは、その懸念を裏付ける身も凍るような証拠を示している。この本には、人事ソフトについてのふたつの優れた章がある。そこには、人事の場で見境なくビッグデータを使うことが、意図しなかった結果を招く例がこれでもかというほど紹介されている。もっとも重要なポイントは、これらのツールによって人間が駒のように扱われているいっぽうで、長期的に見たビジネスの成功や失敗という次元と、私たち人間が仲間をどう扱うかという次元で、このツール自体の検証が実質的には行なわれていないことだ。）

5.7　人がいちばん大事――昇進の判断は生死にかかわる問題

昇進の判断は生死にかかわる決断だ。

――ピーター・ドラッカー『現代の経営』（ダイヤモンド社）

ドラッカーは「生死にかかわる」決断だと言っている。この言葉に異論を差し挟むのはむずかしい。私の意見では、どんなレベルのリーダーであっても、年に平均して二件の重要な昇進を決定する。リーダーの立場に五年いたとすれば、一〇の昇進について決断をくだすことになる。そして最終的には、この一〇の昇進の決定こそが、そのリーダーの遺すもっとも大きな遺産となる！リーダーたちは昇進の決定を真剣に考えているだろうか。

当然そうだろう！

だが問題は、充分真剣に考えているだろうかということだ。

全体的にみれば、おそらく一〇のうち九のケースでノーではないだろうか。

たとえば、私のみたところ、昇進の決定は企業買収の決定と非常によく似ている。あなた（誰を昇進させるかを決めるキーパーソン）は、組織の重要な部門の将来の業績に対して全責任（当事者意識）を持って、ある人物か他の人物を選定しようとしている。組織図上の正式名称が何であれ、選ばれた人は事実上その部門の最高経営責任者になる。

ＸＹＺという部署の最高経営責任者
教育部門の最高経営責任者
顧客サービス部門の最高経営責任者
などなど

企業買収の場合、相手がごく小さな会社であっても、あなたは決定に何カ月も費やすだろう。私は、ひとつの会社（部門、部署）をひとりの人物に任せる昇進の決定も、同じくらいの注意を払うべきだと考える。

考慮すべき事項

昇進のポイント1

明らかに（であってほしいと願うが）、昇進においてまっさきに考慮すべきことは、人を育てる手腕を発揮してきたかどうかだ。

この手腕を評価する際には、第三者、とくに過去にその候補者のもとで働いていて、上のポジションに移った人にインタビューするなどして、とにかく徹底的、体系的、詳細に査定することが重要だ。候補者は、その部下が次の仕事や役職に移るときに、どれくらい力になってくれただろうか。

昇進のポイント2

二番目に重要なのは、その人物が現在のポストでつくりあげた職場文化だ。彼または彼女は、活気と秩序があり、革新性に富む、実践重視の環境をつくりあげていただろうか。

昇進のポイント3

この狂乱の時代に、どんな人物を登用するかはこれまで以上に重要になってくることは間違いない。このことに関して、ある興味深い見解が、リスク・マネジメントの専門家、デヴィッド・ロスコフにより提示されている。

人柄がこれまでになく重要になっている。［不確実性の高い時代においては］過去の実績は将来の実績の指標にならないからだ。経験というペンキがはがれたあとに残るのは人柄だけだ。

要約すると、

昇進の判断は生死にかかわる大決断
一年に二件の昇進の判断＝遺産
重要な三つのポイント。人を育てられるか、いい文化をつくれるか、人柄がいいか

読んで学ぼう！

〝人がいちばん〟をテーマにしたビジネス書

ビジネスというのは概してうんざりすることの繰り返しで、マネジメントに関する本はたいてい、うまくいかない事柄をどうやってうまく乗り越えるかということに焦点が当てられている。それでも、なかにはここに紹介する本のように「人を（本当に）いちばんに考えることがいい結果を生む」ことをテーマにした読み応えのある本もある。〝人を優先して利益を上げるビジネス書から学ぶ読書会〟を立ちあげて、自分ひとりで、あるいはチームの仲間と一緒に、一年かけて学んでみてはどうだろう。

ピーター・シャンクマン、カレン・ケリー『ナイスな会社がいちばん――冷酷なマネジメントはなぜ終焉し、コラボレーションが始まったのか（Nice Companies Finish First: Why Cutthroat Management Is Over— and Collaboration Is In）』

キップ・ティンデル『コンテナには入れられない——熱意と責任と意識的な資本主義が社員全員で成長できる会社をつくる（Uncontainable: How Passion, Commitment, and Conscious Capitalism Built a Business Where Everyone Thrives）』

ジョン・マッキー、ラジェンドラ・シソーディア『世界でいちばん大切にしたい会社　コンシャス・カンパニー』（翔泳社）

ラジェンドラ・シソーディア、ジャグディシュ・シース、デヴィッド・ウルフ『愛情の企業——情熱と目的からいかに世界規模の企業の利益を上げたか（Firms of Endearment: How World-Class Companies Profit from Passion and Purpose）』

ゼイネップ・トン『「いい職場」戦略——スマートな企業はいかにしてコストを下げ利益を押しあげるために従業員に投資するか（The Good Jobs Strategy: How the Smartest Companies Invest in Employees to Lower Costs and Boost Profits）』

リチャード・シェリダン『ジョイ・インク——役職も部署もない全員主役のマネジメント』（翔泳社）

デニス・バッケ『職場の喜び——仕事で楽しむ革命的なアプローチ（Joy at Work: A Revolutionary Approach to Fun on the Job）』

ヴィニート・ナイアー『社員を大切にする会社――5万人と歩んだ企業変革のストーリー』（英治出版）

ハル・ローゼンブルース、ダイアン・マックフェリン・ピータース『顧客第2主義――「超」成長企業の経営哲学』（翔泳社）

ポール・シュピーゲルマン、ブリット・ベレット『患者より優先すべきこと――進む道を変えることで変化をリードする（Patients Come Second: Leading Change by Changing the Way You Lead)』

マイケル・アブラショフ『アメリカ海軍に学ぶ「最強のチーム」のつくり方――一人ひとりの能力を１００%高めるマネジメント術』（三笠書房）

L・デビッド・マルケ『米海軍で屈指の潜水艦艦長による「最強組織」の作り方』（東洋経済新報社）

ボー・バーリンガム『Small Giants（スモール・ジャイアンツ）――事業拡大以上の価値を見出した14の企業』（英知出版）

ハーマン・サイモン『グローバルビジネスの隠れたチャンピオン企業――あの中堅企業はなぜ成功しているのか』（中央経済社）

ジョージ・ホウェリン『一流の小売業――米国の独立した商店ベスト二五の内側（Retail Superstars: Inside the 25 Best Independent Stores in America）』

リッチ・カールガード『グレートカンパニー――優れた経営者が数字よりも大切にしている5つの条件』（ダイヤモンド社）

フィル・ハーキンス、キース・ホリハン『全員で勝つ――RE/MAXの背後にある物語とレッスン（Everybody Wins: The Story and Lessons Behind RE/MAX）』

マシュー・ケリー『ザ・ドリーム・マネジャー――モチベーションがみるみる上がる「夢」のマネジメント』（海と月社）

トニー・シェイ『ザッポス伝説――顧客が熱狂するネット靴店――アマゾンを震撼させたサービスはいかに生まれたか』（ダイヤモンド社）

『カメリア――ベリー・ディファレント・カンパニー（Camellia: A Very Different Company）』企業出版物

バーノン・ヒル『顧客ではなくファンをつくろう――成長のない世界で成長する企業をつくる法(Fans Not Customers: How to Create Growth Companies in a No Growth World)』

リチャード・ブランソン『ライク・ア・ヴァージン――ビジネススクールでは教えてくれない成功哲学』(日経BP社)

ミハイ・チクセントミハイ『フロー体験とグッドビジネス――仕事と生きがい』(世界思想社)

ジョン・ボーグル『波瀾の時代の幸福論――マネー、ビジネス、人生の「足る」を知る』(ランダムハウス講談社)

ロバート・キーガン、リサ・ラスコウ・レイヒー『なぜ弱さを見せあえる組織が強いのか――すべての人が自己変革に取り組む「発達指向型組織」をつくる』(英治出版)

6 トレーニングの鬼

マイ・ストーリー

認めたくはないが、私は二流アスリートだ。

少年はみな、メジャーリーグで活躍したいと夢見るものだと思われている。なら、私はどうだったかって？　私の夢は、高校のアメリカンフットボールチームの二軍で、三番手のガードから二番手のガードに昇格することだった。

そう、私はけっしてスター選手ではなかったけれど、じつを言うと一九六二年に、コーネル大学のラクロス代表チームでゴールキーパーになった。その理由は次の二語に尽きる。ネッド・ハークネスだ。

私は八歳か九歳のころからラクロスをやっていた。メリーランド州で育った人間には自然な流れだ。私は熱心に取り組んだが、ものになるには程遠かった（この章の最初の文を参照のこと）。

けれども、私はプレイを続けた。そして、どうにか高校代表チームにはいり、コーネル大学新入生チームにはいった。必死にしがみついて踏んばったのだ。

すると、奇跡が起こった。ネッド・ハークネスが、コーネル大学のラクロス代表チームのコーチになったのだ。当時、私は大学二年生で、補欠の二番手か三番手だった。ネッドはラクロスとホッケーで全国大学選手権に勝利したことがあった（ナショナル・ホッケー・リーグのコーチとして成功していた）。ネッドはコーネル大学のホッケー代表チームのコーチだったが、ラクロスのコーチが一九六二年のシーズンのはじめに急に辞めたので、その年の残りはネッドがコーチを務めた。

肝心なのはここからだ。私は下手くそな運動選手だったが、ネッドのもとで底力を発揮した。コーチはいままで出会った誰ともちがっていた。コーチは私たちの頭にはいりこみ、ゾッとする基本的な反復練習を愉快なものにした。私たちは専門的な技を山ほど学び、夢中になって練習した。

私個人はといえば、二、三週間のうちに生まれ変わった。コーチは、私がこれまで発揮してきた能力より二、三倍、いや一〇倍のポテンシャルを持っていると信じていて、私にもそう信じさせてくれた。そして私はシーズン後半の最初の試合で、代表チームのスターティングメンバーのひとりになり、役目を果たすのに充分な自信を身につけていた。

ネッド・ハークネスのおかげで、私は優れたコーチングや、優れた練習、できると想像していたより桁違いにいいパフォーマンスができるとはどういうものかを身をもって学ぶことができた。

教訓――優れたトレーニングは人を生まれ変わらせる。少しまえの自分より一〇倍いいプレイヤーになれるし、じつは人としても劇的に変われるのだ。

コーチと過ごした短い時間で、私はトレーニングの猛烈な信者になった。**いやちがう！** コーチと過ごした短い時間で、私は**エクセレント**なトレーニングの猛烈な信者になった。

（そのあと、私は全米代表になってコーネル大学の優勝争いに一役買った――という結末を語れたらどんなにいいか。実際は、ネッドの指導のおかげで大きな進歩を遂げたものの、次のコーチは、私をありのまま、つまり、たいした選手じゃないとみなした。私はコーチが思ったとおり補欠になりさがり、プレイを楽しめなくなった。そしてとうとう、バカバカしいほどむずかしい工学部の課程にさらに時間を費やさねばならなくなったとき、チームを抜けた。けれども、ああ、そのまえの年の数カ月は楽しくて、本当に驚くべき経験をさせてもらえた。

（もっと一般的に、本書に絡めて言うなら、私は、トレーニングとは誰かまたはどこかの組織が「成功するための練習」だと考えている。そして、ほかの人びとが私と同じような見方をしないとき、私は愕然かつ茫然として、怒りさえ覚える。

さらに、私たちがいま飲みこまれているディスラプションとテクノロジーの津波時代のど真ん中にあって、「トレーニング／準備の強み」は、何十倍も何百倍も重要性が増す。新たな脅威やチャンスが生まれているいま、トレーニングの性質については課題があるかもしれないが、その重要性に関してはまったく疑問の余地はない。

この章は本書でいちばん短い章だ。トレーニングについての考察はもともと第5章に組みいれていた。けれども、この時代に、トレーニングはとても重要な意味を持つので、ほかのテーマのなかに盛りこんで埋もれさせるべきではなく、しっかり目立たせる必要があった。本章では、ありったけの熱意を込めて、トレーニングは企業の唯一かつもっとも重要な資本投資であるという主張を行なう。）

トレーニングにまつわる物語

6.1　一にも二にもトレーニング

トレーニング、**トレーニング**、
そしてさ・ら・に
ト・レー・ニ・ン・グ
——一九四三年の、海軍大将チェスター・ニミッツ太平洋艦隊司令長官からアーネスト・キング海軍作戦部長への通信

事実——米海軍は真珠湾攻撃が行なわれたとき、まったく準備不足だった。解決策——トレーニング。
(注:この引用文の強調表現はすべてニミッツの英文に基づくもので、私トム・ピーターズがつけたものではない。)

私は試合のコーチには向いていないが、練習のコーチは得意だ。
——ジョン・ウドゥン(バスケットボールのコーチ。おそらくあらゆる種類のコーチのなかで最高のコーチ)

成功への意欲は大切だが、もっと重要なのは準備にかける意欲だ。
——ボビー・ナイト(バスケットボールの伝説のコーチ)

6.2 トレーニングは最高の投資だ!

軍隊では、中将がトレーニングを担当している。大半のビジネスでは、トレーニングの担当は退屈

な職務で、中間職の仕事だ。

集中的で、広範で、定期的なトレーニングに金をかけるのは次のような団体やグループだ。

・陸軍
・海軍
・空軍
・海兵隊
・沿岸警備隊
・アメリカンフットボール・チーム
・野球チーム
・アーチェリー・チーム
・消防隊
・警察
・劇団
・バレエ団
・大学の学術研究部門
・その他

とくに軍隊では、トレーニングの有無は生死にかかわる。

最高のトレーニングに勝るものなし！　間違いない。

では、「最高のトレーニングに勝るものなし！」を通常のビジネスや、とくに小さなビジネスにも取りいれたらどうだろう。

そうすべきなのは、明らかだ。

重要なポイント――トレーニングは最高の投資だ！　ぜったいに。

これまでずっとトレーニングは重要だと思っていたが、「最高の投資だ」とまでは言ってはいなかった。見解の変化は、この本のアイデアを考えているうちに起こった。テクノロジーの波に立ち向かうには、トレーニングを、組織や個人がチャンスとして取り組むべきことのリストの最上段に太字で記載しておかねばならない。

6.3　トレーニング――永遠に

トップをめざし、そこにとどまろうとする人びとはいつでも、改善しつづけ、準備万端でいることに取りつかれている。

1．ウィンストン・チャーチルの経験則――一分の演説の準備に一時間かける。
2．トム・ピーターズ――四五分のスピーチの準備に二週間かける。
3．ジェリー・サインフェルド――定番のスタンダップ・コメディに新しいネタを三分足すために、（小さなクラブで）六カ月費やす。
4．エイブラハム・リンカーン――「一本の木を切り倒すには六時間必要だ。まず斧を研《と》ぐのに四時間かかる」

私は「トレーニング」という言葉自体がどうやら好きらしい。「開発」や「準備」のほうが好きな人のほうが多いだろう。それはわかる。けれども、次回行なう講演のことを考えるとき、私が検討するのは、アメリカンフットボールや芝居みたいに、トレーニングのことだ。数週間かけて準備（つまりトレーニング！）したあと、講演の日の朝は、午前三時に目覚ましをかけて起きる。それから部屋を出て階下に降りる六時半までのあいだに、おそらく二〇〇から三〇〇カ所の変更を加える。

開発でも練習でも、準備でも、学習でもかまわない。ただ私にとっては、ひょっとすると独特な表現かもしれないが、それらの言葉はみなトレーニングの一部だ。いや、むしろ、繰り返しを許してくれるなら、

トレーニング。
トレーニング。

また**トレーニング。**
間違いない。

6.4 トレーニングについての質問──答えがノーなら、試してみたらどうだろう?

1. 会社のトレーニング担当リーダーは(CEOやCOO以外の)最高報酬レベルの職種だろうか?
答えがノーなら、そうしてみたらどうだろう?
(あなたの会社には、そもそもトレーニング担当リーダーがいないかもしれないことは、もちろん承知のうえだ。なんと残念なことか。)
2. トップトレーナーにはトップマーケターやエンジニアと同じくらいの給料を払い、同じような扱いをしているか?
答えがノーなら、そうしてみたらどうだろう?
3. あなたの会社のトレーニングコースは非常に優れていてゾクゾクするほどだろうか?
答えがノーなら、そうしてみたらどうだろう?

あるセミナーでこの最後の質問に対して反対意見を述べた人がいた。これは非現実的だし、そもそも「ゾクゾク」とはいったいどういう意味なのかと訊かれた。私は大学二年のときの経験を話した。

エンジニアになるには、入門的な化学課程が必須だった。私たちの大半は、この課程を四カ月間の歯の根管治療みたいなものとみなし、とにかく耐えしのばねばならないと考えていた。化学を担当しているのは、有名なふたりの教授マイケル・シエンコとロバート・プレーンだった。ふたりは一流の学者であると同時に一流のエンターテイナーでもあった。

結果――課程の終わりには、おそらく私たちの半数（数百人のうち）は、化学を専攻したいと思うようになっていた。化学科には優れた教師と優れた教育課程があるからだ。ビジネスの世界でもシエンコやプレーンのような人を育成したり採用したりできるのではないだろうか。何十億ドルもの金（と生き残り）をかけて、優れた専門家を雇い、優れた教育コースをつくれば、人材の動員や保持、質、技術革新と生産性などに驚くべき成果が現われるだろう。（複数の企業が、超有名なコンピューター・サイエンスの教授を招きいれるために大金を費やしている。なぜトップトレーナーに同じことをしないのだろう。）

「ゾクゾク」について言えば、「良好」を超えるものを表現したくて選んだ。「世界を揺るがす」とか「恍惚となる」でもいい。とにかく……メリー・ポピンズ風に言えば、**スーパーカリフラジリスティックエクスピアリドーシャス**なものだ。

4. 廊下でたまたますれ違った社員を呼びとめて、その人自身のこの先一二カ月間の能力開発計画を詳しく説明できるか訊いてみよう。彼または彼女はそれができるだろうか？

答えがノーなら、できるようにしてみたらどうだろう？

もし彼らの返答が「ノー」なら、彼らの上司をすぐに厳しく叱責すべきだ。（本当はクビにしろと言いたいところだが、それはやりすぎだというみなさんの声が聞こえてきそうなので、なんとか踏みとどまった。)

6.5 トレーニング——賭け

次の三つは、(たっぷりの金を)賭けてもいい。

賭け1——CEOが一〇人いれば、うち五人はトレーニングを投資というより経費とみなしている。
賭け2——CEOが一〇人いれば、うち五人はトレーニングを攻撃というより守備とみなしている。
賭け3——CEOが一〇人いれば、うち五人はトレーニングを戦略的なチャンスというより必要悪とみなしている。

次の賭けには、(どっさり、たっぷりの金を)賭けてもいい。

賭け4——CEOが一〇人いれば、うち八人は、四五分で自分のビジネスの概観を述べるとき、トレーニングのことは述べない。

賭け4のせいで、私は頭をかきむしりたくなる。

四五分の会話のなかで、最初の一五分は概して、「環境を変えること」とビジネスの条件に充てる可能性が高い。次の一五分は戦略の説明に充て、そのあとは、たとえば、八七〇〇万ドルかかる「冗談抜きにクールなソフトウェア」について一〇分を充てる。まあ、こんな具合だ。たしかに、最後の五分に人材について話すことはあるかもしれないけれど、これまでのトラック一台分くらいの経験データに基づき確信を持って賭けてもいい、「人材について」の五分間では、（役員の質に焦点が絞られるだろうから）トレーニングの話はひとことだって出ないだろう。

なんてこった。
なんてこった。
なんてこった。

6.6　大変なときこそ、トレーニングを！ルールに対するポジティブな例外

不景気になったとき、大半の小売業者はおそらく、経費を減らすためにトレーニングのコストをざっくり削減する。

例外――ここ最近の不景気のとき、収納用品を扱うコンテナ・ストアは店内の接客担当の従業員に対するトレーニングの量を倍にした。

経済的に混乱している時期に、「私たちの店に来てくれる顧客に精一杯尽くすには、ぴったりのタ

イミングだ」と彼らは言った。そして、そうするためにいちばんいい方法は、顧客にもっとも近い人びとの成長の手助けを強化することだと。

ちなみに、数年まえ、コンテナ・ストアは巨大な米経済界で、「働きがいのある企業」の一位に輝いた。

6．7　もう一度――トレーニングは最高の投資だ

トレーニングに再三こだわる最大の根拠は何か？

欲だ。

（トレーニングは利益を生む。たっぷりと。）

（それに、従来の「知恵」とは対照的に、ほぼすぐに効果が現れる。）

原則1――あなたのチームのメンバーがみなトレーニング主導の徹底的な自己育成に取り組んでいるなら、あなた（ボス）の仕事はかなり安泰だ！

原則2――トレーニングの重要性は小規模ビジネスでは一〇倍にも一〇〇倍にもなる。フォーチュン五〇〇社での重要性とは比べものにならない。

最後のポイントは書くまでもないことだ。たとえば私の会社の従業員が九人だけだったら、一人ひとりがいっそう戦略的に重要な人材になる。だから、この九つの戦略的な支柱（人材）それぞれのトレーニングと能力開発は無制限に取り組むべきであるのは間違いない。

だが、残念ながら現実はちがう。よく聞くのが「トレーニングしたところで、辞められたら終わりだ」とかいうくだらない言い訳だ。

給料明細リストに九人いるなら、その九人はほかに比べようのない戦略的な強みになる。だから、一にも二にもトレーニング、トレーニングだ。

7 テクノロジーの津波、ホワイトカラー存亡の危機、新しい道徳的責務

[セクション1] テクノロジーの津波、ホワイトカラー存亡の危機

マイ・ストーリー

二〇一七年三月、雨の木曜日の午後、私は買い物をしていた。

食料品店にいるとき、妻から困ったことがあると電話がかかってきた（私にとってはチャンス到来だ）。土曜日のランチに客を招いているのだが、掃除機の紙パックがいっぱいで吸引力が落ちていて、予備のパックも切らしていると言う。買ってくる時間はあるかと尋ねられ、私は「あるとも」と答え、買い物を急いで済ませて車に戻り、カーナビに「マサチューセッツ州ダートマスのホーム・デポ」と打ちこんだ。

ホーム・デポの店員は紙パックのありかを教えてくれたが、私の求めている品番は棚になかった。別の店員に尋ねると、在庫があるかどうかバックヤードを見てくると言ってくれた。彼は三分か四分たっても戻ってこなかった。きっと念入りに探してくれているのだろう。彼の親切と親身な態度はあ

りがたかったが、寄り道のせいで予定が遅れていた。私は（本当に）無意識にポケットからｉＰｈｏｎｅを出して、アマゾンのアプリを開き、掃除機の紙パックの品番を入力した。言うまでもなく、求めていたまさにその商品が、ホーム・デポよりも安い価格で見つかった。アマゾン・プライムの会員になっているおかげで、注文すれば翌日の金曜日には届くので、掃除をする時間は充分ある。親身になってくれている店員を置き去りにして帰るのは気がとがめたが、一〇秒ほど良心の呵責を感じたあと、私は「ワンクリックで買う」のボタンを押した。正確なことは言えないが、ポケットからｉＰｈｏｎｅを出して、またポケットにしまうまでの時間は、検索の時間も含めて九〇秒もかからなかったはずだ。

そして、私は帰宅の途についた。

じつは、「帰宅の途につく」ことについても、ささいとは言えないエピソードがある。二年ほどまえに、妻と一緒にバーモント州のティンマスからマサチューセッツ州ダートマスに引っ越してきてから、ホーム・デポにはおそらく二〇回以上は通っていると思う。家から一〇キロほどの距離で、角を三回曲がるだけで行ける。にもかかわらず、私は帰り道どころか、ホーム・デポの駐車場から出ることさえもままならず、ガーミンのカーナビの「お気に入り」を開いて、自宅をタップした。

それがどうしたって？

〝それ〟はこういうことだ。ダートマスに引っ越してきたとき、妻のスーザンはいっさいカーナビを使わなかった。それは単に、彼女がニュー・ベッドフォードやフォール・リバーといった離れた町でもどこでも、難なく正しい道を見つけられるからだった。いっぽう私のほうは、方向音痴ではなかったはずだが、引っ越した地域の道順を覚える手間を省き、無精してすべてをナビに任せた。するといまや、誇張でもなんでもなく（そうだったらどれだけいいか！）、私は自宅の敷地から出る道さえうまく見つけられないありさまだ。そういう人間は私だけではない。最近の研究によると、私のようなナビ依存者は、生まれつき持っている方向感覚をしょっちゅう、しかもひどく失っていることが示されている。GPSは私たちの脳の回路をつなぎ替える。しかも、悪いほうに。

テクノロジーは世界を変えつつある。その影響は、とくに雇用の面では圧倒的だ。ここで紹介した私のささやかなエピソードは、それに比べるとたいしたことではない。

それとも、たいしたことだろうか?

ホーム・デポでのエピソードが物語る変化ひとつをとっても、その影響は、最低賃金で働く店内案内係から、年俸一〇万ドルの百貨店の幹部職員まで、米国じゅうの何百万人もの小売業にかかわる人たちに及んでいる。「ディスラプション(破壊)」という言葉がおそろしいほどよく使われているが、アマゾンをはじめ増加の一途をたどるネット通販事業者は、街角にある家族経営の店から数百店舗を持つチェーン店、そしてそれらのチェーン店が入ったショッピングセンターまで、経済活動の大きな領域をまさに「破壊」しつつある。そして、先ほど挙げたカーナビのエピソードは、AIが人間の脳にいたずらを仕掛け、私たちの世界のとらえ方を変えてしまうことを予言している。これはもうささやかなエピソードどころではない。

7.1 テクノロジーの津波にまつわる物語

7．1．1

マーク・アンドリーセンは、「ソフトウェアが世界を食いつくす」と確信している

次に紹介するのは、カオス状態のテクノロジーの世界でいま現在起きていること（明日になるとすべてががらりと変わるかもしれないが）のほんの一端をとらえた引用をいくつか拾いあげたものだ。私は三年ほどまえ、自分が絶望的なほど波に乗り遅れていることを自覚して、集中読書プログラムを始めた。一〇〇冊を超える本を読みおえたいまも、終わりは見えない。どれだけ読んでも、自分が充分理解したと感じられないのだ。むしろ、かえって混乱がひどくなったくらいだが、現在のカオス的な状況に対して、まあそこその感覚はだんだん身についてきた。あなたがテクノロジーのエキスパートでないのなら、私と同じように個人的な教育プログラムをはじめてみることを強くお勧めする。

とにかく**読んで、読んで、読みまくれ。**

（トムの格言——**誰よりもたくさん読むべし！**）

人類の最大の欠点は、指数関数を理解できないことだ。

——アルバート・A・バートレット

「最大の欠点」とは、強烈な言葉を使ったものだ。しかし彼はきわめて重要な点をついている。いまの時代、問題は変化そのものではなく、変化の速さ、つまりいまいましい指数関数的スピードだ。大きな局面の転換は、以前はおよそ二五年ごとに起きていた。おおかたの専門家の見解では、現在その変化は五年ごとになっている。ビジネスや社会に与える影響は巨大で目を見張るほどだ。

自動化があまりにも進み、一般的な旅客便ではパイロットが実際に操縦桿を握っている時間はトータルでたったの三分だ。［パイロットは］コンピューターのオペレーターになってしまったと言っても過言ではない。

――ニコラス・カー「おおいなる忘却」、《アトランティック》

頻繁に空を飛ぶ私にとっては、聞き逃せない指摘だ。これには多くの利点と、少なくともひとつの大きな欠点がある。その欠点は、パイロットが原因不明の緊急事態に対応する能力を失いつつあるということだ。いくつかの重大な航空機事故がそれを裏付けている。

新しい市場ルールと新しいテクノロジーの組み合わせは、株式市場を事実上、ロボット対ロボットの戦争に変えた。

――マイケル・ルイス「ゴールドマン・サックスのギーク悲劇」、《ヴァニティ・フェア》

コンピューター・エラーとクラッシュと、狂乱した株式売買の世界へようこそ。規制は山ほどあるが、**責任者はどこにもいない。**

マイケル・ルイスがすばらしい案内人だということは保証する。
もっともっと想像を絶する熱狂と、ますます先の見えない状況が進行中であることも保証する。

人びとが受けている医療のほぼすべては、（希望的観測では）今後一〇年から二〇年以内にアルゴリズムによって行なわれるようになる。

——マイケル・ヴァッサー（メタメッド研究所の創設者）、《ニューヨークマガジン》

そのプロセスは着々と進んでいる。たとえば、グレーター・ボストンの世界的に有名なある病院では、いくつかの分野の医師は、アルゴリズムやビッグデータが出した診断結果をくつがえしてはいけないことになっている。

さて、ここでわれわれの委員会の新しい理事を迎えよう。

企業がある特定の会社に投資するかどうかについて、取締役会のほかのメンバーと同様、アルゴリズムも投票するようになる。したがって、このアルゴリズムは、DKV社の取締役会の六番目のメンバーということになる。

——「ベンチャー投資会社がアルゴリズムを取締役会のメンバーに任命——これは実話だ」（《ビジネス・インサイダー》のウェブ記事）

ジョークではない。取締役会の正式なメンバーだ。アルゴリズムの業績はどうやら、ほかの役員たちの業績を上回っているらしい。

アルゴリズムはすでに、ベートーヴェンが作曲したのと同じくらい感動的なシンフォニーを作曲し、上級弁護士の手際のよさで法律用語を調べあげ、医者より正確に患者に診断をくだし、べテラン記者の熟練の筆致でニュース記事を書きあげ、人間よりはるかにスムーズに都会のハイウェイで車を走らせる。

――クリストファー・スタイナー『アルゴリズムが世界を支配する』（角川書店）

否定＝顔面パンチ。 スタイナーは、クラシック音楽の作曲コンテストで、アルゴリズムによって作曲された作品が賞を獲得したエピソードを紹介している。その後、アルゴリズムの制作者は、一流の（人間の）作曲家に殴られた。

7.1.2 雇用崩壊（ジョブ・アポカリプス）の危機

フェイクニュースだろうか？ それとも冷酷な真実だろうか？

コンピューター技術やロボット工学といった新たなテクノロジーによって、今後二〇年間で、英国では雇用の最大三五パーセントが失われるだろうと、専門家［デロイトおよびオックスフォード大学］は指摘している。

――「進化するテクノロジーによって一〇〇〇万人の雇用が危機にさらされている」《テレグラフ》二〇一四年一一月一四日付

（同様に、二〇一六年三月のＣＮＢＣテレビのリポートでは、今後二〇年間で米国の雇用の五〇パーセントが自動化により消滅する恐れがあると報じている。）

過剰反応かもしれないし、過小予測かもしれない。だが、このようなことが真剣に議論されているということ自体がただごとではない。一般に「テクノロジー楽観主義者」と呼ばれるカテゴリーに分類される専門家がいる。彼らは、人間が「イノベーションの津波」と呼ばれる変化にうまく対処して、無傷で生き残ると信じている。一方で、終末論的な見解を持つ、知性も経験も備えた「テクノロジー悲観主義者」がいる。自分が専門家だというつもりは毛頭ないし、こんなことを言ってもなんの役にも立たないかもしれないが、私はわずかにテクノロジー楽観主義者のほうに傾いている。いずれにせよ、不確実性のレベルは天文学的であり、その影響も天文学的だ。

7.1.3　きみはプロだって？　それがどうした？

高度なトレーニングを受けた専門家の知的な能力が機械に対抗できる可能性は、運転中の車を左折させる人間の能力が機械と対抗できる可能性と同程度だ。
――ニコラス・カー『オートメーション・バカ――先端技術がわたしたちにしていること』（青土社）

その道のプロだから自分は安泰だと思っているなら、考えを改めたほうがいい。

——ロバート・ライシュ

官僚は高価なマイクロチップだ。

——ダン・サリヴァン（コンサルタント、エグゼクティブコーチ）

ここに挙げた三つの引用のうち、最後のひとつはかなり笑える。だがおびただしい数の専門職の人たちにとっては、笑いごとではないだろう。どの引用も、**知的専門職が、迫りくる人工知能に脅かされないことなどけっしてない、**ということを示唆している。

とはいえ、すべての弁護士や医師やエンジニアが消えるわけではない。けれども、ごく短い期間に想像もつかないほどのパラダイムシフトが起きるだろう。

率直に言おう。医療や法律の「プロ」は、ある意味で料理人や窓掃除人と同じだ。名人はほんの一握り、まあまあの腕前が大多数で、かなりあやしい腕前の者も一定数存在する。ほかの歯科医がやりそこなった歯の根管治療をやり直してくれた腕のいい歯科医が私に言ったことをいまもはっきりと覚えている。「トム、歯科医の半数は、クラスの半分から下の成績で卒業したんだよ」私は痛みのなかで笑ったが、そのジョークには今後の雇用、というよりむしろ失業につながる重要な要素が含まれている。

7.1.4 大規模な再構築

根本的な問題は、私たちがいま味わっているのは、大不況や大停滞期の息苦しさではなく、大規模な再構築をまえにした生みの苦しみだということだ。テクノロジーは猛スピードで進化しているが、私たちのスキルや組織がそれについていけていない。

──エリック・ブリニョルフソン、アンドリュー・マカフィー『機械との競争』（日経BP社）

MITのふたりの研究者によるこのスリムな一冊の本は、私の視野を広げるのにおおいに役立った。彼らの分析は曇りがなく、結論には偏りがなく、経歴は申し分ない。

この言葉を覚えておこう──**大規模な再構築**。

7.1.5　ちなみに、中国も例外ではない。製造業の雇用が三〇〇〇万人減少

エリック・ブリニョルフソンとアンドリュー・マカフィーの共著『ザ・セカンド・マシン・エイジ』（日経BP社）より。

一九九六年いらい、中国では製造分野の雇用が減少している。減少率はおよそ二五パーセント、つまり製造分野で三〇〇〇万人を超える中国人の労働者が減っているということだ。ところが生産量自体は七〇パーセントも伸びている。これは、この分野の米国人労働者が中国人労働者に取

って代わられているということではない。米国人と中国人、双方の労働者が効率化され、機械に取って代わられているのだ。

フォックスコンという中国のたった一企業が、今後二、三年のうちに新しいロボットを**一〇〇万台**導入するらしい。そして昆山《こんさん》にあるその会社の工場では、自動化のおかげで労働者はすでに一一万人から五万人に削減されている。

これが現実だ。この現象は全世界で起こっている。中国の都市部で賃金が高騰しているのは事実だが、背景にあるのは賃金高騰だけではない。中国のケースでも、この流れによって引き起こされた労働人口の大転換による社会的、政治的影響はいまも勢いを増し、混乱を招いている。

私には答えがない。自信を持って示せる見解すらない。つまり考えがまとまっていない。あるときはこれだと確信し、次の日にはやはりあれだと思う（同じような人は同業者にも大勢いる）。何かとてつもないことが起こりつつある。あなたは専門家になる必要はない。ただ、高度に進化したＡＩがなにを意味するのかについての優れた議論には精通しておくべきだ。

もう一度言う。

読んで、読んで、読みまくれ。

読んで学ぼう！

まず読むべきは、

エリック・ブリニョルフソン、アンドリュー・マカフィー『ザ・セカンド・マシン・エイジ』（日経BP社）

さらに、

リチャード・サスカインド、ダニエル・サスカインド『プロフェッショナルの未来――AI、IoT時代に専門家が生き残る方法』（朝日新聞出版）

アレック・ロス『未来化する社会――世界72億人のパラダイムシフトが始まった』（ハーパーコリンズ・ジャパン）

ニック・ボストロム『スーパーインテリジェンス――超絶AIと人類の命運』（日本経済新聞出版社）

マーティン・フォード『ロボットの脅威――人の仕事がなくなる日』（日本経済新聞出版社）

アイラ・レザ・ノーバクシュ『ロボットの未来（Robot Futures）』

ニコラス・カー『オートメーション・バカ――先端技術がわたしたちにしていること』（青土社）
スティーヴ・ロー『データサイエンティストが創る未来――これからの医療・農業・産業・経営・マーケティング』（講談社）
ビクター・マイヤー＝ショーンベルガー、ケネス・クキエ『ビッグデータの正体――情報の産業革命が世界のすべてを変える』（講談社）
エリック・デゼンホール『弱点――即スキャンダルになる時代の脆弱な評判を守るためのマニフェスト（Glass Jaw: A Manifesto for Defending Fragile Reputations in an Age of Instant Scandal）』
クリストファー・スタイナー『アルゴリズムが世界を支配する』（角川書店）
エリック・シーゲル『ヤバい予測学――「何を買うか」から「いつ死ぬか」まであなたの行動はすべて読まれている』（CCCメディアハウス）
ナターシャ・ダウ・シュール『デザインされたギャンブル依存症』（青土社）

ジョエル・ブレナー『ガラス張りの家――透ける世界のプライバシー、秘密主義、サイバー危機（Glass Houses: Privacy, Secrecy, and Cyber Insecurity in a Transparent World）』

ジェイムズ・バラット『人工知能　人類最悪にして最後の発明』（ダイヤモンド社）

7.1.6　見識あるコメンテーターによる見境のない予測

完全な人工知能の開発は、人類の終焉をもたらすかもしれない。

――スティーヴン・ホーキング

AIは人間の文明の存在を揺るがす根本的なリスクだ。

――イーロン・マスク

世の中の九五パーセントの人に働き口がないという状況もありうると考えている。

――サム・アルトマン（Yコンビネータ共同創業者兼社長）

正しいかどうかは別として、真面目な研究者がこうした発言をしているのは、たしかに耳にしている。この三つの引用が意味するのは、えらいことになるぞという警告ではない。いま現在が極端に（前例がないほど）不確実な時代だということを明確に伝えているのだ。

おもしろいのが、ここに挙げたプロ中のプロのうち何人かが、読むべき本のリストのトップにSFを選んでいることだ。たとえば、チャールズ・ストロスの『アッチェレランド』（早川書房）。ダニエル・ウィルソンの『ロボポカリプス』（角川書店）、『アンプド（Amped）』。ジョン・バーンズの『大暴風』（早川書房）。アダム・ジョンソンの『私たちに似たパラサイト（Parasites Like Us）』。『スノウ・クラッシュ』（早川書房）、『クリプトノミコン』（早川書房）をはじめとするニール・スティーヴンスンの作品。ウィリアム・ギブスンの作品ならどれでも。

いったいこれをどう解釈すればいいのだろうか。

7．1．7　事例——アルファ碁が囲碁の名人を打ち負かす

AI技術は、熱したナイフがバターにスッとはいるみたいに、グローバル経済にスッとはいりこんでいくだろう。AIは学習のスピードが速く、おおむね自ら学ぶ。これは幅広い分野で応用できる。見たことを学ぶだけでなく、改良することもできる。たとえば、アルファ碁が指した定石ではない打ち手のいくつかは、負けた棋士に〝美しい〟と称えられた。

限定的なAGI（汎用人工知能、とくにディープラーニング）は、弁護士や裁判官、医師や看護師、ドライバーや建築家に至るまで、現在人間によって行なわれているほぼすべての仕事を行なえるだけでなく、達人と言えるレベルで行なう能力を備えている。これはもう、ナイフどころ

かチェーンソーだ。

チェーンソーなみの威力を持つ特化型ＡＩに勝てる人間は、ごく少数（本当にごくわずか）にすぎないだろう。その学習スピードはあまりに速いため、高い報酬を得ているＩＴ系技術者の運命は、〝自由貿易〟によって骨抜きにされた工場都市に取り残された人びとと同じ運命をたどることになりそうだ。ＡＩほどすばやく学べないし、創造力も充分でないので、一歩先んじることができない。


——ジョン・ロブのブログ「グローバル・ゲリラ」二〇一六年三月一二日

最初はチェスで、いま思い返すとさほど複雑ではなかった。計算速度が速いこと自体は隠し技でもなんでもない。次がクイズ番組「ジョパディ！」への挑戦で、これははるかに法則性がない。そしてついに、抽象的思考の極みである囲碁への挑戦に行きついた。

私がもっとも注目したのは、「アルファ碁が指した定石ではない打ち手のいくつかは、負けた棋士に〝美しい〟と称えられた」というくだりだ。

〝美しい〟というのは非常に深い言葉だ！　私たちが人間だからこそ、抱ける感情ではないだろうか。

7.1.8 もう笑っちゃうしかない——まだまだ大波は続く

遺伝学＋

ロボット工学＋
情報科学＋
ナノテクノロジー＝
？？？？

7．1．9
蛇足──デジタル・ディスラプション以前の「牧歌的な時代」について

ここまで、いまは前代未聞のめまぐるしい変化の時代だと熱弁をふるってきたが、その私の姿はこっけいでもある。ヘンリー・ミンツバーグがこんな名言を語っている。「まえの世代が過ごした穏やかな時代と比べて、自分たちは混乱の時代を生きているというのは、あらゆる世代に共通する思い込みだ」。私はこの言葉が好きだ。

〝狂乱の時代〟というのはいまの時代を表す決まり文句だが、私の母イヴリン・ピーターズ（一九〇九年～二〇〇五年）もかなり激動の時代を生きた。

T型フォード、携帯電話、人工衛星、テレビ、TVディナー、電子レンジ、ジェット機、大恐慌、タイ・カッブ、ベーブ・ルース、デレク・ジーター、公民権運動、ゲイ・パレード、女性参政権、ガンディー、オクラホマとニューメキシコとアリゾナとハワイとアラスカの合衆国入り、チャーチル、第一次世界大戦、第二次世界大戦、ホロコースト、原爆、水爆、朝鮮戦争、ベトナム戦争、イラク戦争、9・11同時多発テロ、冷戦、ソ連崩壊、ウィリアム・ハワード・タフト

（セオドア・ルーズベルトにはあと少しで間に合わなかった！）、フランクリン・D・ルーズベルト、ロナルド・レーガン、大型コンピューター、パーソナルコンピューター、iPod、インターネット、エアコン、電動芝刈機、ミッキーマウス、フランク・シナトラ、エルヴィス・プレスリー、ビートルズ、マドンナ、ナンシー・ドリュー、ハリー・ポッターの一巻から五巻、抗生物質、MRI、ポリオワクチン、遺伝子マッピング、人類の月面着陸、恒久的宇宙ステーション。（残念なことに、シカゴ・カブスの一〇八年ぶりのワールドシリーズ優勝や、スマートフォンでの自撮りに間に合うほどは長く生きられなかった。）

この章で取りあげている「めまぐるしい変化」という言葉を撤回するつもりはないが、次から次へと訪れる節操のない混乱を体験するのは自分たちが最初ではないということは承知している。どう考えるかはあなたしだいだが、私としては、いま現在自分が目にしているものに、母が体験した九五年間の狂乱を重ねてみるつもりだ。

［セクション2］新たな道徳的責務

マイ・ストーリー

ピーター・ドラッカーの死後、多くの組織には、彼を称えるカンファレンスを初開催し、現代マネジメント思想のさきがけとなったドラッカーのライフワークを振りかえるチャンスがあった。

先陣を切ったのが、オーストラリア経営管理協会（ＡＩＭ）だった。その会議で誰が基調講演をするかについてもまた、多くの候補があったはずだが、指名されたのは私だった。これは少し奇妙なことだ。ドラッカー氏は私の著書、とくに『エクセレント・カンパニー』のファンではなかったからだ。ボブ・ウォータマンと私は、彼が非常に真剣に取り組んできたものを、単に大衆化して世間に広めているだけだと思われていた。

実際は、私は当時もいまもドラッカー博士の思想を非常に真剣に受けとめており、ＡＩＭにこの歴史的意義のあるイベントのオープニング・スピーチを依頼されたことで、相当な重圧を負っていた。私はすべての人に伝わるよう話すことができるだろうか。そう思うと、死ぬほど怖かったし、イベントの厳粛さと、ドリス・ドラッカー（ピーターの妻で非常に活動的なパートナー）をはじめとするきら星のような出席者にふさわしい話はどういうものか、まったくわからなかった。

例によって、私は本にヒントを求めた。このときは、とくにドラッカーの初期の著書を読みあさった。

それまでの私は典型的なドラッカーの読者で、本のあちこちからメッセージをつまみ食いしていた。たとえば、彼が繰りかえし述べてきた計画性についての考え、とくに、管理する立場にある者は、毎日計画を立てるための時間を一時間とる必要があるという教えは、私のペンタゴンでの米国海軍士官としての初期のキャリア（一九六九年と一九七〇年の二年間）の指標となった。私は気に入ったところだけをつまみ食いして、あまりにも単純化していた。私はドラッカーの著作の哲学的土台を話にならないほど軽く扱っていた。

ドラッカーの著作を深く読みこむなかで発見したのは、いわば「マネジメントの道徳的基盤」とでも呼べるものだ。ドラッカーはヒトラーから逃れた亡命者であり、人間のありかたについて深く思索していた。私のドラッカーへの深い傾倒は、スピーチ準備の助けになり、そのあと結果的に行なったすべてのことに影響した。

私は、「手が勝手に動いて文章を紡ぎだす」というようなことは信じていない。だが、ＡＩＭのスピーチのことを熟考しているうちに、ある意味コンピューターのキーボードが勝手に以下の文章を紡ぎだし、それがやがてパワーポイントのスライドに姿を変えた。

組織は奉仕するために存在する。

以上。

リーダーは奉仕するために生きる。

以上。

情熱的に奉仕するリーダーは、自らの領域で世界を揺るがすような転換を行ない、遺産《レガシー》を生みだそうと心に決め、大聖堂にも負けない組織をつくりあげなければならない。その領域は、五六平方メートルの小売スペースでも、スタッフ四人の教育部門でも、都会の学校でも、田舎の学校でもいい。そのような組織では、多様な個人の想像力と気概と生まれ持った起業家としての直感という全身全霊のパワーが解き放たれ、仲間と共有している高邁な（二五年後に孫に自慢できるような）目的や、個人や共同体や顧客へのエクセレントなサービスが情熱的に追求される。

人材開発のための大聖堂級の組織。

ふう。

たしかにため息が出るほど壮大な表現になってしまったが、真実だ。間違いなく。

このときのスピーチは、幸いなことにミセス・ドラッカーを含め聴衆に気に入ってもらえたようだ。ひょっとすると夫人は眠りにつくまえにお祈りしながら、「トム・ピーターズはあなたが思っていたほど、ド素人ではなかった」と夫に伝えてくれたかもしれない。

ドラッカーからインスピレーションを得た、この奉仕と人材開発への賛歌は、前述のように二〇〇七年に書いたものだ。ではここで、この章のセクション1「テクノロジーの津波、ホワイトカラー存亡の危機」を振りかえってみよう。変化の波が襲いかかるなか、狂乱の世界に備えるために、チームメンバー全員に緊急に必要とされる新たな道徳的責務があると私は考えている。その世界では、〝徹底的に〟成長しつづけることだけが専門家として生き残る可能性を高める。

だから……

7.2 道徳的責務にまつわる物語

7.2.1 人がいちばん――道徳的責務

企業の責務／あなたの責務

リーダーとしてのあなたのもっとも重要な道徳的責務は、指揮下にあるすべての社員（契約社員や派遣社員も含めて）に、あなたの力をつぎこんで、将来必要となる〝一歩先をいく〟専門技術を身につけさせることだ（おまけに、これは第一級の利益最大化戦略にもなる）。

過去五〇年間にわたり「雇用契約」として認識されてきた契約関係は、永遠に断ち切られる。それに取って代わるものは何か？　過去のものと似た形の安定した雇用形態でないことは確かだ。個人個人が成長しつづけることだけが、現在進行中の激震に耐える力になる。したがって、社員の能力を伸ばすことは、いまや間違いなく道徳的責務であり、最優先すべき責務だ。いっぽうで、先ほども触れたが、これはビジネスにとってはいいニュースでもある。企業の耐久性と財政上の成功を呼びよせるからだ。

7.2.2 手厚い労働環境は、経済活動のあらゆる分野で可能であり、利益になる

《フォーチュン》の報告によると、一九九八年から二〇一四年の一六年間で、同誌の「米国で働きがいのある企業トップ一〇〇」のリストに毎年欠かさず載りつづけたのは一二社だけだ。その間、この〝驚異の一二社〟は（ほかの業績に加えて）三四万一五六七人の雇用を創出した。その雇用増加率は一七二パーセントにのぼり、上場企業の場合、株主還元率は市場全体を大きく上回った。

その一二社は以下のとおり。

・パブリックス（スーパーマーケット・チェーン）
・ホールフーズ（食料品スーパーマーケット・チェーン）
・ウェグマンズ（スーパーマーケット・チェーン）
・ノードストローム（百貨店チェーン）
・マリオット（ホテルチェーン）
・レイ（アウトドア用品）
・フォーシーズンズ（ホテルチェーン）
・シスコシステムズ（情報技術）
・ゴールドマン・サックス（金融）
・SAS（情報技術）
・W.L.ゴア（情報技術）
・TDインダストリーズ（建築）

注目すべきは、この驚異の一二社のうち、なんと七社（リストの上から七つ目まで）が、低賃金が当たり前になっているサービス業界の企業ということだ。

どれほどスゴイかみてみよう。

小売業全般の離職率――六五パーセント
パブリックス（トップ七のひとつ、食品スーパー）の離職率――五パーセント

7.2.2.1　〝驚異の一二社〟の驚異の秘訣――パートタイマーは会社の真の一員だ

二〇一六年版の働きがいのある企業リストに関連して、《フォーチュン》は驚異の一二社にはひとつの共通点があるとリポートしている。

それは、**彼らはパートタイムのスタッフを厚遇している**ということだ。

トップ一〇〇社のリストに載っている企業のなかには、パートタイマーの割合が低い会社もある。けれども、一二社のうちの七社が属するホテルや小売業といった業種では、その数はとてつもなく多い。たとえば、ホールフーズには二万七〇〇〇人、ノードストロームには三万人、そしてパブリックスにはなんと一〇万人のパートタイマーがいる。

この一二社のもっとも重要な共通点であり、企業哲学の指標でもあるのが、これらの企業すべてがパートタイマーに医療手当を給付していることだ。さらにほとんどの企業が、パートタイマーに疾病休暇や夏季休暇などの有給休暇を与えている。たとえば、ノードストロームのパートタイマーは一九日、マリオットは一八日、そしてレイは一二日の有給休暇を取得できる。パートタイマーを企業の真の一員として扱うほかの例として、たとえば（またもや）パブリックスは、退職後の資金を蓄えられるよう、パートタイマーに従業員持ち株制度の利用資格を与えるという方針を打ちだしている。

さて、ここでお尋ねする。**あなたの会社のパートタイマーは、会社の真の一員として扱われているだろうか？**

7.2.3 さらにもうひとつ――いい職場戦略

ＭＩＴのゼイネップ・トン教授が著書『いい職場戦略（The Good Jobs Strategy）』に記した次の言葉は、理論上は低利益・低賃金であるはずの業種にあって、従業員を手厚く処遇するトップ七社について前述したポイントの補強になるだろう。

> **従来の企業の考えに反して、小売業の従業員の待遇をよくすることは、雇用主を含むすべての人をより豊かにする可能性がある。**

ゼイネップ・トンが例にとったコストコの平均時給は、二〇ドル八九セントだ。いちばんの競合相手であるサムズ・クラブより四〇パーセントも高い。トンの説得力のある主張によると、小売業が人材開発に力を入れることは、グーグル社が人材開発に力を入れるのと同じくらい重要で、業績を伸ばしているコストコの例からもわかるように、その見返りは確実にある。

7.2.4 「働きがいのある企業」リストにもっとも載りそうにない業種——茶農園

経営をしていていちばん満足を覚えるのは、カメリアという企業の財政的な発展ではなく、むしろ、道路や工場、病院、従業員の住居や設備といった茶農園のインフラに何千万ポンドもの投資をすることで、従業員の生活と職場環境の大幅な改善の役に立てたこと……とりわけ気になるのは、従業員一人ひとりの福祉である。これは人道的な観点からだけでなく、生活の安定した熱意あふれる従業員の忠誠心が、長い目でみれば計りしれないほど貴重な会社の財産になるという確信からきている。

——『カメリア』

カメリア（ラテン語で「お茶」を意味する）は、ロンドンを拠点としている。同社は製造業、流通業、金融サービス業も営んでいるが、そもそもは茶の事業から始まった会社で、民間の茶葉生産企業としては、現在、世界で二番目の規模を誇る。数年まえに収益は六億ドル、税引き後の利益は約一億ドルに達した。茶農園ビジネスは非常に収益の高い事業になりうる。

先ほど引用した本のなかで、カメリアのリーダーは、高い生産性は従業員や地域社会の発展によってもたらされたと考えている。おそらく、あなたも私と同じだと思うが、「茶農園」と「長期にわたる手厚い従業員育成」とはまるで結びつかないように思える。さあ、考えを改めよう。次に挙げた文を声に出して読み、できれば週一回、読みかえすことを強くお勧めする。ここに込められた精神は、聖書に通じるものがある。

従業員のためになることをしよう。
驚くような結果がついてくる。
（業種は問わない）

7.2.5 リーダー就任の宣誓——管理者であり奉仕者であることを誓う

私たちのゴールは、顧客に長期にわたる有益ですばらしいサービスを提供することである。顧客に長期にわたる有益ですばらしいサービスを提供することは、顧客にサービスを提供する従業員に、長期にわたる有益ですばらしいサービスを提供することから始まる。

それゆえ、ピンからキリまでどのようなリーダーであれ、私たちの仕事は、直接的、間接的に顧客にサービスを届ける部下一人ひとりが、成長し、成功し、努力し、熱意と向上心を持ちつづけられるよう導くことだ。

私たちリーダーは、どんな立場であれ、人間的な成長や発展、成功、そしてエクセレントなビジネスを成しとげたいという志を持っている。私たちリーダーは、仲間の一人ひとりが成長しているときにこそ成長できる。

私たちリーダーは、仲間の一人ひとりが成功しているときにこそ成功できる。

私たちリーダーは、仲間の一人ひとりがエクセレント／頂上を極めようと邁進しているときにこそ、エクセレントに邁進できる。

以上。


これも私がＡＩＭで行なったスピーチの副産物だ。私の「リーダー就任の宣誓」は、ドラッカーのアイデアを真似たわけではないが、彼の非常に重要な著作の精神がベースになっている。一見、芝居がかっているように見えるかもしれないが、これは正真正銘、大真面目に「リーダー就任の宣誓」を目的としている。

7.2.6　成功を持続させるための七つのステップ

あなたはスタッフに尽くす。

スタッフはサービスに尽くす。

サービスは顧客に尽くす。

顧客は利益に尽くす。

利益は再投資に尽くす。

再投資は改善に尽くす。

改善は未来に尽くす。

（すべての段階で尺度になるのは、それがエクセレントかどうかだ。）

すべては、あなたがスタッフに尽くすことから始まる。

7.2.7 全力で取り組むリーダーは、やる気の輪を広げる（保証書付きの）増幅器だ――大数の法則

あなたがプロジェクトリーダーであれ、人材開発部門のチーフであれ、チームメンバーが成功し成長するよう、懸命に手をさしのべれば、メンバーは一丸になって仕事に励み、あなたに成功をもたらしてくれる。

7.2.8 ティム・ラサートの物語（あなたの物語でもあるかもしれない）

ある意味、世界は大嘘つきだ。

世界はお金を崇拝し、称賛していると見せかけているが、けっきょくのところそうではない。名声と栄光に憧れていると言うが、実際のところはそうでもない。

世界が称賛し、手にいれたがり、手放したがらないもの、それは善良さだ。世界は善行を称賛

する。そしてけっきょくのところ、最大の賛辞を贈るのは、寛容さや誠実さ、勇気や慈悲、充分に発揮された才能や、世の中を良くするために使われた才能だ。それが、世界が真に称賛することであり、私たちが追悼の辞で述べることだ。なぜなら、それこそが真に重要だからだ。死者を送るとき、私たちは「ジョーは、とにかく金持ちだった」とは言わない。

私たちはこんな言葉で死者を送る。「ジョーは、とにかく人に尽くす人でした」

――「人生のレッスン（A Life's Lesson）」《ウォール・ストリート・ジャーナル》二〇〇八年六月二〇日掲載（ジャーナリスト、ティム・〝ジョー〟・ラサートの生涯と功績を伝えたペギー・ヌーナンの署名記事）

いつの時代にも通じる心に響く物語。
いま、これこそがエクセレントなリーダーが備えるべき資質だ。

8 不安定な世界で雇用を安定させる

マイ・ストーリー

フリッツ・レスリスバーガー、ホーソン実験、エルトン・メイヨー……。

レスリスバーガーとメイヨーは「従業員参画」や「従業員関与」などと呼ばれるムーブメントの火付け役だ。そのムーブメントは、一九四〇年代にふたりが行なった、シカゴ郊外のウェスタン・エレクトリック社ホーソン工場での生産性改善に関する大規模な研究から始まった。

このムーブメントは、年月を経るにつれ、次のようにさまざまなバージョンを生んだ。

参加型マネジメント。

セルフ・マネジメント・チーム。

現代のさまざまな「権利の付与」。

じつを言うと、これらはどれも私にはピンとこない。たとえば「権利の付与」はある意味、恩着せがましく、「私は心が広いから、きみにもときどき自分で考えさせてあげるよ」と言っているように聞こえるのだ。

さて、時は移って一九九三年へ。

一九九三年、私は『トム・ピーターズの経営破壊』（阪急コミュニケーションズ）で、我が道を進んだ。平均的な労働者たちが独立して考える（そして行動する）ことで企業は飛躍を遂げると主張したのだ。別名「誰もがビジネスパーソン」、または私がつけた、いまひとつすわりの悪いバージョンで呼ぶなら、「ビジネシング」となる。

この概念は次のようなものだ。九〇年代前半、すでに競争はヒートアップしていて、ホワイトカラー業務の効率化が進み、人材を集める方法としてアウトソーシングが一般化していた。私はこの傾向を一〇年以内にさらに多くの波となって押し寄せるであろう大きな脅威とみなし、私自身の言葉の引用で申し訳ないが、次のように言いあらわした。「あなた［労働者］は、〝時間どおりに出社する、HPのロット番号二三一九〟のままでは、もう生き残れない。あなたはもっと自主的にものを考えなければならない。多かれ少なかれ独立した〝ホリスティックな（全体的な）〟（気恥ずかしくなるような言葉だが、この場合はぴったりだ）〝ビジネスパーソン〟にならねばならない。透明人間みたいな〝従業員〟ではなく、〝信頼のおける従業員〟になるのだ」（私はこれを間接的に、いや、じつを言うとかなり直接的に雇用主が成功するための項目に加えた。社員全員が部分ではなく全体を考え、目の前の数十メートル四方の芝のことだけじゃなく、ビジネスについて考えることが重要だと説いたわけだ。この部分は驚くほど受けが悪かった。独立した企業家と同じ心がけで社内を駆けずりまわる多くの社員などごめんだと考える上司もいるのだ。）

『トム・ピーターズの経営破壊』では、一章を割いてこのトピックを説明している。そのタイトルは〝「権利付与」を超えて、すべての仕事を「ビジネス」に変えよう〟とした。私はその章で、社員全員が「ビジネスパーソン」として考えるという意味について、自分の考えを詳しく述べた。その後、「ビジネシング」というアイデアは「ブランド人」という方向へ変化した。この概念は《ファスト・カンパニー》の一九九七年の八・九月号で、次に若者向けの雑誌で急速に広まった。私の署名が入った特集記事のタイトルは「自分というブランド」だ。（タイトルは洗濯洗剤「タイド」のパッケージデザインをもじった鮮やかな色のイラストで飾られている。これは、あなたも私もタイドもみなそれぞれブランドになりうる、という考えを表している。）この記事に対する反応は抜群に良くて、二〇年以上たってもいまだに上々だ。たとえば、私のツイートのストリームをみると、一九九七年のこの記事に対する意見が一定の間隔で現われる。

いまでも私は、いやこれまで以上に、従業員が二五人の会社では二五人がブランド人になることが、その会社にとって究極の成功であると考えている。がむしゃらに成長しようと必死にやっている二五人の人びとと、彼らを支える社長は、たとえば、顧客に驚くような貢献を果たしたり、たゆまず全力でイノベーションを実現したりできるし、実際にそうするだろう。

「ブランド人」は、行き過ぎた「自己中心主義の時代」のさなかに生まれ、これと関連づけられるようになった。念のために言っておくが、「ブランド人」になるには、あなたがしている仕事で自分を明確に差別化し、自分を成長させるよう切磋琢磨しなければならない。これらは、二二歳でも八二歳でも、年齢に関係なく誰であれ、生存競争に勝つための必須項目だ。けれども自己中心主義は明らかに間違った道で、むしろ災いの種である。

むずかしく考える必要はない。あなたはどんどん自立して、独立独歩のビジネスパーソンにならねばならない。がむしゃらに働く人の雇用は安泰だが、言われた仕事しかできないロット番号二三一九は瀕死状態だ。上司におべっかを使うなんていうのは、負けイヌの戦略でしかない。どのみち、会社は、ヒエラルキーをなくし、バス一台分くらいの中間マネジャーの職をなくしてしまうかもしれないから、上司のほうがあなたより先に消える可能性がある。したがって、効果的に「ブランド人化」を進めるならば、視線を上向きの垂直方向から九〇度シフトして水平にすべきだ。上に「媚《こび》を売る」のではなく隣にいる仲間を「気にかける」ことに重心を移動させ、非常に優れた、いや、取り換えのきかない協力者、共同作業者になろう。あなたの将来は、あなたの名前についてくる、直接またはインターネット上の口コミによる評判の副産物なのだ。だが、間違ってはいけない。口コミの評判はおもに、仲間や顧客やほかの部外者に対して、あなたが「水平」の支援を行なったことで生じる。

いまの時代は、一人ひとり*がビジネスパーソン。
一人ひとりに何か得意なものがある。
一人ひとりが「プロの人材開発マニア」だ。
一人ひとりが仲間や顧客という自分のネットワークで生計を立てている。
そして、かなり控え目に言っても、「お楽しみはこれからだ」!

雇用確保にまつわる物語

＊　一人ひとり＝一人ひとり。私はここで、一流大学の卒業生に向けて話しているのではない。たとえば、配管や暖房装置やあれこれを扱う独立した業者のなかにも、生徒になり、オンラインの授業を受け、イェール大学の新入生と同じくらいの熱意で変化に適応できる優秀な人はいる。

8.1 雨に踊れば

人生とは、嵐が過ぎるのを待つのではなく、雨のなかで踊るすべを身につけることだ。

——テッド・ルービン

ようこそ、現代世界へ。紳士も淑女も、敵も味方も、左利きも右利きも。

8.1.1 遍在するブランド人と個の差別化の時代

その明らかな特徴のひとつ［グローバル化とウェブ先導のイノベーション］は、国や企業によってではなく、リアルな人びとによって促されるという点である。それは、先例のない創造性や知識の進歩、経済発展を誘発するであろう。ところが同時に、安全なネット・システムを揺るがし、ネットに慣れていない人を不利にもするのだ。

——クライド・プレストウィッツ『東西逆転——アジア・30億人の資本主義者たち』（日本放送出版協会）

個人の自主性が評価され、その人の能力に基づいて機会が平等に与えられる新たな組織社会では、能力が高い自主的な人が大きく報われる。それゆえ人びとは従来よりずっと大きな自己責任を担うようになるだろう。同時にそれは、転換の危機も引き起こす。これによって厳しい経済不況が起これば、二〇世紀の高度に進んだ産業化社会で住人たちが享受していた、高い生活水準という不労利益が減る可能性もある。

――ジェイムズ・デビッドソン、ウィリアム・リー・モッグ『絶対的な個（The Sovereign Individual）』

多くの優秀な人びとを送りこみ、数人の勝者を生みだすエコシステム。いまやそのシステムは、多くの優秀な人びとを多くの実験装置に送りこんでいる。

――ビジネス開発者タイラー・ウィリスの言葉。ネイサン・ヘラー「ベイ・ウォッチド――サンフランシスコの新しい起業家文化がいかにしてこの国を変えるか（Bay Watched: How San Francisco's New Entrepreneurial Culture Is Changing the Country）」、《ニューヨーカー》二〇一三年一〇月一四日号

「キャリア」という言葉はすっかり意味が変わりつつある。ひとつの雇用先や数社で働いたくらいでは、もはや「キャリア」を積むことなどできない。誰であれ、異常なスピードでひっきりなしに、全身全霊で学び成長することが一生涯必要とされる。「ギグ」と呼ばれるインターネットを通じて行なわれる単発の仕事や、企業との簡潔な関係に対処するための労働市場の法的な枠組みは、まだ動きはじめたばかりだ（たとえば、ウーバー社の従業員の利益をめぐる度重なる法的な争い）。教育はひどく誤った方向へ導かれている。

何もかもがほとんど、取ったもん勝ちなのだ。

8.1.2 超越するか消滅するか

私たちはこのフレーズ「**超越するか消滅するか**」を、「ブランド人」セミナーでTシャツにプリントしたり、ポスターにしたりしていた。

この言葉に例外はないのだろうか？

きっと、「ところ変われば品変わる」というようにいくらか違いはあるだろうが、そういう違いではなく、本当の例外はあるだろうか？

簡単に言うと、私はないと思う。

あなたの仕事に特別なところが何もないなら……どれほどあなたらしさを出したところで誰もあなたに気づかないし、そうなるとますます、報酬も増えない。

——マイケル・ゴールドハーバー、《WIRED》

ほぼ同じ意味の見解をもうひとつ。

役職のルール——あなたの役職が八語以内で説明できないものなら、あなたには役職がないということだ。

——ジェイ・レビンソン、セス・ゴーディン『因果応報（Get What You Deserve!）』

まだまだある。
まだまだあるが、これくらいにしておこう。

8．2

8．2．1　サリー・ヘルゲセン流のブランド人へのロードマップ

広く称賛されている本『女性としての強み――女性がリーダーになる法（The Female Advantage: Women's Ways of Leadership）』の著者サリー・ヘルゲセンが、『二四時間週七日成功しつづける法（Thriving in 24/7）』を引っさげて戦いに戻ってきた。ヘルゲセンは、このクレイジーで不安定な新世界でプロフェッショナルが生き抜くには、新たに一連のスキルを身につける必要があると主張している。

基本ルール――

・**「ど真ん中から始める」**「心の声の場所を探り」、定期的に自分の居場所を確認することができれば敏速に動くことができる。

・「ジグザグに進むことを学ぶ」「ギグ」を考慮しよう。生涯学習を考慮しよう。「古い忠誠心」はいらない。楽観主義でいこう。

・「自分自身の仕事をつくりだせ」自分の価値を明確に表現しよう。そこに情熱を組み合わせよう。あなたの市場を特定しよう。自分自身のビジネスの経営者になろう。

・「仲間との強い結びつきを紡ぎだそう」あなた自身のサポート・ネットワークを組み立て、ネットワーク作成者としての評判を積みあげよう。

ヘルゲセンの簡潔な短い言葉には、この章のポイントが詰まっている。

8・3 新たな世界／新たな仕事の最新サバイバルキット

ここには、前述したサリー・ヘルゲセン流基本ルールのトム・ピーターズ版を挙げておく。

1. 熟練せよ！（何かめちゃくちゃ得意なものを身につけよう！）
2. 職の遺産（すべての仕事を、忘れがたい自慢のワオなプロジェクトに！）
3. 独自のウリ（〝USP〟と呼ばれるこの概念は昔から人気があるが、いまの時代、私たち個々人に当てはまる）
4. ネットワーク作りに精を出そう！（垂直方向の忠誠心から水平方向への忠誠心へ）
5. 起業家的本能（目を見開いてチャンスをつねに探そう！）。独立した行動を起こす「小さな」

（と言ってもけっして小さくない！）機会は、モンスター級の巨大プロジェクトの一員として行なう独自性ゼロの業務に勝る。
6. （「自分」株式会社の）ＣＥＯであり、リーダーであり、ビジネスパーソンであり、契約締結者であれ。
7. アドリブの権威になれ（戦略リーダーからトイレ掃除長まで同時に一〇もの役割をこなそう）
8. テクノロジーに貪欲に（たとえば、ソーシャルメディアを最先端でサクサク使いこなしているだろうか？）
9. マーケティングに取り組もう（あなたは自身のチーフ・ストーリーテリング・オフィサー［ＣＳＯ］だ）
10. リニューアルしつづけよう（あなたは自身のチーフ・ラーニング・オフィサー［ＣＬＯ］だ）
11. 熱狂的に実践しよう！（朝早く出社しよう！　夜遅くまで残ろう！　細部にこだわろう！　シャワーカーテンはバスタブの内側に入れておくこと――第１章を思いだそう）
12. エクセレントであれ。以上。（それ以外に何がある？）

このリストすべてを好きになる必要はない、気に入ったものがいくつかあれば幸いだ。はじめから終わりまで、どれもブランド人になるための戦略だ。

8.4　ブランド人は、良きチームプレイヤー――仲間からの評判は命

ブランド人という考えは、この章の最初に述べたとおり、利己的な（すなわち、自分の商品ばかり見せつけたり、スポットライトを独り占めしたり、肘で他人を脇に追いやったりする）行為のことだと多くの人から思われている。

それは大きな誤解だ。

あなたはたしかに、とびきり有用なスキルを持っていなければならない。けれども、すばらしいチームメイトであることも少なくとも同じくらい重要なことなのだ。

じつを言うと、たとえばある人が次のギグ（単発仕事）のための協力者としてあなたを評価しているとき、技術的なスキルよりも重要なのは、協力的なチームプレイヤーとしての評価や外部のネットワークの広さや健全性である。

だから、

第一に、あなたはすばらしいチームメイトでなければならない。（毎日このことについて自分に点数をつけてみるといい。それが私の提案だ。たとえば、今日、誰かに手を貸すために自分の労力や時間を犠牲にしたか？）

第二に、ネットワークをつくるためには、あなたは（どっさり、どっさり）時間をかけ、仲間と心を通わせなければならない。ヘルゲセンの言葉、「仲間との強い結びつきを紡ぎだそう」を思いだしてほしい。

8.5 再‐再‐再‐改革せよ、さもなくば消滅を

二一世紀版の文盲とは、読み書きができない人ではなく、一度学んだ知識を捨て、新たに学びなおすことのできない人を言う。

――アルビン・トフラー（米国の作家、評論家、未来学者）

知識は……信じられないほど急速に古くなる。成人への継続的な専門教育こそが、次の三〇年で産業をもっとも発展させる道だ。

――ピーター・ドラッカー

ブランド人になって「ブランド・エクイティ」を高める

あなたの特性の減価償却率は年間どれほどだろう。

一五パーセント？

二五パーセント？

ブランドの価値は経年劣化するものだ。だから、あなたはつくらねばならない……

正式な「投資戦略」を。

個人指令
スキルの開発に投資しなければならない
改革への投資計画を立てなければならない
その計画は公式のものでなければならない
その計画は目立つよう掲げなければならない
個人的な「ブランド人監査」をルーティンに行なうようスケジュールを組まねばならない

8.6 始めよう、今日にでも

1. 朝目を覚ましたとき、自分が自営業者だったらと想像してみよう。*
・準備は整っているか?
・自己管理できているか?
・優先事項は明確か?
・達成可能なToDoリストはあるか?
（リストを減らそう。さらに減らして、さらにさらに減らそう）
・そのリストの一番目の対応策は、明確か?
・何にも増して……あなたはどんなふるまいをすべきか、か、か。
成功は、取引開始のベルが鳴ったあとのあなたのふるまいにかかっている。プロに徹しているか?　親しみがあるか?　活力があるか?　自己管理できているか?

2．いま取り組んでいるプロジェクトを再検討してみよう。

・勢いがあるか？

・さらに勢いを増すことができるか？

任務や業務というのは、ごく平凡なものになりうるし、それなりにやり過ごすこともできる。けれども、私の経験では、十中十回、そこここで新たな工夫を加え、ほかの人を巻きこむことで、プロジェクトの影響を広げることができる。私はこれを「ワオ尺度の繰り上げ」と呼んでいる。

・目前のマイルストーンは明確で達成可能か？

・チーム・プロジェクトの場合、チームの誰もが当事者意識を持っているか？

・顧客が誰で、その人びとが何を望んでいるのか、めいっぱい明確か？　顧客のことを考えよう。一日で終わるものであれ、一年かかるものであれ、どんなプロジェクトにも顧客はかならず存在する。

3．ランチ

・**ランチはその日のチャンスのひとつ。**

・仲のいい友人とランチに行くか？　それとも、あれやこれや、さまざまなことについて知恵を借りることができる（そして、あなたのネットワークに加えることができる）かもしれない誰か別の人とランチに行くか？　友人はすばらしいし大切だが、現在の新たな世界秩序のなかでは、ランチの五〇～七五パーセントは、計画的な学習やネットワークづくりやチャンスの維持

＊　自営業の人も多いだろう。その場合、このリストはリマインダーとして使える。

に充てるべきだと私は思う。

4．宿題

・週間、または月間の専門性開発計画——もう少し柔らかい言いかたをすれば、学びたいことのリストやそれを学ぶためのＴｏＤｏリストがあるか？

5．その他。このリストはざっくり考えるきっかけや別の考えを誘発するためのもので、絶対的な経典ではない。

8．7 「ブランド人」について最後に

人はみな起業家である。洞窟で暮らしていたとき、私たちはみな自営業者だった……自分で食べ物を探し……自分自身を食べさせていた。そこから人間の歴史が始まった。文明が進むにつれ、私たちは自営を抑えていった。私たちは「労働者」という烙印を押され、「労働者」になった。そして、起業家であることを忘れてしまった。

——ムハマド・ユヌス（ノーベル賞受賞者。少額の資金を無担保で貸し出すマイクロ・クレジットの父）

ユヌスが主張している「起業家」という言葉は、スタンフォード大学やＭＩＴ出身の技術系の学位を持ったエリートのためのものではない。まわりを見回してみよう。あなたの近所に住む人びと、たとえば客用の寝室で仕事をしているお隣りのフリーランスのライターや、通りをくだったところに住

んでいる電気技師や、隣のブロックに住んでいる室内装飾家は、いい意味で普通の独立した、超優良であれへボであれ、その言葉が持つあらゆる意味での「起業家」たちだ。

このことを私個人が悟ったのは、一九九九年にニューヨークのテレビ局の楽屋にいたときだった。私はCBSの朝の番組に出演して、まもなく同じタイトルで本が出版されることになっている「ブランド人」について話すところだった。私は心のなかで、テレビの視聴者はどんな人だろうと思いをめぐらせた。そしてまず、パーティションで仕切られた席で毎日囚《とら》われの身となるホワイトカラーが、陰鬱な一日を過ごすために会社に向かう姿を想像してみた。しかし、そういう人びとを起業家として想像するのはバカげている気がした。次に、パロアルトでの日々を思い返した。あのころの私にとって起業家と言えば、ブラウザー開発者のマーク・アンドリーセンやサン・マイクロシステムズのとんでもない創設者スコット・マクネリを意味していた。

けれどもそのあと、私の心は、ニューヨークに旅立つ一週間まえのバーモント州の自分の事務所に舞い戻った。当時、事務所には電気の不具合があって、電気技師と助手が修理のために車でやってきていた。その部屋には腐敗した臭いがたちこめるという問題もあった。同じ日に、私はボストンのフリーランスの編集者と雑誌の記事について相談していた。そのときふと、それらの人びとこそがみな、真の起業家でブランド人だと気づいた。ひとりで、またはごく小さなチームで働き、おそらく税金問題に対処するために、週一時間だけ雇っている帳簿係に支えられてもいるだろう彼らは、ごく普通の人びとで、実際に私の隣人だった。そしてみな、前へ進むために口コミの熱烈な推薦を求めていた。だから、起業家やブランド人という言葉は、野獣のような目つきのシリコンバレーの住人や博士号を持つ発明家だけではなく、比喩として隣人を指す言葉でもある。そして、ブランド人になることは夢ではなく、達成可能な目標だ。

最後に

あなたはあなた自身の人生のストーリーテラーなのだから、自分の伝説をつくりだすことだってできるわ。

——イサベル・アジェンデ（チリの作家）

大工は木を整え、矢づくりは矢を整え、賢人は自分自身を整える。

——ブッダ

Ⅳ　イノベーション

9
「数打ちゃ当たる」法則と「失敗は成功のもと」法則

マイ・ストーリー
植木バサミを手に外へ……。

いうなればそれは……「夏の剪定計画」だった。

けれども、剪定だけでは終わらなかった。

もっともっと得るものがあった。

最初は単純な作業だった。庭の小道にかかっているキイチゴのトゲだらけの枝を剪定すること。これは春のＴｏＤｏリストのひとつとして済ませておくべき面倒な作業だったので、私はあまりやる気のない状態で刈りこみを開始した。一、二日後、私は頭のてっぺんからつま先まで引っかき傷を負いながら、なんともいえない達成感に浸っていた。時間を見つけてキイチゴの藪《やぶ》に立ち、それまで見たこともなかったものを眺めた。そして、おずおずと、小道の向こうに伸びた枝をさらに刈り、バーモントらしい農場の池のひとつがもっとよく見えるようにした。

そして、（何度も続けて）驚いたことに、次に起こったことによって、また別の広がりが生まれた。

ある気楽なディナー・パーティでたまたま造園家の隣の席になったとき、自分の農場と、最近自分に芽生えたばかりの剪定バサミと電動ノコギリのスキルについて話をした。すると、その造園家は大きな石を取りのぞいてみたらどうかと助言をくれた。「石の彫刻家としての第二のキャリアを始められるかもしれないわ」と彼女は笑いながら言った。

彼女の助言に興味をかきたてられ、私は庭の通路部分に埋まっている大きな石の除去に取りかかった。そしてまたもや（いや、むしろあっけにとられるほど）驚いたことに、すばらしい結果になった。（ある意味、第二のキャリアを見つけたと言えるかもしれない。）

私の発達しつつある芸術的才能によって、生い茂ったキイチゴの藪と、その藪に囲まれていた石（まえから気になっていた）への攻撃が始まり、その後、何度か攻撃を繰りかえした結果、のちに私たちのあいだでは「禅の庭」と呼ばれるようになるすばらしい空間が生まれた。

ひとつの行動がどんどん広がった。

どんどん。

驚きにつぐ驚きにつぐ驚き。

私は掘りだした石をいくつか、山腹の急斜面に運んだ。そのなかに、そびえるように立っている黒っぽい巨大な石が三つあり、それぞれを「枢機卿」、「教皇」、「大司教」と呼ぶようになった。仲のいい友人のひとりがシカゴ出身のカトリックの司祭で、非公式にこのトリオを清めてくれた。

まとめると次のようになる。

試行錯誤を繰りかえしながら本能に従って進むと、ひとつの実験から次の（あるいは一〇もの）実験が導かれ、全体的な見込み——というかある種の計画、とはいえ本当は誰も計画など立てていなかったが——をさらに深く理解し、認識することができた。そして、想像していたよりずっといい（ず

っと野心的で、おもしろくて、満足のいく）ものになった。つまり、最初に考えていたものとは似ても似つかない結果になった。気楽な雑用が、一〇年にわたる庭仕事の原動力になったのだ。

私は造園家の友人の言葉にうなずきながら、頭のなかで「石掘りだし会社」を設立し、その役割を果たしたのだ。

（注：私たちは最近、バーモント州からマサチューセッツ州に引っ越したので、また最初からやり直しだ。今回は大きな湿地がある。私の脳内企業は「湿地埋め立て会社」に改名したほうがいいかもしれない。）

あなたはひょっとすると、「トムのバーモントでの剪定」にさほど興味をそそられなかったかもしれない。ここで大事なのは、もっとずっと一般的なことだ。つまり、

とにかくやってみろ、ということ。

壮大な計画などなかった。

そもそも計画などなかった。

出発点は、一週間ほどかかりそうな退屈な雑用を**始めたこと**だ。

行動を起こすことで、最初に想像していたものとはまったく別のものに発展した。

私が思うに、「トムの剪定からの転換」（転換〔transformation〕など、尊大なTのつく単語、たとえば税金《tax》などはいつもは毛嫌いしているが、ここでは効果的だろう）という小さな物語は、一般的なイノベーションの基本を示すいい例になる。

（ノーベル賞を受賞した経済学者F・A・ハイエクは、市場主導型の資本主義的な経済成長というの

は、じつは、彼が「自生的発見プロセス」と名付けたものにほかならないと述べた。私はノーベル賞を期待してはいないが、私が説明したのは、まさに「自生的発見プロセス」の好例だ。たしかに、このささやかな始まりから私の生活は激変した。次はあなたにそれが起こることを願っている。)

さあ、WTTMSWの世界を進もう！

え？　なにそれ、って？
まあ、先を読んでみてほしい。

WTTMSWにまつわる物語

9.1　イノベーション1――WTTMSW（数打ちゃ当たる）

私は常日頃からこれ（本章のテーマ、WTTMSW）こそが、過去五〇年で確実に身につけた唯一のことだと言っている。私が言いたいのはこういうことだ。私のトレーニングは科学的だ。そして科学の第一の原則は、何も確かなことや解決したものはなく、すべての仮説には、出番を待っている競合する仮説がひとつ（ときには一〇も二〇も）あるというものだ。それはそうだが……

これは例外だ。

この

WTTMSW（Whoever Tries the Most Stuff Wins――誰であれいろいろ試した人が勝つ）＝数打ちゃ当たる

という概念に対立する仮説は見当たらない。
私の物語が示すいくつかの兆候について考えてみよう。

9．1．1　WTTMSW――ロス・ペローvs.GM

ロス・ペローは、初の大規模ソフトウェア会社エレクトロニック・データ・システムズの創業者である。ペローは最終的にこの巨大企業をGMに売却した。このふたつの企業の違いを説明するとき、ペローはエレクトロニック・データ・システムズの戦略を次のように述べた。

構え、撃て、狙え。

いっぽうGMの戦略は、ペローいわく、「構え、狙え、狙え、狙え、狙え……」だ。
「すぐ試せ」というスローガンは昨今、シリコンバレーのソフトウェア会社の頼みの綱になっている。シリコンバレーでのWTTMSW主義の兆候は、じつを言うともっと北のシアトルで始まった。シアトルでは、アップルの完璧主義に対抗する別の選択肢としてマイクロソフトの製品が市場に出た。猛烈なスピードでリリースされ、大規模なシステムのアップデートも実施されたが、重大な欠陥も多く見つかった。彼らはその問題を、迅速なアップグレードを繰りかえすことで正した。その戦略によって、何十年ものあいだ、ひとつのOSが市場シェアの八〇パーセント以上を独占・維持してきた。（マイクロソフトはかつて、アップルを大規模な融資で救済したことがある。これは、スティーブ・ジョブズの会社を生かしておくことで、マイクロソフトが事実上、いや現実に独占企業になり、連邦独禁法取締官の照準に狙われやすくなるのを避けるのが目的だった。）

私なりの「WTTMSW——構え・撃て・狙え」に関する歴史は次のとおり。

一九五〇～一九八〇年　GMの時代
構え、狙え、撃て

一九八一～二〇〇〇年　マイクロソフトの時代
構え、撃て、狙え

二〇〇〇～二〇??年　グーグル・フェイスブックの時代
撃て、撃て、撃て

WTTMSWの亜種いろいろ

9．1．2　ナポレオン流WTTMSW

戦いに参加すれば、次にどうすればいいのかわかる！（On s'engage et puis on voit!）

――ナポレオン

9．1．3　リチャード・ブランソン流WTTMSW

やればできる――人生のレッスン

――リチャード・ブランソン（著書の題名）

9．1．4　ヨハン・ゼバスティアン・バッハ流WTTMSW

マルコム・グラッドウェルは《ニューヨーカー》で「創作神話」というタイトルの記事を著した。グラッドウェルは神話を崩すくだりで、天国、つまりJ・S・バッハが召された成層圏の世界でさえ、WTTMSWが当てはまることを示して、この方針のオッズをつり上げている。

バッハと忘れさられた彼の仲間たちとのあいだの違いは、バッハのヒット曲とハズレ曲の比率がかならずしも良かったからということではない。違いは、平凡な作曲家が一ダースのアイデアを温めているあいだに、バッハは生涯で一〇〇〇を超える完全な曲を作曲したことだ。「心理学者の」シモントンの主張によれば、天才を天才たらしめているのは、驚くほど膨大な数の洞察やアイデア、理論、ランダムな観察を組み合わせて、予想外のつながりをつくりだし、最終的にはほぼかならずと言っていいほど、すばらしいものを完成させる能力だ。シモントンは次のように書いている。「質は量の確率論的関数である」

（スティーブ・ジョブズが亡くなったとき、トーマス・エジソンと同様に、ジョブズを優れた修繕屋と呼ぶ賛辞がいくつかあった。ジョブズは何もないところからすばらしい発明をしたわけではなかった。むしろ八番煎じくらいのアイデアを調整して、調整して、調整して、ほぼ完璧に仕上げた。これこそ「ＷＴＴＭＳＷ」、あるいはバッハファン向けに言うなら「質は量の確率論的関数」である。）

9.1.5 ジョー・マレーのノーベル賞もWTTMSWのおかげ

数年まえになるが、私の夏の別荘の〝ご近所さん〟に、初めて臓器移植の手術をしてノーベル生理学・医学賞を受賞したジョー・マレーがいた。私は一度、冗談半分にこう尋ねたことがある。「受賞の秘訣は？」

マレーは笑みを浮かべて答えた。「人一倍多くの手術をしてきたことです」

つまり、同僚たちがあれこれ理論を立てているあいだに、マレー医師は手術室に向かい、手術着を着て手袋をつけ、看護師にメスをくれと言って手術をしたのだ。
手術室で人より多く時間を過ごし、
たくさん挑戦した。

WTTMSWの結果は、

マントルピースに飾られた**ノーベル賞**のメダル。

9.1.6　ハーブ・ケレハーの戦略的WTTMSW

サウスウエスト航空の創設者ハーブ・ケレハーは、独自のWTTMSWを提案している。

サウスウエスト航空には「戦略」がある。それは「何かを実行すること」だ。

9.1.7　WTTMSW――なりたいものになるために

写真家になりたい。
ならば、山ほど写真を撮り、フォト・ブログを始めよう。

最高の作品を集めて個展を開け。

行動を起こそう。


ライターになりたい。

ならば、山ほど文を書け。ソーシャル・メディアで意見を述べ、ブログを始めよう。

友達のブログにゲスト投稿しよう。

行動を起こそう。

口で言うだけなら簡単だ。

とにかく、行動を起こそう。

――リード・シルペルールト、ブランド戦略家。自身がスランプから抜けだすのに役立った「ひとことアドバイス」について。


(同じテーマの変形が、「**イスから尻を離さないこと**」だ。

アン・ラモットはこう言っている。「ものを書きたいなら、イスからお尻を離さないこと。場所はどこであれ、毎日続けること。かならずそうすること。一度に一行ずつ書くこと。イスにじっとすわっていること」)

9.2 WTTMSW――行動とエクセレント

『エクセレント・カンパニー』（一九八二年）の「八つの基本」

1. **行動偏重**
2. 顧客に寄り添う
3. 自主性と起業家精神
4. 人びとあっての生産性向上
5. 価値観に基づく実践
6. 自分の仕事に専念する
7. シンプルな組織、精鋭スタッフ
8. 厳しさと緩やかさを併せ持つ

『エクセレント・カンパニー』は成功とエクセレントについての「八つの基本」で構成されている。なかでもいちばん大事なのは「行動偏重」で、これはほかに比べて一〇倍も一〇〇倍も重要な基本中の基本である。だから、現代版にアレンジした。繰りかえしになるが、次に記す。

WTTMSW。
以上。
（確実だとわかっているのは、WTTMSWだけだ。私は本気でそう思っている。）

9.3　WTTMSW――本気の遊び

MITメディアラボの守護神マイケル・シュレーグは『本気の遊び（Serious Play）』という重要な本を著している。この本の基本的なテーマは次のようなものだ。

本気で遊ぶ準備ができていて、その気があり、それを実行できない限り、または実行できるようになるまで、あなたは本気の変革者にはなれない。「本気の遊び」とは印象的な表現にするために矛盾する言葉を並べているわけではなく、イノベーションの本質だ。

「本気の遊び」という考えかたは、たしかに一冊の本くらいの価値がある。ＷＴＴＭＳＷは説明しやすく、強力な例を挙げるのもたやすい。けれども、ひとつ大きな落とし穴がある。

ＷＴＴＭＳＷにはＷＴＴＭＳＷ文化が必要だ。

そしてこの文化の中心には、「遊び心」が浸透していなければならない。

言うまでもないことかもしれないが、ここで言う「遊び」は、目的が真剣でないことを示しているわけではなく、たとえば市場に製品を出すまでの過程で、いろいろ推測し、曲がり角を間違え、行き止まりに当たり、さまざまな道を試して複雑なプロセスを経験することで、チームメイトが大きな喜びを得ることを表している。

（注：問題でありチャンスでもあること――残念ながら、まだ先がある。「遊び心」という言葉は、購買部や人事部のことを想像するときにはなかなか思い浮かんでこない。とくに巨大企業では。それ

でも、いまの世の中で企業が生き残るためには、マーケティングや新製品開発部と同じくらい、これらの部署でもつねにイノベーション――ゆえに遊び心――が必要である。）

本気の遊び――失敗は成功のもと

故ロバート・アルトマンはかつて、映画を撮っているときに、どうやってもう充分だとわかるのかと尋ねられ、次のように答えた。

私たちは、たとえ最初のテイクがおそろしくいい出来だったとしても、たいてい数テイク撮ります。……私たちが本当に望んでいるのは「ミステイク」だからです。私の映画のなかで本当にすばらしい瞬間は、計画どおりではない瞬間だと思っています。何か突発的なことが起こったとき、私たちはこう言います。「わあ、あれ見て。あれは残しておきたいね」――そういうとき、私たちは観客と同じく真実の瞬間を味わっているのです。

本気の遊びに必要な三つのP

エリオット・メイジーはeラーニングのパイオニア中のパイオニアだ。メイジーはかつて、いかにして仕事を前に進めるかと尋ねられたとき、次のように答えた。「砂場で遊ぶ仲間を探すね」

私なりの解釈は次のとおり。

・遊び仲間（プレイメイト）！
・遊び場（プレイペン）！
・試作品（プロトタイプ）！

プレイメイトは、興味深いクライアント、革新的で小規模なサプライヤー、大企業では同じ目的を持った社内の人間などだ。プレイペンは、あなたが大企業にいるなら、基本的には本部（そこにはたいていい目を光らせた官僚主義者がいる）からできるだけ遠く離れたところだ。プロトタイプについては、次のセクションをみてほしい。

本気の遊び――測定せよ！

あなたの組織がどれほど「本気の遊びに専念」しているか、10点満点で点数をつけてみたらどうだろう？
これは戦略的にとても重要な質問だ！

（ここで言う「組織」は巨大企業でも、一〇人しかいない研修部でも、総勢五〇人の流通部門でもいい。この考えかた――本書で繰りかえしているテーマだ――に制限はない。）

9.4 WTTMSW――プロトタイプ文化

マイケル・シュレーグからもう少しお知恵を拝借しよう。

効果的なプロトタイプは、革新的な組織が望めるうちでもっとも価値のあるその会社の強み（コアコンピタンス）になりうる。

私に言わせれば、これは絶対的な真理だ。けれども、重要な概念にはたいてい、それ以前の問題がある。この場合、実践のまえに立ちはだかるのは「組織文化」という壁だ。

プロトタイプという概念については、マイケル・ブルームバーグが自著『メディア界に旋風を起こす男ブルームバーグ』（東洋経済新報社）で述べている次の言葉以上にわかりやすい例は見つからない。

もちろん、私たちは間違いを犯した。その大半は、私たちが最初にソフトウェアのプログラムを書いたときに、考えてもいなかった「ヌケ」だ。私たちは何度も何度もつくりなおすことで、そのヌケを修正した。現在でも、やっていることは同じだ。競争相手がデザインを完璧なものにしようとあれこれ思い悩んでいるときに、私たちはすでにプロトタイプ・バージョン5に取りかかっている。ライバルがワイヤーやネジを用意しているころ、私たちはプロトタイプ・バージョン10に取りかかっている。とどのつまり、それは計画と行動の違いだ。私たちは初日から行動する。だが他社は数カ月かけて、どう計画するかを計画している。

さらに、ニコラス・ネグロポンテの言葉をここで引用しておきたい。

試作《デモ》せよ、さもなくば死《ダイ》を！

ネグロポンテはMITメディアラボをITマルチメディア革命の最前線に導いた。これは、伝統的な学術界の言葉「出版《パブリッシュ》せよ、さもなくば消滅《ペリッシュ》を！」のよくできたモジリである。ネグロポンテのラピッドプロトタイピング（高速試作）法は、時間と速度、そして巨大なチャンスの象徴だった。

9．5 WTTMSWはとっておきの切り札

成功の秘訣ベスト一――大胆に試みよ。

――《ブルームバーグ・ビジネスウィーク》、「タイプAの組織戦略――動く標的をとらえる方法（Type A Organization Strategies: How to Hit a Moving Target）」

（そう、《ブルームバーグ・ビジネスウィーク》はこれを、成功の秘訣リストの第一位にランク付けしている。）

絶え間ない試行とエラーの繰り返し。

――《ウォール・ストリート・ジャーナル》、変動しつづける不確かな世界経済下で企業のポートフォリオをもっとも効果的に調整する方法について

これらのふたつの評価が、WTTMSWが全体的な経済的成功の原動力として最高の方法であることを示している。

事実――資本主義＝WTTMSW

この章の最初に挙げたF・A・ハイエクの「自生的発見プロセス」についての引用を思いだしてほしい。

9.6

9.6.1 WTTMSW／必然の結果1――さっさと失敗するほど、さっさと成功する。（WSTMSUW／失敗は成功のもと）

この考えかたは率直そのものだ。ものすごいペースで多くのことをやってみるのがイノベーションを成功させるいちばんの秘訣で、ものすごいペースで失敗を重ねることがこの話の要点だ。（この主張によって生じる問題も率直そのもの。家庭や幼稚園で実施した研究によると、「ノー」という言葉の使用は、「イエス」という言葉の使用より一桁も多く使われていることが明らかになった。

人生のレースが始まったとたん、「失敗はあって当然だし、ためになる」という考えは「失敗するな」にすでに四キロほど先を越されているわけだ。）

勝者の言葉。

さっさと失敗するほど、さっさと成功する。

——デビッド・ケリー（IDEOの創設者）

速攻で失敗し、速攻で前進せよ。

——ハイテク企業のCEO、フィラデルフィア州、セミナーの参加者

問題ない。もう一度挑戦せよ。次に失敗するときは、うまく失敗できる。

——サミュエル・ベケット

アイデアの経済——成功に間に合うよう、ビジネスを早くつまずかせられるか？

——《エコノミスト》のサミットでの広告

成功は九九パーセントの失敗に支えられた一パーセントだ。

——本田宗一郎

お次はかなりヒネリが効いている。

エクセレントな失敗には褒美を。
平凡な成功には罰を。

――フィル・ダニエルズ（シドニーの優れた実業家）

じつを言うと、ダニエルズの言葉は、「私が成功したのは、次の言葉のおかげだ……」という前置きがついている。

私はこの引用文を巨大な金融サービス会社の上級スタッフのセミナーで使ったことがあった。セミナーのあとでCEOが、首を振りながらこう言った。「トム、あなたが言った言葉のなかにあった〝平凡な成功〟現象に私は悩まされていますよ。高い期待を込め、多大な資金をかけて華々しくプロジェクトを開始しても、時間がたつにつれ勢いがどんどん失われ、けっきょく技術的に〝成功〟したとはいえ、最初の特徴がすっかり薄れてしまい、多くの金や努力を費やすほどのものではなくなってしまうのです」

彼の話（誰にとってもよくある話）は「平凡な成功による停滞」と言える。

9.6.2 徹底的にやろう――失敗にポジティブな印象を与える

本当の問題は、試みを続けない会社、失敗を歓迎しない会社で、そういう会社は最終的に破れかぶれになり、最後は神頼みするしかなくなる。

——ジェフリー・ベゾス

失敗は歓迎しよう。黙認するのではなく。

失敗を「黙認」するだけでは充分ではない。失敗を「称賛」しなければならない。

——リチャード・ファースン、ラルフ・キース『たくさん失敗した人ほどうまくいく』（角川書店）

称賛しよう。黙認するのではなく。

ビジネスでは、リスクを冒した人びとに報酬を与えるべきである。それが功を奏しないときは、**その人びとを昇進させよう**——彼らは新たなことを試そうという気があるからだ。私は一日スキーをしていて一度も転倒しなかったという人がいたら、別の山にチャレンジしてみたら、と勧める。

——マイケル・ブルームバーグ《ブルームバーグ・ビジネスウィーク》、二〇〇七年六月二五日

失敗を理由に昇進させよう。単に黙認するのではなく。

キーワード——

・報酬を与えよ！
・歓迎せよ！
・称賛せよ！
・昇進させよ！

ポイント——言葉どおりに、本当に報酬を与え、歓迎し、称賛し、昇進させよう。これを実行しよう。

9.7 結論

9.8 数打ちゃ当たる 失敗は最速の成功のもと

9.8.1 WTTMSW——学習ラボとしての企業

・私たちのスローガン——数打ちゃ当たる、失敗は最速の成功のもと。

・小さな勝利（と興味深い失敗）を称賛せよ。それはロックンロールの精神――全員が四六時中チャレンジする――を打ち立てることだ。
・小さな勝利（と小さな失敗）を日常的に称賛せよ！　その瞬間、瞬間に！
・ラピッドプロトタイピング。「試作せよ、さもなくば死を」
・プロトタイプの予算はいつでも使えるようにしておくこと。目的はなんにせよ、誰でも即時テストに使える少額の予算をすぐ得られるようにしておこう。
・運用予算の一パーセントは〝遊び〟の資金（新しいことを始めるための資金）に充てること。そしてそのために使うこと。
・透明性（すべての人にすべての情報がみえるように）。
・リーダーやマネジャーは日常会話としてつねにみんなに「**今日は何をして遊んでいる？**」と尋ねよ。
・我が社の変革者は誰だ？　**全員だ。**これを明確にしておこう！

これは、単純明快なリストだ。けれども、ベースにある考えを実行するのは、それほど単純なことではない。いまから、完全な「すぐ試そう」文化をつくりだし、じっくり育てようとしているのだから。言うまでもないが、第5章を思いだしてみよう。ロックンロールな組織文化という野望は、雇用と評価と昇進のプロセスと決定に直接影響を及ぼさなければならない。

（このセクションのタイトルにあるラボという言葉を真剣に受けとめてほしい。ラボ〔研究所〕は実験がおもに行なわれる場所で、そのために存在している場所だ。私たちの組織の部署もまたしかり。研究開発部から購買部、人材開発部まであらゆる部署ひとつひとつが実験〔試行〕の場である。）

9.8.2 「すぐ試そう」文化の例——ミッキー・ドレクスラー／ギャップ／Jクルー

三〇年以上ものあいだ、ミッキー・ドレクスラーは、米国の非常に有名なファッション小売業者のひとりだった。次のリストは、ドレクスラーが、競争が非常に激しく、移り変わりが早く、動きの速い業界で成功するための方法について語っている《ニューヨーカー》の記事からおもに拾ってきたものだ。

・すばやい行動への偏りと行動しないことに対する激しい苛立ち。
・苛立つが粗暴にはならないこと。
・光の速さで絶えず行なわれる実験——うまくいけば速攻でさらにテストをし、ダメなら速攻で諦めろ。
・エネルギーを共振させよ。
・いつでもどこでも、いかなる場所でもアイデアを探しまわれ。
・チームの周辺にある多くの例を、全員ですばやく評価決定しよう。
・男性より女性と働くほうがいい。なぜならドレクスラーの観察では、男性より女性のほうが直感的だからだ。
・ブランドとして服を着こなせ。
・守るな、攻めろ。

・いつでもコミュニケーションを取る。もっとも新しいメンバーも含めて誰とでも。あえて会話に引きいれ、意思決定チームの一員という気持ちを育もう。
・年齢やキャリアなどにかかわりなく誰の話でも注意深く耳を傾ける。
・若い社員にもはっきり敬意を示す。
・直感を信じつつ、数字のファンでもある。
・電子機器の支援がなくても、誰もが数値を知りつくしていると期待する。
・歩きまわるマネジメント「MBWA」に熱心に取り組む。
・顧客とはつねに接触し、会話し、フィードバックには即反応する。

ドレクスラーに会う機会があった。彼のふるまいはこのリストと一致していた。

9.8.3 あまり急がないこと!

私はこれをできるだけ困難にしたいと思っている。直前のセクションに挙げたリストをつくるのはとても簡単だ。けれども、たとえ小さな組織であっても、まだ存在していない「すぐ試そう」文化を導入するのは、身がちぎれそうなほどむずかしい。「何かで遊ぶ」のは、四歳のころは自然にできたのに、そこからみな、その能力が低下していく。大半の学校で私たちは、間違いは悪いことで、避けるべきだと教わる。そして大半の仕事でこの傾向が強められる。繰りかえすが、「本気で遊ぶ」というのは、手を抜こうとか怠けようという意味ではなく、力いっぱいのチャレンジを大事にしようということを意味している。たとえ失敗に終わっても、そこから何か有用なことを学ぶことができる。私は前述のリストで、日常的にリーダーは「いまは何をして遊んでいるのか?」と尋ねるべきであると強調した。そうすることで彼女は、一歩前進したときと同じくらい、またはそれ以上に、興味深い失敗から喜びを得られる。

さあ、やってみよう。一日一日着実に。明日から始めよう。あるいは今日の午後からでも。

9.9

9.9.1 結論1

「なぜ神は笑っているのか?」
「人びとが計画を立てているからだ」（ウディ・アレンの「神を笑わせたければ、自分の計画を話せばいい」のモジリ）

イノベーションはとっ散らかっている。
イノベーションは直線ではない。
イノベーションはサーカスだ。
イノベーションは、強固な「すぐ試そう」文化に全面的に依存している。

イノベーションは楽しい。
イノベーションはドキッとさせる。
イノベーションは意気地なしのものじゃない。

めざしているものがわかっているなら、それはイノベーションではない。
計画どおりに物事が運んだのなら、何も興味深いものを追求しなかったということだ。

9.9.2 結論2

100%ミスったシュートとは、打たなかったシュートだ。

——ウェイン・グレツキー

この言葉は、五〇〇〇枚のスライド・ライブラリーにある格言のなかで、私のいちばんのお気に入りだ。

10 付き合う相手が私たちをつくる

マイ・ストーリー

北米の冬を避けて滞在していたニュージーランドからマサチューセッツ州の家に戻る途中で、サンフランシスコに立ち寄った。

私は一九七〇年から二〇〇〇年までサンフランシスコ・ベイエリアで暮らし、うち一九七四年から一九八一年までは、サンフランシスコ市内に住んでいた。私はこの街がとても気に入っている。だからホテルから約三〇ブロックほど離れたヘイズ・ストリートで旧友とランチを食べたあと歩いてホテルに戻ることにした。

そして、驚いた。サンフランシスコのホームレスの厳しい状況については耳にはいってきていたが、そのとき私はまさにそのただなかにいたのだ。悲しくて、狼狽《ろうばい》し、少し恐怖も感じたが、その世界が本当に衝撃的だった。（サンフランシスコは、ホームレスに関する統計データワースト二位で、一位のニューヨークのすぐ後ろにいる。）

ひどく厄介な状況に加えて、ほかのこともはっきりと悟った。改めて気づいたのだが、あるシチュエーションにどっぷり浸ると、それについて記事を読んだり、ビデオ・クリップをみたり、内情に詳しい人と真剣に話しあったりすることよりも、何百倍も深くその状況を五感で認識することができるのだ。

ようするにそれが、本章のテーマである。イノベーションとは新たなものの見方であり、新たな感じ方であり、目の前の何かを初めて、あるいはとても斬新な方法で眺めることである。テーマを簡単に言うと、「食べているものが私たちの身になり、付き合う相手（時間を過ごす何か）が私たちをつくる」ということだ。

たいして深みのある言葉ではない——いや、案外深いのだろうか？

私たちはつねに新しいことについて話している。こんにちの狂気じみた状況のなかでそうしないでどうやって過ごせよう？　けれども、あえて定期的に、システマティックに新たなシチュエーションに自分の身をさらしているだろうか。たとえば、新たな環境や新しい場所、新たな人びとと接触しているだろうか。ホームレスについて活発かつ深く議論したことはあっても、ホームレスのいる通りを何時間もうろつきまわり、実際の状況に身を置いたことはあるだろうか。

一九六六年八月にベトナムに到着するまえ、私はしっかり訓練を積んだ。けれども、さまざまな意味で、準備に費やした六カ月よりも、その地に降りたったあとの最初の一時間で学んだことのほうがよほど多かった。戦闘があったわけではない。ただ、ダナンの飛行場からジープに乗って、その先一〇カ月のあいだ部隊の本拠になる基地に向かい、とくに変わったことのない一時間を過ごしただけだ。だがその夜に感じた全知覚。匂い、音、風景は、公式にはなんの問題もない六〇分のあいだに、私の世界を一変させた。

マッキンゼーの若いコンサルタントとして、大きな会議室で大企業の役員チーム相手に初めてプレゼンを行なったときにも、同じことが起こった。技術上はめいっぱい、しすぎるほど準備していったが、二五分間のデビュー戦に伴う実際の現場で受けた全知覚への刺激は、専門家としての人生を一八〇度ひっくり返した。マッキンゼーでのプレゼンと、サンフランシスコのホームレス、そしてベトナム戦争をいっしょくたにまとめるつもりはない。ただこれらの三つの出来事はどれも、新たな状況に実際に身を置いた経験であり、それらはこの章の鍵となる概念をよく表している。

効果的かつ創造的に特定の状況に対応するためには、システマティックに、日々しっかりと、新しいものに身をさらすように自分を追いこまねばならない。

新たな状況。

新たな人びと。

あらゆる新たなこと。

はじめに述べたとおり、イノベーションというテーマについては提供できるものがたっぷりあるが、ここではポイントをふたつに絞った。まずはまえの章で述べた、ＷＴＴＭＳＷ／「数打ちゃ当たる」法則とＷＳＴＭＳＵＭ／「失敗は成功のもと」法則。もうひとつは、本章のテーマである、付き合う相手や身を置くシチュエーションによって私たちは形づくられるという認識（とその認識に伴う行動）と、それらのシチュエーションが、私たちの思い込みをつねにひっくり返すものでなければ、私たちがイノベーションを実行できる可能性は、ほぼゼロに等しいということ。

この章で考察するテーマは、現在の新たな次元での桁外れなつながりについて。そして、新たなテクノロジーによって生まれるつながりは、私たちの考えや行動にブレイクスルーをもたらすのか？と問いかけることである。

いまの時代でさえ、いやひょっとすると、とくにいまの時代は（自宅で仕事をすることを考えると）、特大の〝マンネリ〟トラップに陥りやすい。そして、間違いなく、マンネリ・トラップは、創造性の終わりを告げるベルだ。

だから……

付き合いにまつわる物語

10.1 これだけは知っておこう

人は、いちばん付き合いのある五人の人に似てくるものだ。これは恵みにも、災いにもなりうる。

——ビリー・コックス（セールス・トレーニングの専門家）

10.2

10.2.1

イノベーション／多様性という筋肉増強剤——付き合う相手が私たちをつくる。運命の時間は運命の仲間を呼び寄せる。

前座・テイク1「事実」

食べているものが私たちの身になり、付き合う相手が私たちをつくる。

前座・テイク２「土地に染まる」

「クール」な人と付き合えば、あなたはクールになる。「退屈な」人と付き合えば、あなたは退屈な人になる。

私の成績表では「付き合う相手因子」はＷＴＴＭＳＷ／ＷＳＴＭＳＵＷと同じ得点になる。

１．ＷＴＴＭＳＷまたはＷＳＴＭＳＵＷ――全員がいつでも、できるだけ早く、なんでも試すよう主張しよう。そして「クール」な失敗は褒めたたえ、報奨金を与えよう。

２．多様性――混乱したこのご時世、一歩先へいっている人や、いつも反論を唱える人とつねに、深い交流を求めよう。そうすることで、私たちの専門家としての命が助かる可能性がある。

10.2.2　イノベーション／多様性という筋肉増強剤――一九世紀のメッセージ＝現代のメッセージ

自分と異なる人や、変わった考えかたや行動をする人と付き合うことの価値は評価してしすぎることはない。そのようなコミュニケーションはつねに、またこの時代［一九世紀］とくに、進歩のおもな源になる。

——ジョン・スチュアート・ミル（一八〇六～一八七三年）

「進歩のおもな源」という言葉以上にしっくりくる言葉はない。ところが、これほどわかりやすい率直な主張があるにもかかわらず、この原則がいまだにどれほどよく破られることか、まったく信じがたい。神よ、私たちを救いたまえ。

「多様性の多様さ」に関して言うと、この章の中心にある概念は、あらゆる次元に多様性があるということである。

背が低い、背が高い、太っている、痩せている、
スタンフォード卒、学士資格なし、
技術屋、芸術家、哲学者、
庭師、ヴィンテージモデルの航空機コレクター、
田舎育ち、都会育ち、
黒人、白人、男性、女性……

10.2.3　イノベーション／多様性という筋肉増強剤──多様性は専門性を凌駕する

多様なグループを称賛する言葉をもうひとつ。ここでは現代の名著、スコット・ペイジの『「多様な意見」はなぜ正しいのか──衆愚が集合知に変わるとき』（日経ＢＰ社）から挙げてみよう。

多様性グループ（多様なバックグラウンドを持つ人びとのグループ）は、最も賢い人びとのグループよりつねに問題解決における結果が良かった。ランダムな（したがって多様な）群と、最高の成績を持つ人びとからなる群とを比べると、多様な群のほうがほぼいつも秀れていた……多様性は能力に勝る。

これは非常に強力で、直感に反した結論だ。そして、この結果がほのめかしている実用的な見解は明確だ。またしても、多様性が、いかなる次元、あらゆる次元において、よりよい考えや問題解決、優れた創造性を導いた。多様性の多様さは、「専門家」を打ち負かす。

スコット・ペイジは、ミシガン大学の複雑系、政治科学、経済学の教授だ。このトピックで一冊の本を書き、自分の主張を補強する堅実な研究をトラック一台分くらい示している。私は長いあいだ明確に、この多様性の考えかたを受けいれてきたが、多様性についてのこのような包括的で力強い主張を提示し、それを裏付けた彼の能力に驚かされた。

（ここでいったん手を止めて、前述したスコット・ペイジの言葉をもう一度読みかえし、なんなら彼の本を読んでみてほしい。そして、これが示す実用的な見解、とくに専門家［たとえば、あなたとあなたが率いているチーム」に頼りすぎる傾向を、よく検討してみよう。

たとえば、戦略から大きな昇進まですべての重大な決定を行なうときは、専門家ではない人びとに参加してもらうか、その決定を評価してもらうべきではないだろうか。）

10・3　イノベーション／多様性という筋肉増強剤――すべての決定に多様性を！

とどのつまり大事なのは、すべての人間関係や、企業同士あるいは部門間の関係、場所、時間配分などについて、戦略的に、多様な（視点で）決定をくだしているかどうかだ。つまり、革新的か？　そうでないか？

多様性（イノベーション！）が必要な決定――

・スタッフの選択と昇進
・社外コンサルタントの選択
・顧客（コンサルティング会社マーサー社のエイドリアン・スライウォツキーによれば、「将来を決める顧客は全体の顧客のなかでたった二、三パーセントにすぎないが、これらの顧客は未来につながる重大な扉を開く」。）
・アウトソーシング先（とびきり重要！）

・販売会社、ベンダー（ウェイン・ブルカン『広角な視野——周辺のライバル、失った顧客、危険な従業員に注目して競争相手を引き離す方法（Wide Angel Vision: Beat the Competition by Focusing on Fringe Competitors, Lost Customers, and Rogue Employees）』によれば、「戦略的なサプライヤーとの関係には不吉な裏の面がある。戦略的なサプライヤーはあなたの組織を映しだす鏡以上には機能しない可能性が高い」。提案。ブルカンの本を読んでみよう。多様さについて、丸一冊かけて述べたもうひとつの本だ。）

・世界を股にかけたクラウドソーシング（あらゆる仕事に！）

・スケジュール／時間配分の多様性（これは不可欠。自分のスケジュールを評価してみよう。オッズは一カ月がほかの残りの月とほとんど同じに見えるかどうか。一日にたった一回評価するだけで、計画的に多様性のある時間配分を行なう方向へ導かれるはず。）

・製品の品ぞろえ（シリーズ展開があまりに多すぎるなら、新たな取り組みが充分ではない可能性がある。フォードの元会長いわく、「新たな製品を出す決定を行なったのに不安を感じていないときは、ただの類似品にゴーサインを出したのかもしれないと恐怖を感じる」。）

・本社の場所（GEはより幅広い革新的なコミュニティのなかに組織を置くために、コネティカット州フェアフィールドからボストンに本社を移設した。その結果、モノのインターネット「IoT」に向け社運を賭けた戦略的な推進力が生まれた。）

・ランチ（一年あたりの勤務日二二〇日＝二二〇回の多様性をもたらす機会。これは、とても大きなチャンスだ。今日から始められる、誰もが手にすることができる千載一遇のチャンス。今日＝今日。そう、私自身も自分に何度も言い聞かせている。）

・幅広い取締役会の編成（「みな一様」はナシにしよう。次をみてほしい。）

前述の各項目にあるとおり、安全な本命とともに進むか、あえてさまざま入り混じった不均一なパートナーたち（従業員、顧客など）を受けいれるか？　これらのパートナーらは現代の激しい台風の目のなかで、蹴ったり叫んだりしながら私たちを引きずりまわすだろう。人を雇うことについてのセクション（5．4．1）で述べた、本田宗一郎の「苦労人のほうが」好ましいという言葉を思いだしてほしい。いまでは、その言葉は現在の精神を見越しているように思えるではないか。

10．4　イノベーション／多様性という筋肉増強剤——いまの時代にフィットする取締役会

戦略の専門家ゲイリー・ハメルは、平易ながら深みのある言葉で、最悪な形で現われる近視眼的なものの見方について述べている。

ボトルネックがあるのは……ボトルのいちばん上《トップ》だ。もっとも多様性のない経験を有する人びと、過去の最大の投資先、業界のドグマをなにより重んじる人びとがいちばん多くいそうな場所はどこか？……トップだ。

じつのところ、マンネリ状態のもっとも有害な例は、取締役会であることが多い。ここにハメル氏の言葉からインスピレーションを得た、私の考えを（真面目に）書いておく。

いまの時代にフィットする一〇名の取締役会

・メンバーのうち、少なくともふたりは二五歳以下であること。（新たな技術を持つ「新たな若者」は年上［たとえば三五歳くらい］の同僚とはちがう経験をしてきている。）

・少なくとも三、四人は女性を含めること。（女性と男性のバランスが取れた取締役会は非常に高度な相対的パフォーマンスを生みだす。第15章を参照のこと。）

・ITやデータ分析のスーパースターをひとり。（「IT部門の代表者」ではなく、グーグル界に認められた女神または神を選ぶこと。）

・起業家と、可能ならベンチャービジネスの起業家をひとりかふたり。（起業家的な性質を取締役たちに直接吹きこむべきだ。）

・芸術家や音楽家やまじない師など「風変わりな」経歴を持つ評判がある人をひとりかふたり。（気まずい空気が流れる、変わり者の反対意見はつねに貴重だ。）

・お墨付きのあるデザインの専門家。（私の価値観のなかで、取締役会レベルでのデザインの存在は、とにかく必須である。第11章を参照のこと。）

・MBA資格者はせいぜい三人まで。（なぜかって？　いかにもMBAらしい、直線的で分析的かつ定量化しすぎるマインドセットの向こう側に、私たちは進んでいかねばならないから。）

また、サイバネティクスのパイオニア、W・ロス・アシュビーの「必要多様性の法則」からインスピレーションを得た次の条件も挙げておきたい――取締役会の多様性は多かれ少なかれ、そのビジネスのターゲットとなる人びと全体の多様性とも一致させるべきである。

10・5 イノベーション／多様性という筋肉増強剤――気まずさのパワーと必要性

広告界のレジェンド、ジェイ・シャイアットはこう言っている。

気まずくなければ快適ではない。

私はシャイアットの言葉を論理的で文字どおりの見解ととらえている。

あるいは、シャイアットはエレノア・ルーズベルトの次の言葉を公式化したとも言える。

毎日ひとつ、自分が恐れていることをおやりなさい。

ルーズベルト夫人の助言は、口で言うほど簡単ではない。一般的に、「マンネリ」は私たちの不変の定位置だ。だから、普通ではできないことをやりとげている女性の真似などできるのだろうか？　明らかな答えが唯一の答えだ。つまり、意識的に持続的に自分を監視しながら、一日一日努力するしかない。

あるとき、フェデラル・エクスプレス（現在のフェデックス・コーポレーション）の創設者でCEOのフレッド・スミスに、ふいにこう尋ねられた。「トム、過去九〇日間に出会った人のなかですごく興味深かった人は誰だい？　その人に私はどうやって連絡を取ればいいだろう？」

数年まえ、スミスと私は、CNNの経済学のパネルディスカッションに共に参加したことがあった。出番まえの控室で、スミスはこの「興味深い人」についての質問をしてきた。率直に言うと、私はうまく答えることができなかった。私はいまでもこの経験を悔しく思う。まったくなんてことだ。興味深い人びとと会うことが、私の仕事とされていることなのに。そうでなければ、群れの先頭に立つことはおろか、ついていくことさえままならないと言うのに。

さあ、あなたはスミスの質問にうまく答えることができるだろうか？　もしできないなら、いますぐ何をすべきだろうか？

10・6　イノベーション／多様性という筋肉増強剤――すべてがすべてとつながっている

一〇億人の研究チーム――オンライン・コミュニティに仕事を依頼する企業は、クラウドソーシングの利益を得ている。

――《フィナンシャル・タイムズ》の見出し

人脈指数［著者らによってC×Qと命名されている］は、世界じゅうの多様な人びとやネットワーク、学問分野やリソースを組み合わせる能力で、これによって価値や意義、画期的な結果を生みだすつながりが紡がれる。

——エリカ・ダワン、サジュ＝ニコル・ジョニ『大きなことを成しとげる——人脈指数のパワー（Get BIG Things Done: The Power of Connectional Intelligence）』

グローバルな多様性を取りいれる能力は指数関数的に拡大している。その影響は、巨大企業や研究所の仕事からごく小規模な地方のプロジェクトまで多岐にわたる。

ふたつの流れを検討してみると……

10.6.1 つながれ、つながれ、つながれ——リサーチゲイト／一一〇〇万人の科学者との会話

リサーチゲイトは、ウイルス学者でコンピューター・サイエンスの専門家であるイジャ・マディシュ博士によって二〇〇八年にボストンで創設された。現在のメンバーは、科学研究分野に属する一一〇〇万人以上のひとかどの人たちだ。ここに、ウィキペディアから一部抜粋した文を挙げる。

リサーチゲイトは、論文を共有し、疑問を出したり答えたり、共同研究者を見つけたりするための科学者と研究者の最大規模のソーシャル・ネットワーク・サイトである……このサイトの利

用希望者は、まずアカウントを作成する必要があり、そのためには一般的に認識されている機関のメール・アドレスが必要で、そうでなければ研究を発表している研究者として個別に確認が行なわれる。メンバーは、……論文、データ、論文の一部、否定的な結果、特許、研究計画、手法、プレゼンテーション、ソフトウェア・ソース・コードなど研究の成果をアップロードすることができる。利用者はほかの利用者の活動をフォローしたり、彼らと議論することが可能である。

可能性は無限大。結果は期待を大きく上回る。

10.6.2 つながれ、つながれ、つながれ――ミズ・マルクス主催のブック・クラブ

必要に応じて用を足してくれる下請けと契約するという視点は魅力的だ。たとえば、ここ［この場合は《ニューヨーカー》の記事］に一パラグラフ書いてもらうために、アウトソーシングで誰かを雇い、米国のアウトソーシング史を解説してもらうことができたら、便利ではなかろうか？　いい考えだ！　こうして私は、ゲット・フライディという、インドのバンガロールにある「バーチャルな個人アシスタント」の会社にパラグラフをひとつ委託した……発注から一〇日後、受信ボックスにそのパラグラフが到着した……それは一三五六語からなり、参考文献が一一件ついていた……一時間一四ドルで、七時間の仕事、つまりコストは九八ドルだった。
――パトリシア・マルクス「あなた自身をアウトソーシングする（Outsource Yourself）」、《ニ

ユーヨーカー》

この秀逸な記事のなかで、マルクスは何もかもクラウドソーシングすることとブック・クラブを主催することとの関連性を詳細に述べている。そこには、プルーストについてのウィットに富んだコメントを探すことも含まれていた。彼女はプルーストの本を読む時間が取れなかったのだが、たった五ドルですばらしいコメントをひとまとまり手にいれることができた。**そのコメントの著者であり下請け人でもあるプルーストの専門家は、ニュージャージー州の一四歳の少女だった。**

すべてはすべてにつながっている――一一〇〇万人の科学者から、地元のブック・クラブまで。

メッセージ――イノベーションの火をかきたてよう……

つながれ。
つながれ。
つながれ。
どんな人とでも。
誰とでも。
いつでも。
どこでも。
どんな場所でも。

どの言葉も重要だ！　普段から、警告やリマインダーで注意を促すのもいいだろう。現代技術によってそうすることはできるが、実践するときには、取り組む姿勢と組織文化が残りの九〇パーセントを占める。

　つながりが作れるかどうかは最終的には気質の問題であって、技術で形成できるものではない。

10.6.3　現代のつながり——見た目より単純ではないようで、見た目より単純？

「つながっている」という言葉は、以前とはちがう意味になってきている。元々は、オーストラリアの森のなかにある「ソングライン（歌の道）」のようなものを指す言葉だった（ブルース・チャトウィンのすばらしい本『ソングライン』（英治出版）を参照のこと（ソングラインとは、アボリジニの天地創造の神話に出てくるオーストラリア全土に広がる迷路のような道のこと））。米国での「つながり」とは米国西部のポニー・エクスプレス（一九世紀にミズーリ州からカリフォルニア州までを結んだ郵便速達サービス）であり、大陸横断鉄道だ。だが、本当のブレイクスルーであり加速装置となったのは電信で、これを「ビクトリア時代のインターネット」と呼ぶ人もいる。その後電話が登場し、ごく最近は、もちろんインターネットとスマートフォンなどの派生物がある。

　それらすべての特徴は「つながる」こと。現在、私たちはフェイスブックの時代を生きている。そして、六歳であれ六〇歳であれ、つながりとは何千もの「友達」を意味するようになっている。これこそが現代版の「つながり」だ。そしてこれが重大なのだ。ごく真面目な話、新たなつながりのツールは、このセクションの最初に出てきた「一〇億人の研究チーム」を可能にする。

けれども私は、そういうつながりもあれば、また別のつながりもあることをあなたに・自分に・私たちに思いだださせるつもりだ。

繰りかえしになるが、**人間関係**はエクセレントな心と魂のつながりだ。

けれども、私の言う従業員や顧客、コミュニティとの関係は、時間をかけてつくられる関係で、そういう**人間関係を築くにはたくさん、たくさん、たくさん時間がかかり、それを維持するにもたくさん、たくさん、たくさん時間がかかる。**

どうにかこうにかして、私たちは深いつながりにかなり投資をしなければならない。そのことを一瞬たりとも忘れないようにしてほしい。

10・7 イノベーション／多様性という筋肉増強剤——付き合いについて、最後に

あなたの「付き合う」相手のポートフォリオ（多様性）は、あなたの予算や戦略的な計画に沿って、慎重に仕組む（管理する、評価する）ことができるし、そうしなければならない。それこそが、事実上あなたの戦略的な計画なのだ！

あなたが時間を一緒に過ごす相手は、あなたの個人の成功や企業の成功と関連のある、もっとも重要な変数かもしれない。

10・8　WTTMSW・WSTMSUW・多様性についてのまとめ

イノベーションの機会均等の鉄則――イノベーションと研究開発に求める質と量と独創性は、どの部署でも同様に期待されている（たとえば、マーケティング部や製品開発部はもちろん、人材開発部や購買部やロジスティクス部でも）。

向こうみずで奔放な人材開発部。イエス！
向こうみずで奔放な購買部。イエス！
向こうみずで奔放なロジスティクス部。イエス！

プロジェクトの革新性を評価するための指標――あなたがかかわっているプロジェクトのうち活動的なプロジェクト上位五つをリストにして、「びっくり仰天」「ワオ」「ヤバい」という尺度で一〇点満点の評価をしたとき、八点以上のプロジェクトはいくつあるだろうか？

三つ未満なら心配しよう。
かなり真剣に。
急いで改善しよう。

いま。
いますぐに。

V

付加価値——取りつかれたように優先せよ

11 デザインへの情熱——もっとも重要な差別化因子

マイ・ストーリー

二〇一六年二月の終わりごろ、ニュージーランドのタカカは土砂降りの雨だった。

いつものようにｉＰｈｏｎｅをポケットにしまってホームセンターから出てきたちょうどそのとき、突然の大雨に見舞われた。ポケットに入れるだけでは不充分だったらしく、どこからかはいりこんだ水のせいで、ｉＰｈｏｎｅは動かなくなってしまった。ネットの情報も含めてありとあらゆる方法を試したが、ダメだった。

多機能で、
超便利。
でもちょっとした雨でぶっ壊れる。
重要ポイント——デザインが悪い。

（亡きスティーブ・ジョブズよ、許せ。）

もう二度とこんな目にはあいたくない。だからいまは、空に雲がひとつでも浮かんでいたら、ｉＰｈｏｎｅはジップロックに入れて持ち歩くことにしている。

ジップロック！

「汝《なんじ》をどれほど愛しているか。
好きなところを数えてみよう」（エリザベス・ブラウニングの詩）

なんにでも使えるジップロックを愛しすぎるあまり、私は「ヘビー・ジップロッカー」と呼ばれている。私の六〇歳の誕生日に、共同経営者のひとりが私の友人や同僚からのお祝いの言葉をまとめてメッセージ集をつくってくれた。このメッセージ集が感動ものだった。感動的でクスリと笑えるところもあり、誕生日パーティでは、参加してくれた人びとがその自作のメッセージを朗読してくれた。

冊子をまとめたパートナーであり友でもあるその人は、自分でもメッセージを書いてくれていて、集まった人たちの前で楽しそうに朗読してくれた。およそ六〇〇語からなるそのメッセージは最初から最後まで、私とジップロックについてだった。

私のオフィスには、ジップロック専用の引き出しがあって、サンドイッチサイズ（本当になんにでも使える！）から七・五リットルくらいはいるビッグサイズまであらゆるサイズがしまってある。ときどきちょうどいいサイズを探しだすのに苦労するのだが、もはやジップロックなしの私は存在しない。

ジップロックは便利なだけでなく、見た目も美しい。とくにいいところは、閉じるときにプチっという気持ちのいい音がして、きちんと閉じたのがわかることだ。そしてもちろん、何百ドルもするiPhoneをダメにしてしまうような雨水の侵入を、一滴たりとも許さないところも。

なぜこんな話をするんだろうって？

単純なことだ。

私が愛《いと》しくてたまらないものは、
優れたデザイン、
追随を許さない高機能、
心地のいい美しさ、
感動的なまでの唯一無二の存在感、
である。

（逆に私が憎くてたまらないのは、無頓着でうかつなデザインだ。それらは「使いづらい」どころか、もはや無礼な存在と言うべきである。）

私には芸術的センスが抜け落ちている。建築学校は最初の一学期の終わりに退学した。このとき芸術と名のつくものと自分は共存できないのだと悟った。（その後土木工学に転向してから、友人たちと、「工学的な視点からすれば、建築家なんていくら紙の上でみごとなデザインを描いて見せても、その多くが実際には建築できないじゃないか」とけなすこともあった。）

たしかに私は芸術家ではない。だが、感動するほどすばらしくデザインされたものを理解する審美眼は備えているし、愛着もわく。たとえば、ジップロックや、釘抜き用のミニハンマーや、スティーブ・ジョブズが意図しこだわった、アップル製品が収まっているクールでなめらかで機能的な箱（家に届くときにはいっているあれ）なども。

このあたりで私とデザインの関係をもう少し広い視野でみてみよう。二五年ほどまえ、まさにジップロックと感動的な出会いを果たしたころ、ちょうど包装用の設備業者の集まりでスピーチをする機会があった。そのスピーチで、デザインの専門家ではないものの、ジップロックへのラブソングを熱く歌いあげ、一般的なデザインによって生じる（「好ましい・好ましくない」というレベルではなく、もっと深い）愛と憎しみのバラードも披露した。ここから、デザインとの関わりが始まった。

もともと物事を中途半端にしておけない性格である。（私の名前はトーマス・J・ピーターズだが、妻はトーマス・E・ピーターズだと主張する。EはＥｘｃｅｓｓ〔過剰〕の頭文字で、なんでもとことんやりすぎるというわけだ。）というわけで、初めてデザインについて話をしたあと、デザインの重要性を大声で広めつつ、次なるステップの下準備を始めた。そもそも、ずいぶんまえから私は、あらゆるもののもっとも重要な差別化因子は、良かれ悪しかれほぼ間違いなく「デザイン」だという結論にたどりついていた。デザインが重要だと熱弁をふるい、デザインの優劣に対する審美眼も深めていった結果、とうとうニュージーランドと英国で開かれた超一流のデザイナーが集まる会議で基調講演をするまでになった。そして、米国でもっとも著名なデザイナーのひとりでＩＤＥＯの創業者、デビッド・ケリーから「実業界を牽引するデザイン大使」と呼ばれた。

それでもデザインの重要性をわかってくれない人がわんさといるから、困ったものだ。いまだにすばらしいデザインの魅力には無関心で、デザインがほんの少し拙《つたな》いだけで客を激怒させることがあることに気がついていない。優れたデザインは山をも動かし、マーケットシェアをとてつもなく広げる。

これまでの世界でもずっとそうだったが、こんにちデザインの重要性は何倍も増しつつある。ロボット工学が誰にでも身近になり、なんでもかんでもアルゴリズムで処理される画一的なこのご時世に、多くのライバルから抜きんでるのは至難の業になりつつある。

それでも、そこから一歩リードすることは不可能ではない。これからデザインに加えて八つの差別化戦略を提示する。だが、圧倒的に重要なのはリストのトップにある「デザイン」だ。デザインこそが、愛を生じさせるのだ。

ジッパー・ティ・ドゥー・ダ、ジップロック（この替え歌にはまだまだ続きが……）。

デザインにまつわる物語

11・1　デザイン史上の運命の日《Dデイ》——二〇一一年八月一〇日

デザインのルール！

アップルの時価総額がエクソンモービルを抜いてナンバーワンになった日

二〇一一年八月一〇日、アップルの時価総額がエクソンモービルを上回り、トップに躍りでた。この日、「デザインの力」に疑問の余地はなくなったと言える。いまや、いかなる業界でいかなるものをつくる場合でも、デザインの力を無視するのはどうしようもないマヌケだけだ。

二〇年ものあいだ、私は声を大にしてデザインの重要性を語ってきた。その活動はずっと困難続きで、努力はなかなか実らなかった。けれども、アップルが勢いよくエクソンを追い越した日、すべてが変わった。もちろん言い過ぎかもしれないが、二〇一一年のDデイの出来事によって、財務部の数字オタクたちでさえ、いやとくに彼らは、デザインの力に知らん顔できなくなった。

11・2

11・2・1 デザイン＝心配り

デザイン＝心配り
デザイン＝洗練
デザイン＝人類が成しとげた最高のこと
デザイン＝人類文化への貢献
デザイン＝敬意
デザイン＝思慮深さ
デザイン＝無礼の回避

とてつもないほどの心配り

――《ニューヨーカー》の寄稿者イアン・パーカーによる、アップルのデザイン・チーフ、ジョニー・アイブの製品開発のアプローチについての記事より

スティーブとジョニーは、製品の四隅《よすみ》の曲線について何時間も議論しつづけていた。

――ローレン・パウエル・ジョブズ

人類がつくりあげた最高のものに触れ、それを自分の仕事に取りいれるのだ。

――スティーブ・ジョブズ

私たちは心配りをすることによって、ある意味、実際は人に貢献している。バカらしい考えだと思うかもしれないが、それこそがめざすべきゴールであり、それこそが、私たちが実現したいと望んでいる、ささやかな文化への貢献でもある。

――ジョニー・アイブ

（アップルの）優れたデザインは無礼回避の秘訣だろう。（アップルの思慮深さは）敬意の表れである。製品の優美さは誰もが求めていることであり、醜悪なもののほうがけっきょく高くつく。それでも、配慮のなさを露呈する製造現場が多すぎる。

――パオラ・アントネッリ（ニューヨーク近代美術館）

優れたデザインは「ワオ」だ。

優れたデザインは役に立つ。
優れたデザインは使いやすい。
私はこの三つを確信している。
熱烈に。

でもそれだけじゃない。このセクションのタイトルを見てほしい。心配り・洗練・人類が成しとげた最高のこと・人類文化への貢献・敬意・思慮深さ・無礼の回避、とあるだろう。

ここからいっきに賭け金を上げて、目標もできるだけ高くしていきたい。私は何も、スティーブ・ジョブズのクローンになろうと言っているわけではない。活躍の場もきっと、アップルではないだろう。

けれども、それは妥協の言い訳にはならない。相手が顧客であれ、職場の同僚であれ、コミュニティでの活動であれ、みな同じだ。

四隅にも気を配れ。組織において（自分ひとりか一〇一人の従業員がいるかにかかわらず）、顧客とのコミュニケーションについての議論に、気配りが含まれているだろうか。セールストーク、ウェブページ、顧客に送るメール、配送システム、商品そのもの、サービスそのものなどに配慮が行きとどいているだろうか。私たちの商品の四隅、すなわち商品やサービスのほんのささいな部分に、ジョニーとスティーブが徹底的にこだわったアップル製品の曲線に負けない繊細な心配りができているだろうか。

「人類文化への貢献」は、いままさに私が投稿しようとしているブログには高すぎる要求だ。そうだろう？　ブログにかける時間もないし、ジョニーやスティーブに匹敵する才能もスキルもないのだから。ただ、ブログについて考えることはできる。気を落ち着けて、二回、いや三回、四回、五回見直すこともできる。いくつか言葉を変えたら読んでくれた人の心に響くのではないかと考えることもできる。

「無礼の回避」に取り組むことができるのは確実だ。文法を間違えないこと。不注意な凡ミスを減らすこと。慎重に言葉を選び、なるべく創造的な言葉を使い、上から目線の口うるさい物言いをしないこと。

心配り・洗練・人類が成しとげた最高のこと・人類文化への貢献・敬意・思慮深さ・無礼の回避。こうした言葉やフレーズを毎日毎秒、心に刻みつづければ、新たな挑戦をするときになんらかの形で生かすことができる。

人とコミュニケーションを取るときは、いかなる配慮の欠如も思慮の欠如も許されない。私について言えば、今朝はカナダのエドモントンで話をするのだが、そこに集まって貴重な一時間を割いてくれる七〇〇人強の聴衆に対して、一人ひとりの心と頭に訴える話ができるよう努力するのは当然のことなのだ。（もし自分の持てるすべてを出しきらなかったら、ジョン・F・ケネディの幽霊が現れて、世界を変える意志がないなら、二度と人前で口を開くなと言われるにちがいない。大げさすぎるって？　そうかもしれない。しかしもう一度言うが、けっして大げさではない。）

ああ、わかっている。私の「デザインこそすべて」というフレーズは、あからさまで暑苦しくて、説教じみている。

それでも、デザインへのこだわりは、わずかな違いを生み、差別化に貢献するはずだ。

ぜひとも実践してほしい。

デザインがすべて。
すべてはデザイン。
私たちはみなデザイナーだ。

——リチャード・ファースン『デザインの力——すべてを変える原動力（The Power of Design: A Force for Transforming Everything）』

デザイナーのケン・シルビアと会社の仲間と私とで、何度も話し合いとプレゼンを重ね、二年がかりでトム・ピーターズ・カンパニーのロゴをつくった。二年間もがきつづけた結果、どうなったか？ロゴマークは赤い「！」マークひとつだけに落ち着いた。それで決まり。本当にそれだけ。

あれから二五年たつが、いまでも最高のロゴマークだと思う。

五万を超えるツイッターでのつぶやきをはじめとして、日々の人との関わりのなかでやろうとしているのは——

赤い、

「！」。

つまり、

挑戦し、

挑発し、

ささやかなインパクトを残すこと。

エクセレントなデザインにこだわりつづければ、私たちの地域の市場にきっと、インパクトを与えることができると私は信じている。

それが本セクションのメッセージであり、本書全体のメッセージでもある。本書がめざしているのは、つねに攻めつづけ、単にテクノロジーの嵐に耐えられるだけではないレベルの商品やサービス、組織風土、顧客やコミュニティとのつながりを創造することである。

11．2．2
デザイン――重要なのは「心のかけら」を残すこと

私にとって、ボートを製作する技術は宗教みたいなものだ。ただ技術を細かい点まで習得すればいいというものではなく、自分の身も心もすべて捧げてボート製作に打ちこまねばならない。だから仕事を終えて、つくったボートを手放すとき、自分自身の一部、心のかけらがボートに残っているような気持ちになる。

――ダニエル・ジェイムズ・ブラウン『ヒトラーのオリンピックに挑め――若者たちがボートに託した夢』（早川書房）より、世界トップレベルの競艇用ボート職人、ジョージ・ヨーマン・ポーコックの言葉

『ヒトラーのオリンピックに挑め』は、ワシントン大学の八人の若者たちが一九三六年のオリンピックで勝利する実話を描いたベストセラーであり、感動的な長篇ノンフィクションだ。船を漕ぐ若者のほかに、もうひとりヒーローが登場する。それがポーコックだ。レース用の艇を設計する技術はおそろしく複雑である。だがポーコックに言わせれば、技術の習得は当然のことで本題はそこからである。「自分の身も心もすべて捧げてボート製作に打ちこまねばならない」

この言葉にはとても共感する。そしてこの文章を書きながら思うに、本を書くことについてもまったく同じことが言える。まずいい題材が必要である。ある程度きちんと文章をまとめる腕も必要だ。だが、ポーコックが言うように、それはあくまでスタートラインに立つための条件である。題材と精神的につながることがなにより大切であり、紙面を通じて読者にそれが伝われば と願っている。だがここで肝心なのは、競艇用ボートのことでも本書のことでもない。

あなたの情熱だ。

たとえば、あなたがもうすぐレストランを始めるところだとしよう。すべて自腹で、借金する必要があるかもしれないという状況だ。レストランの設計プランに不備があってはいけないし、予算以内でやらねばならない。だが、レストランを成功させるために大事なのは、超一流のシェフを確保することだけでなく、オープン初日からあなた自身の魂をその店に込めることだ。そうでなければ、ぱっとしない店になるか、大失敗に終わるだろう。

新たな研修プランを考えるときも、マーケティングキャンペーンをやるときも、それがあなたのキャリアのなかで重要なものであれば、まったく同じことが言える。

11.2.3 デザインは移り変わる——「深い意味が込められた最高のネジ」

［サーモスタットを製造しているネストの創設者トニー・ファデルが］認めているように、「世

界じゅうどこのビジネススクールでも、もし〝あ、ところでいまから、売価よりはるかに高いコストをかけて、オリジナルのネジをデザインして製造するつもりです〟と言ってビジネスプランを提示したら、落第するだろう。けれども、それはただのネジではない。（そのネジが同梱されている）サーモスタット自体と同じく、ほかのネジより優れた最高のネジで、あえて言えば、深い意味が込められたネジなのである。具体的に言うと、機能的に、特殊なネジ山を採用しているので、木材、漆喰《しっくい》、薄いシートメタルなどあらゆる壁にサーモスタットを取りつけられるのだ。また、（カスタマイズされた）ドライバーは手にしっくりなじむ。そして、NEST《ネスト》のロゴを入れ、アップルの製品がどれもアップルっぽくみえるみたいに、ネストっぽくみえるようにしている」。

——リッチ・カールガード『グレートカンパニー——優れた経営者が数字よりも大切にしている五つの条件』（ダイヤモンド社）

ここでいったん立ちどまろう。

深い意味が込められた最高のネジ。

いますぐ、ファデルと同じような情熱を、現在あなたが取り組んでいる一見ありふれたプロジェクトに注ぎこんでみよう。そのプロジェクトの内容はわからないが、これだけはぜったいに保証する。ファデルの言葉はそのプロジェクトに当てはまるし、あなた自身にも当てはまる。

11.2.4 思わずほほえむ「オスカー」級のデザイン

最近の新しい車の大半は、思わずほほえんでしまうようなインパクトがない。
――《ニューヨーク・タイムズ》によるミニクーパーSの批評、ドナルド・ノーマン『エモーショナル・デザイン――微笑を誘うモノたちのために』(新曜社)より

ドナルド・ノーマンは美しさを優先する昔ながらのデザインの定義に対抗して、デザインの機能性を長期にわたって訴えてきた、多大な影響力のある人物である。

おそらく最初はひらめきにすぎなかっただろうが、何十年とたつうちに、ノーマンは美しさと機能性の双方の限界を見極められるようになった。そして、感情に訴える「エモーショナル・デザイン」への長大な賛歌として一冊のすばらしい本をつくりあげたのだ。

エモーショナル・デザイン=「思わずほほえむデザイン」

(ノーマンの本の手引きとして、ガイ・カワサキ『人を魅了する――一流の職業人であるための技術』〔海と月社〕を熟読することをお勧めする。カワサキの業績は多数あるが、とくにアップルの初代マッキントッシュのデザインと、マーケティングでは大きな役割を果たした。)

11.2.5　「宗教」としてのデザイン／BMW

BMWではデザインを宗教のように扱う。

私はBMWに乗っているわけではない。しかし、パロアルトにある私のオフィスビルのワンフロアを以前、BMWに貸していた。彼らはその場所を「シリコンバレー支店」と呼び、そのしつらえに、車作りと同レベルの敬意を惜しげもなく注ぎこんだ――これがBMWをBMWたらしめている、一貫した、欠くことのできない流儀なのだ。

――《フォーチュン》

BMWでは、店の空間＝車＝宗教だ。

11.2.6　「見て、触れて、聴いて、嗅いで、味わう」スターバックスのデザイン

色、質感、香り、音楽のバランスが入念に考えられているスターバックスは、iMacよりも現代をよく表す象徴的存在である。マクドナルドが利便性の象徴で、フォードが大量生産の象徴であるように、スターバックスは美意識の象徴であり、サクセスストーリーの典型であり、……美的基準の模範なのだ。

「スターバックスの店舗はどれも、客が目にし、触れ、聞き、嗅ぎ、味わうものすべての質を高めるために丁寧にデザインされている。それぞれ同じくらい高い水準で視覚や嗅覚などあらゆる感覚に訴える必要がある。アートワーク、音楽、香り、インテリアなど、すべてがコーヒーのフレーバーと同じサブリミナル・メッセージを発していなければならない」と元CEOのハワード・シュルツは書いている。

――ヴァージニア・ポストレル『スタイルの本質――美的価値の上昇がいかに商業、文化、思考を変えるか（The Substance of Style: How the Rise of Aesthetic Value Is Remaking Commerce, Culture, and Consciousness)』

スターバックスとデザインとロマンスと魂は失われたが、（ふたたび）発見された。

スターバックスの経営は軌道に乗って効率的になったが、反対にロマンスは失われていった。われわれは会社の魂を見失ってしまったのだ。

――ハワード・シュルツが自らCEO再任を求める理由となったスターバックスの問題について述べた言葉。（ところでシュルツは、スターバックスと自分との関係を「ラブストーリー」と言っている。シュルツが戻ってから、スターバックスは神がかったように活気を取りもどした。）

ロマンス――デザインについてのメモ帳に「ロマンス」「ラブストーリー」も書いておこう。（ただし、シュルツの話からもわかるように、ロマンスは急成長とともにどうしても薄れてしまうものである。文化やロマンスの新鮮さを保つのは、とてもむずかしい。第3章参照。）

11．2．7
デザイン——ラブマーク

株主が投資しているブランドに愛着を持つことはまずない。株主がそのブランドと親密な関係を求めるなんてことも、ぜったいにない。そんなことをすれば、投資判断に歪みが生じると思っているのだ。株主が求めるのは、わかりやすさ、（永遠に）高いリターン、（つねに）想定内であることだ。もし誰かとの関係がそんな感じだったらどうだろう？

だからこそ、多くのブランドが、かつて大成功へと導いてくれたはずの感情に訴える結びつきを失い、どうでもいい数字にばかり目を向けるようになってしまったのだ。サインを見逃さないように。そういうブランドは心ではなく、頭を使っている……。

ビジネスに変革をもたらすのは愛だと初めて言ったとき、大の大人のCEOたちは赤面して、決算書の後ろに顔を隠した。だが、私は機会があるたびにそう訴えつづけた。

足りないのは愛だとわかっていた。感情の温度を上げ、ブランドに必要な新しい関係を生みだせるのは愛だけだ。また、めまぐるしいトレンド変化をコントロールし、顧客に対応するために必要なのも、愛なのだ。

——サーチ・アンド・サーチの元CEOケビン・ロバーツ『永遠に愛されるブランド——ラブマークの誕生』（ランダムハウス講談社）

ケビンは長年にわたる私のメンターだ。これまで彼の著書『永遠に愛されるブランド』をたくさんの人にプレゼントしてきた。この本は独創的でとてもおもしろい。この章のメッセージのように、私たち全員に当てはまるし、あらゆるプロジェクトに当てはまる内容である。

11・3

11・3・1 デザイン——第三の次元（なぜこれまで以上に重要なのか？）

デザインにこだわるとは、デザインするその行為に投資すること（アップルがエクソンを抜いたことを思いだそう）、つまり、思いきって超一流のデザイナーをひとりかふたり雇うことである。だからデザイナーに任せてみよう。これまでさまざまな例を示して説明してきたように、インパクトのあるデザインやすべてを変えるデザインの力は、もっともっとすさまじい。

効果的なデザインには、優れた利便性がある（重要！）。

かつ、見た目も抜群に美しい（重要！）。

そしてそこには、心、気配り、ロマンス、心酔と呼ばれる「第三の次元」がある。もちろん、ラブマークもそのひとつだ。街角の店でも、アップルでも、BMWでも、既

存の概念をひっくり返すデザインはなんらかの形で、顧客との精神的な結びつきを強めることができる。だからこそ、なによりまず私たち自身が精神的な結びつきを強めることが大切なのである。

普段は「精神的」などという言葉からは全速力で走って逃げているが、これはばかりはちがう。デザインによって生みだされる、抗いようのない恋心みたいに変幻自在で永続的な差別化について語るのに、そういう言葉を使わなければむしろ誤解を招く。ぜひ、大企業からささやかな自営業者まで、すべての会社で実践してもらえたらと思う。

原理――社内の研修や業務プロセスにも、同様に気配りや心は宿る。本当だ。

仮説――「第三の次元」は従来の製品やサービスの差別化よりもずっと実用的で重要である。組織内の標準化できる仕事は（AIなどの）テクノロジーにどんどん吸いとられていくが、いわゆる第三の次元にかかわる活動は、人間の果たすべき役割の中心を占めるようになる。

11・3・2　デザイン――リスト

・気配り

・敬意
・思慮深さ
・細部へのこだわり
・思わず浮かべるほほえみ
・心のかけら
・深い意味が込められた最高のネジ
・宗教
・ロマンス
・魂
・ラブマーク
・精神的なつながり
（アップル∨∨エクソン）

11．3．3　デザインとは……

・受付
・トイレ！
・コールセンターの会話
・紙または電子入力のあらゆる書式

・業務プロセスのあらゆる「図表」
・あらゆるメール
・あらゆる会議の議題、セッティングその他
・あらゆる施設のすべての区画
・あらゆる新商品企画
・あらゆるマニュアル
・あらゆる接客
・あらゆる昇進決定の考慮事項
・「美的感性」——「デザイン・マインドフルネス」の普及
・ほぼあらゆること（プロジェクト、システムなど）に関する包括的な「デザイン見直し」プロセス
・その他

一般的には、デザインは製品出荷までの一連の縦割りプロセスのひとつにすぎない。（しかしアップルでは）デザインはさまざまなプロセスにまたがる長く水平に伸びた帯のような存在で、あらゆる会話の一部をなしている。

——ロバート・ブルーナー（アップルの元デザイン・チーフ）

あらゆる会話だ！

（この公式が、独り立ちしたフリーランスの会計士や、四人の仲間でやっている芝刈りサービス業者には当てはまらない、なんてことはぜったいにない。）

読んで学ぼう！

ドナルド・ノーマン『エモーショナル・デザイン――微笑を誘うモノたちのために』（新曜社）

ガイ・カワサキ『人を魅了する――一流の職業人であるための技術』（海と月社）

ケビン・ロバーツ『永遠に愛されるブランド――ラブマークの誕生』（ランダムハウス講談社）

ティム・リーバーレヒト『ビジネス・ロマンティック――すべてを与え、何も定量化せず、自分自身よりすばらしいものを創造する（The Business Romantic: Give Everything, Quantify Nothing, and Create Something Greater Than Yourself）』

11・4

11・4・1　デザイン――最後にひとつ

千利休は、息子の紹安が庭の道を掃き、水を撒いているのを見ていた。紹安が掃除を終えると、「まだ足りない」と利休は言い、やり直すよう命じた。その後たっぷり一時間ほど掃除して疲れ果てた息子が利休に「父上、もうやり残したことはありません。飛び石を三回磨き、草木にたっぷり水をやり、苔や地衣類は生気に満ちています。小枝一本、葉っぱ一枚落ちていません」と言うと、茶の師匠である父は「何もわかっておらんな」と叱った。「庭の道はそんなふうに掃いてはいけない」と言いながら、利休は庭にはいり、木を揺らして黄や紅に色づいた葉を庭中に散らし、秋らしい情景に仕上げた。利休が息子に求めたのは清潔さだけではなく、美しい自然の姿だった。

――岡倉覚三『茶の本』（岩波書店）

ヴェロニク・ヴィエンは、そのすばらしい著書『自分らしく生きる贅沢――あるがままの「私」を認めるシンプルな方法』（光文社）において、地面に散らばった落ち葉について独自の分析を加えている――「禅の伝統では、あえて不完全で一時的で未完成なものとして丁寧に整えられた侘《わ》び寂《さ》びが、もっとも美しいと考えられている。その控え目な優美さは、流行やファッションを凌駕している」。ケビン・ロバーツも、『永遠に愛されるブランド』で「ラブマークの本質にかかわる仕事をしているときは、ミステリアスであることをいちばん重視している」と述べている。

革新的なデザイン＝
機能性＋
美しさ＋
精神・心遣い・秋の気配・不完全・ミステリアス

バーモントにある録音スタジオの貼り紙の言葉。「もっとも「完璧」だったテイクを残せばいいというものではない。完璧な出来ではないものの、その不完全さによって、情熱や愛、そしてその歌の物語をどうしても語りたいという切実な思いが本当によく伝わってくる、そんなテイクを残すべきだ」

11・4・2

デザイン——最後にもうひとつ

最安値を提示できる会社は一社だけである。他の会社はすべてデザインに頼らなければならない。

——ロドニー・フィッチ（フィッチ社、英国デザイン・カウンシルの『インサイツ』より）

12 TGR（良質指標）に徹底的にこだわれ――付加価値アップのためのさらなる八つの戦略

付加価値アップの八戦略

1．TGR（良質指標）を最大化する。TGRプロセスを管理せよ（大きなことより小さなこと）。
2．できるだけ人の役に立とうと心がけることが役に立つ――（考えられる限りあらゆる種類の）サービスの付加。
3．ソーシャルビジネス――誰がやる？　**全員だ！**／中途半端は許されない！
4．ビッグデータ――巨大なビジネスチャンスだが、負の側面には気をつけよう。
5．IoT（モノのインターネット）とIoE（あらゆるものがインターネットに接続される世界）が最初の大変革をもたらす。
6．未開拓市場その1――**あらゆるもの**の消費を圧倒的に支配しているのは女性である。
7．未開拓市場その2――高齢者市場は**巨大だ**。老人には、時間も金もたっぷりある。
8．全員が仕事に没頭し、変革者として付加価値の原動力になること。

これでリストは完成していると言うつもりはないが、記載されているものはすべて検証済みの戦略であり、実際本当に重要であることは保証できる。どれも顧客の満足感と喜び、そして事業の成長と増益のための、とてつもないチャンスをもたらすものばかりだ。（本書の存在理由は、仕事を維持し増やすためのすばらしい方法を提示することである。）

もっと言えば、右をみても左をみても同じような車しか走っていないこの時代に、これらの戦略を組み合わせて実践することは、昔に比べてはるかに重要になっている。

製品とサービス——差別化するか、廃れるか。

労働者——超越せよ、さもなくば消滅を。

すべては自分しだいだ。

リストは続く、どこまでも。

12・1　TGRにまつわる物語

とことんこだわって選びぬき、TGRを最大化し、TGRプロセスを明確に管理しよう

12・1・1

TGR——八対八〇という巨大なギャップの解消に取り組め

顧客が感じている「優れた」サービスは全体の**八パーセント**である。
企業が提供していると考えている「優れた」サービスは全体の**八〇パーセント**である。
——ベイン・アンド・カンパニーによる、三六二社へのアンケートより

いやはや!

四〇対六〇ならまだわかるが、**八対八〇**とはどういうことだ?

「八対八〇という巨大なギャップ」への対策のひとつが、TGR(良質指標)の最大化だ。

TGW(不具合指標)について考えてみよう。かつてTGWは自動車産業の品質評価の指標であった。車は型式別にTGWスコアで公式に格付けされていた。私が『エクセレント・カンパニー』を執筆していた一九八二年ごろは、TGWは超重要な指標だった。当時、米国の自動車業界は、かなりの打撃を受けていた。そのころ市場に参入した日本の自動車メーカーの車は、米国産の車に比べて驚くほどTGWが小さかった(つまり品質が良かった)。

現在では、価格帯が低いものでも高いものでも大半は使いやすいし、壊れにくくなっている。数年まえ、ある程度意図的にではあったが、公の場で(TGWについて言えば)スバルの品質はメルセデスと同じぐらい高いと発言して、厄介なことになった——しかもドイツのフランクフルトで! (これを書いている時点で、私のスバルの二〇〇七年式アウトバックは、走行距離二五万キロメートルを示しているが、いまだにオ゛ダ゛ブ゛ツ゛になる徴候、いや故障の兆しさえみせない。)もちろんTGWを最

小化することはとても重要だが、いまは、かつてのように品質の良さが差別化要素にはならない。

裏を返せば、TGRとは、たとえば、ダメなスタッフを減らすというより、いいスタッフを増やすことである。差別化の競争は実際そのように変化したのだ。TGRの時代がやってきたと言ってもいいくらいだ。私はそう思っている。

12・1・2
TGR──「満足／充分」を超える（スゴい）「顧客体験」

サービスがモノとはちがうように、「顧客体験」はサービスとはちがう。
──ジョー・パイン、ジム・ギルモア『新訳　経験経済──脱コモディティ化のマーケティング戦略』（ダイヤモンド社）

率直に言って、二〇年ほどまえに初めて「顧客体験」という言葉を聞いたとき、「コンサルタントが小金を稼ぐのにちょうどいい言葉」だと思い苦笑した。だが一周まわっていまはその重要性を理解している。私たちがサービスやモノを体験する、つまりサービスやモノとつながりを持つときの、機能的・感情的な過程にフォーカスすることは、非常に重要であり、「満足」とはまったく別の次元の話である。「満足」はけっきょく「充分（それほど悪くはない）」という言葉から派生しているにすぎない。

われわれは本質的にはコーヒーの会社だが、ブランドを広める術《すべ》はコーヒーにとどまらない。

大事なのは、エンターテインメントだ。

――ハワード・シュルツ（スターバックスの元CEO）

ピート・ロゼールがNFLを経営していたころ、NFLはアメリカンフットボールのビジネスとしてうまくいっていた。「今では、NFLは真のエンターテインメント・ビジネスになっている」

――ポール・マッチ（投資アドバイザー）

オハイオ州フェアフィールドの巨大スーパー、ジャングル・ジムズ・インターナショナル・マーケットでは「ショッパーテイメントという冒険」ができる。

――ジョージ・ホウェリン『一流の小売業――米国の独立した商店ベスト二五の内側（Retail Superstars: Inside the 25 Best Independent Stores in America）』

《ボストン・グローブ》「なぜ御社［バークシャー・ハサウェイ］はジョーダンズ・ファニチャーを買収したのですか」

ウォーレン・バフェット「ジョーダンズはすばらしい会社だから。客を惹きつける〝エンタメ魂〟のある会社なんだ」

12・1・3 TGR――「体験」にフォーカスせよ。「車はどこだ?」（というか、なぜショールームに車がないのか?）

「ショールーム」＝史上最高の花のディスプレイ！

カール・スウェルからは多くのことを学んだ。彼は自動車販売サービス店経営で成功していて、その中核をなすのはダラスのスウェル・ビレッジ・キャデラック店である。店内のショールームに足を踏み入れると、車がどこにもないことに気づく。あれ？

そのかわり、豪華な花のディスプレイが目を引く。ショールームのデザインはカールの友人、いまは亡きスタンリー・マーカスが手掛けた。（そう、高級百貨店のニーマン・マーカスのマーカスだ。）すばらしい調度品で整えられたフロアには、つねにメッセージビデオが流れている。ビデオは車を紹介するありがちな映像ではなく、店そのものを紹介する内容である。そのストレートなメッセージは次のとおりだ。

ようこそスウェル・ビレッジ・ファミリーへ。私たちはあなたが求める交通・物流手段をご提供します。

カールとその会社の社員たちは、あなたとその家族に「仲間になって」ほしいと考えているのだ。車のないショールームの奥には修理工場がある。初めてのときも、何度行っても、そこは床に落ちたものを食べられるほど清潔に保たれている。修理工場の見学は、なによりもまず「仲間」になるための第一歩である。そして親しみやすく（「思いやりがある」「感じがいい」など、サウスウエスト航空の採用方針を思いだそう）、きちんとした制服に身を包んだ整備士を紹介される。

カールは何ひとつ見過ごさない。店にはいるまえの段階までも配慮し、街路清掃車を購入した。たしかに、客が最初に目にするのは、店の前の道路だ。そうだろう？ ダラス市の街路清掃がいい加減だというわけではない。ディズニーのテーマパークのように、入口から演出したいと考えたのだ。（ディズニーは駐車のプロセスに細心の注意を払う。とくに駐車場係の採用はミスが許されない。なぜそんなにこだわるのか？ 言うまでもないことだが、ある体験を評価するとき、最初と最後の印象は、そのあいだのジェットコースターや何かで受けた印象より、よっぽど強く心に残るものだ。）

私はこれまで本当にたくさんのことを見過ごしてきた。さらに学ぶには、カールの著書『一回のお客を一生の顧客にする法――顧客満足度№1ディーラーのノウハウ』（ダイヤモンド社）を読んでほしい。重要ポイント――カール・スウェルはずっとまえからTGR（つまり**付加価値をアップさせるポジティブなサービス**）の達人だった。

12・1・4 TGRを重視せよ――顧客体験担当チーフの任命

どんなに小さな会社でも、（フルタイムでもパートタイムでもいいから）顧客体験担当チーフを任命せよ。

ここでのキーワードは「小さな会社」だ。顧客体験の重要性はスターバックスやジャングル・ジムの店だけでなく、個人事業主でも同じ、というより、ずっとずっと重要になる。

顧客体験を強化するための案

体験デザインの開発チームの技術者およびマーケティング担当者として、アーティスト、心理学者、音楽家、舞台演出家、それとたぶんシャーマンも必要である。

シャーマンは半分冗談だが、言いたいことはわかってもらえるだろう。技術者やMBA持ちのマーケターは、すばらしい体験を創造する仕事にあまりなじみがない。申し訳ないが、これは仮説ではなく事実だ。というと、ブツブツ文句を言いだす者がMBA持ちの技術者のなかに少なくともひとりはいるだろう――つまり私のことだが。

12.1.5 「工学」を超えて――長続きする感情的つながり（またはその欠如）

私自身、「顧客体験マーケティング」というコンセプトには、ずっととまどいを感じてきた。思うに、それはすばらしい体験が人為的につくられることを暗に意味している。たしかに、すばらしい体験の水面下には最高のシステムが存在するはずだ。だが、システムが幅をきかせはじめると、問題が起こるものだ。

とびきりの体験は、感情的な関わりでできている。 感情的な関わりとは、不可思議で、芸術的で、意外なもので、ミニクーパーSによって生まれる笑顔みたいなものだ。

体験へのこだわりは、悲しいことにほとんどの場合、「数値化」される。なんでもかんでも数字で測ろうとする。とにかく数字、数字だ。最近、車検のために行きつけのディーラーへ行った。仕事ぶりは良かったし、時間もかからなかった。だが、今回の来店について、オンライン評価を入力してほしいと少なくとも三回は店長に言われたし、何をしたら評価を上げてくれるかとも訊かれた。

そうするとどうなるか。**感情的な関わりが別れを告げる。**

この店長にぜひボーナスをあげてほしい（場合によってはこのスコアにクビがかかっているかもしれない）と思う反面、サービスに対する印象は、良くなるどころか、むしろ悪くなった。

12.1.6 さらなるTGR——大きなことより小さなこと

ささやかで小さな親切こそが、相手の感謝する心に深く訴えかける。

——ヘンリー・クレイ

ちょっとした感情の動きが人生の大きな道標となることを忘れてはいけない。

——フィンセント・ファン・ゴッホ

人間的な感情を持つ現実の人間の世界では、小さなことが大きなことよりも重大な意味を持つことがある。だから、長いあいだ記憶に残りつづけるのは、ささやかな「人間味のあるものやこと」だったりする（たとえば、カール・スウェルの自動車販売店で見たキャデラックのことはよく覚えていないのに、マーカス氏がデザインした花のディスプレイは二〇年たっても鮮明に覚えている）。

1．きれいなグラス＝一生記憶に残る

空路移動――キングフィッシャー航空
場所――ニューデリー近郊上空
客室乗務員「お客様、グラスを交換いたしましょうか？」

ムンバイでのセミナーのあと、ニューデリー行きの飛行機に乗った。そこでインテリア商品の業者と仕事をしていた妻と会うためである。キングフィッシャー航空を利用したのはこのときが初めてだった。飛行機が降下を始めると、客室乗務員が（機体の半分ほどの長さの）ビジネスクラスの通路を歩きながら、グラスを持っている客（ほとんどの客）一人ひとりにグラスを交換しましょうかと尋ねていた。

ささいなことだって？　もちろん、飛行機が時間どおりに着陸することのほうが重要だ。しかし、ほぼ文字どおり死ぬ間際まで、あのきれいなグラスのことを忘れないだろう！

「ささいなこと」？
断じてちがう！
試してみるといい……
「大きな、大きな、**とてつもなく大きな**」違いが生まれるはずだ！

2. **路上のオーナー**――数年まえ、大晦日に夫婦でシカゴを訪れた。友人ふたりと夕食を共にするためだった。友人は一流のレストランがひしめくシカゴでも指折りの最高の店を選んでくれた。料理は期待していたとおり美味しかった。私たちは真夜中過ぎまでディナーを楽しんだ。いざ帰ろうというとき、ほとんどの客がほぼ同時に帰ろうとしていた。シカゴの夜は湖から風が吹きつけ、凍てつく寒さだ。私たちは外に出てタクシーをつかまえるという超難題に取り組むことにした。外は極寒だ。そんななか、美しい薄手のワンピースを着た女性があちらこちらを走りまわって、タクシーを店先の歩道に誘導していた。その人はなんと、レストランのオーナーだった。

ワオ。

ちなみにそのオーナーは、食通の町シカゴでもっとも影響力のある美食家のひとりでもある。その日の食事や友人との楽しい時間、そのために東海岸から出向く価値のあった旅のことはよく覚えている。だがふと何かの拍子に思いだすのは、凍てつく寒さのなか、客のために懸命に通りでタクシーをつかまえているオーナーの姿である。

3. **（険しい）丘を越えて**――前にも書いたように、北米が厳冬期を迎える二カ月と少しのあいだ、妻と私はニュージーランドの南島北端のゴールデン湾で過ごす。そこではいつも、レンタカーを借りるのだが、正直言って、ハーツやエイビスの六〇日間のレンタカー代は私たちにはとても払えない額なので、地元のレンタカー会社でなんとか払える額の車を借りることにしている。

昨年、私たちの小さいコテージから四〇キロ離れたフェリーの埠頭までドライブした。スーザンはそこから丸一日かかる長い散歩に出かけた。スーザンを下ろし、周辺を少しぶらぶらしたあと、家に帰ることにした。七時間後にはコテージに帰り着くつもりだった。ところが車に戻ったところで鍵がないことに気づいた。いくら探しても見つからない。スペアキーを持っていなかったので、車を置いて家に戻ったところでどうにもならない。

その日は日曜日だった。何年もまえから知っているそのレンタカー店の店長に電話してみることにした。正直、電話したところで、彼が私のピンチを解決してくれるとは思っていなかった。タクシーが走っている国ではないが、たぶん家までヒッチハイクはできるだろうし、近所の人に頼めばスーザンを迎えに行ってもらえるだろう、ぐらいに思っていた。

レンタカー店の店長は、私が窮地に陥ってしまったことを心から気の毒に思ってくれた。彼は電話口で少し待ってほしいと告げ、しばらくして戻ってくると、「問題解決ですよ。日曜日はよく妻と義理の母をドライブに連れていくんですが、ついでにあなたのところに寄って、スペアキーを届けます」と言った。話はそれだけではない。なんと彼はそのとき一〇〇キロ近くも離れたネルソンという町にいたのだ。さらに私のところに来るまでにおよそ二〇〇カ所くらいジグザグに曲がりくねった険しい丘陵地帯を越える必要があった。その道のりはどう考えても強行軍としか言えない。それでも彼とその家族はおよそ一時間半の過酷な道のりを経て丘を越え、鍵を届けてくれた。そして「ぜんぜん気にしないでください」と彼は言った。

この親切は忘れがたい、などという表現だけではまったく足りない。彼の会社を思いつく限りの人全員に勧め、このことをブログに書き、彼を称賛することに全力を尽くしている。（丘を越えるドライブの話は、ニュージーランドの観光業にそれほど打撃を与えていないだろう。ニュージーランドでよくみられる隣人同士の助け合いについて友人に説明するときに、この話をしているのだから。）

4. **高度な空気入れ技術**——孫娘のゾーイが四歳のころ、家族で私たちの住むマサチューセッツ州サウスコーストに遊びに来た。うちはバザーズ湾からおよそ五分のところにある。だから、ビーチで浮かべて遊ぼうとして、かわいらしいドラゴンの浮き具をゾーイに買ってやった。ところが、いざ膨らませるときになって、私の運が尽きた。そのおもちゃには変わったバルブがついていて、私の自転車用の空気入れには合わなかったのだ。しかたなく一五キロほど離れた地元のガソリンスタンドに行くことにした。だが、そこにあった空気ホースを連結させる器具も合わなかった。この話はやや長いのでショート・バージョンで先に結末を話すが、スタンドに勤めている知り合いのエンジニアが応急処置でホースをバルブにつなげてくれて、問題は解決した。だが、その作業は簡単ではなかった。一時はエンジニアが少なくとも三人がかりでゾーイのドラゴンを膨らませようと悪戦苦闘してくれた。そしてついにドラゴンはうまく膨らみ、私はビーチに戻った。

私はゾーイのおもちゃのために奮闘する三人の写真を撮った。そして、その写真を自動車販売店向けの講演用のスライドに使っている。また、その少しあとに車が故障したとき、本来ならディーラーのところに行くべきだったが、あえてその地元のガソリンスタンドに修理を頼み、八〇〇ドルの仕事をしてもらった。

5. **造園賞レベルの石の壁**——マサチューセッツ州の家に新しい私道をつくったときのことだ。湿地帯に重なる部分があったため、町や州の許可を取るのに煩雑な手続きが必要で、さんざん待たされ、ようやくすべての書類が揃って許可が下りたとき、森林と岩だらけの土地を抜ける複雑な私道を建設するための時間はたったの三週間しかなかった。絶滅危惧種の渡り鳥がやってくる季節までに工事を終えねばならなかったからだ。

妻と私は、この目がまわるほど忙しい工事のほとんどの期間、英国に行っていて留守にしていた。帰宅して初めて新しい私道を通ったとき、半分ほど来たところで文字どおり車を止めて息をのんだ。（話を盛っているわけではなく、本当に。）その工事の難易度からみて工期は異常と言っていいほど短かった。新しい私道に沿って四五メートルほど丘の斜面を削らねばならず、さらに九〇メートルほどある岩だらけの領域の岩を取りのぞき、どうにかして処分せねばならなかった。私たちが息をのんだのは、デコボコの斜面が造園の賞をもらえそうなほど美しい石組みの壁になっていたからだ。造園業者は取りのぞいた岩石を距離がある斜面まで手間をかけて運び、芸術的な石の壁をつくってくれたのだ。（たくさんの友人がこの道を通ったが、ほぼ全員がこの仕事を目の当たりにして心から感動していた。）私たちが造園業者にお礼を言いに行くと、業者は心底驚いた様子で、「時間がなくて、石の壁の仕事がいい加減になってしまったので、あとできれいに直そうと思っていたんです」と言った。彼は、この非常に短い工期のなか、サービスでやったすばらしい仕事の追加料金を要求することなく、むしろ謝罪してきたのだ。

記憶に残る、なんてものじゃない。これは、地元の「私道建設業者」が、いかにしてエクセレントな仕事の模範となり、コミュニティの貴重な資産になれるか、という好例だ。

6.**知らない間にドカ雪**――お次は、ふらりと旅に出かけようとしたときのことだ（私はよく「ふらり旅」に出かける）。一二〇キロ離れたボストン空港へ向かうために運転手と車を手配した。この会社には何年もお世話になっている。私のようなビジネスマンの送迎に特化した会社で、運転手はつねにスーツを着用している。運転手は少し早く来ていて、私のほうは少し手間取っていた。これは問題だった。出かける間際に一五センチほど雪が積もっていたからだ。私はようやく出かける準備ができて、玄関のドアをあけた。その瞬間思わず二度見してしまった。いつものようにスーツに身を包んだ運転手が、我が家の少々長い玄関先の道に積もった湿り気のあるどっしり重い雪をシャベルでかきわけてくれているではないか。しかも彼は雪かきの重労働はさておき、「シャベルを探すために二〇メートルほど先の納屋を引っかきまわしてしまいました、申し訳ありません」と言う。

これがもうひとつの「死ぬまで忘れられない」出来事である。

大きなこと

＞

小さなこと！

QED（証明終わり）

歓迎すべきは……

・グラスの交換
・路上のレストランオーナー
・丘を越える（ハードな）ドライブ
・ゾーイのビーチ用浮き具の空気入れ
・すばらしい石組みの壁

・知らない間に雪かきされていた道

12・1・7 TGR——念のためにもう一度、大きなことより小さなこと

これまで紹介したような行為を自分のチームメンバーがやってくれる確率を高めるには、どうすればいいのだろうか。答えは四つある。

1．親切で共感力の高い人を雇うこと。そういう人は感受性が強いので、自然にそういう行ないが生まれてくるものだ。

2．組織外の人に対しても、チームメンバーに対しても同様に、「人助けのために時間を使う」文化を育てること。時間を忘れて人に手を貸す人、効率の〇・〇〇一パーセント向上を追求する以上のことを成しとげようとしている人（たとえば客のために凍てつく寒さのなか路上でタクシーをつかまえるために走りまわる人）を励まそう。

3．かなり使い古された言葉ではあるが「有言実行」は必須条件である。リーダー的立場の人が日曜日に曲がりくねった険しい坂道を車を運転して来てくれたり、歩道の雪かきをしてくれたりする姿をつねに示せば、多くの者が真似をしようとあとに続くだろう。

4．褒めたたえること。あらゆる手段を用いてこのような行ないを発掘し、個人的にも公的にも功績を評価しよう。

12.1.8　TGRの収集――グラニートロック社の「全員」アプローチ

カリフォルニア州ワトソンビルにあるグラニートロック社は、道路用の砂利やコンクリート、アスファルト舗装などにかかわる「退屈な」ビジネスを営む建設会社である。この会社は、製品／サービスの質を称える全米最高の栄誉であるボルドリッジ賞を受賞した。同社の社長によれば、受賞理由は会社の「人がいちばん」主義というコアバリューだという。

少しまえ、カスタマーサービスに関するセミナーを開いてほしいという依頼を受けて、グラニートロック社に行ったことがある。いつもどおりの内容のセミナーを用意していたが、ＣＥＯから、自由に発言できる形式のセミナーに一緒に参加してほしいと言われた。

通常は、クライアントの企業側はほとんど何もしない。せいぜい当日の準備ぐらいである。だが、グラニートロック社は例外だった。参加者は、コンクリートミキサー車の運転手や受付係、経理担当者など全社員で、サービスの実例を準備してくるように言われていた。プログラムの二週間まえから、日常の暮らし（食料品店、クリーニング店、映画館、病院など）のなかの良いサービスと良くないサービスの実例を集めたのだ。それらの実例は、セミナーで分析の材料として使われた。

当日、社員たちはＴＧＷとＴＧＲの実例をたっぷり集めてきていた。おかげで、それらをみんなで分析することができた。（たとえば、レジの人が自動運転の機械みたいで愛想がなく、挨拶の言葉さえ交わさなかった、など。）結論から言うと、このセミナーは大成功だった。運転手、受付係、現場監督、経営幹部が全員同じ課題に取り組み、グラニートロック社で試すべきＴＧＲと避けるべきＴＧＷが大量に集まったのだ。

「退屈な」産業。
すばらしい全員参加のアプローチ。
「試そう」リストの達人。
即実践する機会をつくる。

12・1・9　大きなことより小さなこと――まとめ

生産性はどの会社でも最重要事項だ。疑いの余地はない。その一方で、客のためなら「月までも」という話も、マグニチュード七・五クラスの大反響である。バーノン・ヒルの金言「経費削減は悪循環のもと。大事なのは売り上げを増やすこと」を思いだそう。私は、ヒルが創設したメトロバンクの社員を間近で観察したことがある。彼らの仕事は、客を惹きつける（楽しませる！）ことである。そのために時間をとってもかまわない。メトロバンク文化では通常より時間を費やすことがあっても、それはまったく悪いことではないのだ。

これと似た話だが、私はＵＳＡＡ（米軍の軍人、軍属およびその家族を対象とした金融業、保険業を専門とする会社）の五〇年来の顧客である。用があって電話すると、サンアントニオの本社に唯一あるコールセンターにつながる。ここのコールセンターのスタッフはいつも、世界じゅうのほかの誰でもない私だけのために働いているようにふるまってくれるので、毎回感心してしまう。ある質問をしたとき、彼女のデスクのそばに対応を急かせるストップウォッチがないことを確信した。慌てずに対応するよう言われているのだろう。バカみたいに聞こえるかもしれないが、電話を切ったとき、本当にサンアントニオに友達がいるような気分になった。保険会社の問い合わせ窓口に対して、こんな感情が芽生えたことがあなたにはあるだろうか。

　あなたは自分の会社の運転手に玄関先の雪かきをしてほしいと考えているだろうか。あるいはコールセンターの窓口担当者に保険加入者と親密な絆を結んでほしいとか。もしそうなら、そのような行動を大切にする文化を育てることだ。それによって、四半期ごとに報告する生産性評価の数値が一・六三四パーセント低下するかもしれないが、きっとその後の売り上げアップと差別化につながり、一〇倍以上になって戻ってくるはずだ。

12.1.10

12.1.10.1　TGR——大きなことより小さなこと（もうひとつの筋肉増強剤）

「大きなことより小さなこと」にまつわる話には知っておくべき別の側面がある。「ナッジ（ちょっとしたきっかけで消費者の行動を促す手法）」というカテゴリーに分類されることもあれば、「行動経済学」の一部だと言われることもある。名前はどうあれ、この話は小さな変化が大きなインパクトを与えるというものだ。

たとえば、次の例をみてみよう。

1. 大型のショッピングカート＝一・五倍増

物理的に大きな商品（たとえば電子レンジ）の売り上げを増やすため、ウォルマートはショッピングカートのサイズを大きくしてみた。（へえ、だからどうだって？）

大きめのカートは、電子レンジのような、物理的に大きな商品の売り上げを五〇パーセント増やした。ウォルマートでの大型商品の売り上げ五〇パーセント増加は、桁違いの増益を意味する。

2．睨みつける目＝六二パーセント減少
ヨーロッパでは自転車の窃盗被害が増えている。試験的に、睨みつけるふたつの目が描かれたポスターを駐輪場に貼ったところ、地域の自転車の窃盗率が六二パーセント減少した。

3．二メートルの距離＝六三パーセント減少
お代わり用の取り皿を、料理のテーブルから二メートル以上離れた場所に置くと、料理のテーブルの上に置いた場合と比べて、お代わりをする客の割合が六三パーセント減少した。

4．ラスベガスのカジノの入口につながる歩道の「わずかな曲線」＝二倍
「(デザイナーの) フリードマンが建物へつながる直角の通路を少し曲線に変えると、〝歩行者の行動が驚くほど大きく変化した。〟入場者の割合が三分の一～三分の二近く増加したのだ」*
少し曲がった歩道＝二倍の入場客＝一〇億ドル以上のインパクト
（大きなことより小さなこと。「わずかな」曲線？　とんでもない！）

5．形態変更＝倍増＋全員

会議室のテーブルの形を長方形から円形に変えてみよう。発言の数は二倍に増え、ほぼ全員が発言するようになるだろう。

6．アバターの身長を高くする＝自信の割り増し

「試験的にデジタルガジェットを扱うときにいつも自分に言い聞かせていることは、設計のほんのささいな変更によって、使用者の体験に予想もしなかった重大な影響を与える可能性があるということだ。……たとえば、スタンフォード大学の研究者ジェレミー・ベイレンソンは、バーチャルリアリティの世界で自分の分身となるアバターの身長を変えると、その人の社会的な自己認識と自信に影響が及ぶことを実証した。情報技術を扱う仕事をするなら、社会工学にも精通していなければならない」

――ジャロン・ラニアー『人間はガジェットではない』（早川書房）

（基本的な個人の特性を簡単に変えられるなんて、ビックリだ。）

7．チェックリスト＝一一パーセントから〇パーセント

ジョンズ・ホプキンズ大学病院の集中治療室／単なるチェックリストの力

＊出典：ナターシャ・ダウ・シュール『デザインされたギャンブル依存症』（青土社）。これは、一五年間の調査研究に基づくすばらしい本である。この本を何人にプレゼントしたかわからない。非常におもしろくてわかりやすいので、行動科学・ナッジ・大きなことより小さなこと・TGR入門書としてお勧めする。

・ジョンズ・ホプキンズ大学病院の集中治療室長のピーター・プロノボスト医師は、集中治療室での点滴に関連した感染症を防ぐために、「簡単な」チェックリストを作成した。
・プロノボストがチェックリストプログラムを立ちあげたとき、点滴の手順の三分の一に誤りが少なくともひとつあった。
・プログラムの実施には組織文化の大きな変革が必要であった（たとえば、医師やほかの誰かがチェックリストに従っていなければ、看護師が作業を停止できる、または停止しなければならないなど）。
・一年たたないうちに、集中治療室の点滴に関連した感染症率は**一一パーセントから〇パーセント**になった。

ピーター・プロノボスト医師は、ジョンズ・ホプキンズ大学病院の集中治療室のエラー率が高いことに頭を悩ませていた。そして、航空機パイロットのチェックリストにヒントを得て、自分の職場で試してみた。文化的な背景のため（たとえば、手順を省略しようとする医師を看護師がとめることに対する抵抗感など）*、この「シンプルな」アイデアを実行に移すのはかなり困難だった。一見地味なアイデアだが、チェックリストは集中治療室にとどまらず広く使われ、多くの患者の安全問題を劇的に解決し、文字どおり何千人もの命を救った。

8．ソックス＝**一万人以上**

英国の国民医療保険サービスの推計によると、入院時に患者全員に着圧ソックスを支給すれば、深部静脈血栓で死亡する人の命が年間一万人救われると言う。

重要ポイント

・ウォルマートのショッピングカートの大型化
・自転車駐輪場の睨む目のポスター
・テーブルから離れた位置への取り皿の移動
・カジノの玄関通路のわずかな曲線
・長机から円卓への変更
・コンピューターゲームのアバターの身長の変更
・集中治療室のチェックリスト
・すべての患者に着圧ソックス

教訓――低予算ですぐに試せる、ポテンシャルの高いアイデアは（文字どおり）無数にあり、発見されて実際に試されるのを待っている。イノベーションの章で述べた重要なフレーズを使うなら、全員がつねにWTTMSW（数打ちゃ当たる）・「本気の遊び」に参加することが大切だ。

＊　出典：アトゥール・ガワンデ「チェックリスト（The Checklist）」《ニューヨーカー》。ガワンデはチェックリストについて本も一冊書いている。それがベストセラーの『アナタはなぜチェックリストを使わないのか？――重大な局面で〝正しい決断〟をする方法』（晋遊社）だ。

12・1・10・2 「本気の遊び」を続け、ふるまいに大きな影響を及ぼしうる小さなアイデアを試す

ポイント

・迅速な試行を素直に受けいれる
・失敗は「タダ」（傍目《はため》にはわからない、悪い印象を与えない、金もかからない）
・迅速な実践／迅速な発表
・WTTMSW（数打ちゃ当たる）・「本気の遊び」という姿勢は必須
・新しいことを始めるのに権力や地位は必要ない

12・1・10・3 注意点

ナッジはなみはずれたことを可能にする。たとえば集中治療室で命を救い、自転車窃盗件数を減らすことができる。しかし、じつを言うと、ナッジという手法はきれいごとばかりではない。私が注意を喚起したいのは、「あからさまな潜在的行動操作（BSBM）」である。たとえばグーグルの社員は、かなり高額の給料をもらって、目に見えないところで人びとの行動を操作している。日に日にその技術は向上し、彼らのツールの力は増すばかりだ。少なくとも、これに関して強く警鐘を鳴らす必要はあるだろう。

一見もっとも満足のいく解決策は透明性だ。しかし、あまりに多くのBSBMが存在するため、透

明性はいい防御策とは言えない。さらに、こうした透明性はすでに使われすぎているので、実際には意味がない。それに、私たちが日々受けている操作行為の量からすれば、「備えあれば憂いなし」と言ったって備えようがなく、考えるだけバカバカしい。問題を認識して用心するだけでは防げないが、だからといって、このような害を及ぼす危険性のある行為をいつまでも黙って見過ごすわけにもいかない。

もちろん、行動操作の目的は、いうなれば広告宣伝の目的と同じである。しかしまったく同じとは言い切れない。ビッグデータとアルゴリズムの時代において、操作行為はほとんど際限なく洗練され、見えないところで行なわれ、驚くほど個々人に合わせた操作が可能になってきている。ほぼ確実に、知らないうちにダメージを受けていると言っていい。

この警告は、あなただけでなく、私自身に向けたものでもある。大きなショッピングカートや曲がった通路などの興味深い実例で、ついつい盛り上がってしまった。楽しいのは悪いことじゃない。だが、自分自身にも、そしてあなたにも注意を呼びかけておく。それは思っているほど単純な話ではない。

12・1・11　TGRのまとめ

とにかく試そう。
いますぐに。
やりかたを変えてみよう。

いますぐに。
もう一度、試そう。
いますぐに。
なんとかやりとげよう。
結果を評価しよう。
始めよう。
今日から。

おわりに――

継続的な「TGR促進プロセス」は戦略的財産である。

このプロセスは、明快かつ組織的で、評価と報酬を伴うものでなければならない。

12・2　サービス付加にまつわる物語

できるだけ人の役に立とうとすることが付加価値アップに役立つ――（あらゆる種類の）サービスの付加

12・2・1　サービス付加——コモディティ化しないために

サービスを提供しなければ、どこにでもあるコモディティになってしまう。
——ルイス・ガースナー（IBM元CEO）

第3章で述べたように、ガースナーは、一九九〇年代初期に低迷していたIBMの経営を引き継ぎ、サービス付加戦略によって建て直した。とりわけ小規模の補助的な顧客サポートユニットを使い、五〇〇億ドル規模のビジネスに育てあげた。

それが、IBMグローバルサービスである。

IBMの狙いは、顧客の囲い込みである。当時の《ブルームバーグ・ビジネスウィーク》によると、「コンピューターや技術に関するサービスは言わずもがな、IBMの抜本的な新しい目標は、顧客の事業を改革し、運営することである」。

結論——IB**M**／インターナショナル・ビジネス・**マシン**会社が、I**B**M／インターナショナル・**ビジネス**・マシン会社になった。

ある意味、これほどわかりやすい話はない。（客との関係や提供するサービスの幅広さと深さに関して）客のために役立とうとすればするほど、収入が上がり、その仕事を失わずに続けることができる可能性が高くなる。これを念頭において、いったん借り物のエピソードを編集する筆を置き、このセクションにはオリジナルの実務的サブタイトル、「あらゆる種類のサービスの付加」をつけた。

そしてタイトルは、「できるだけ人の役に立とうとすることが付加価値アップに役立つ」とした。これがミソである。インターネット、人工知能、グローバル化などの影響で、私たちは大急ぎでもっともっと（さらにもっと）付加価値を高める必要に迫られている。第Ｖ部の前半で述べたのは、ウィットに富んだ感動的なデザインと、一生忘れがたいＴＧＲについてであった。

それはすなわち、

「ソフト」面のことであり、人間に関することである。

そして、このセクションでフォーカスするのは、次のことである。

もっと人の役に立とう。
本気で！

12・2・2

（航空エンジンなど）モノ優位性の消滅

《エコノミスト》の次の文章を読んで、驚きのあまり文字どおり二度見したと言っても、言い過ぎではない。

ロールス・ロイスはいまや自社で何かを生産することよりも、顧客のあらゆる調達戦略を管理し

たり、販売した航空宇宙エンジンのメンテナンスをしたりすることで稼いでいる。

このように、昔のＩＢＭと同じような典型的な製造業者は、今後はおもにサービス付加企業として生き、たまにモノもつくるということになるだろう。

とくに、「**あらゆる調達戦略**」に注目してほしい。つまり、販売したモノのメンテナンスだけでなく、顧客のあらゆる事業活動において中心的かつ戦略的な役割を果たすようになるのである。

12．2．3

12．2．3．1

UPS、UPSから、UPSへ（重点が逆転──パッケージ〈P〉からサービス〈S〉へ）

茶色のトラックが進む新たな道──UPSは米国の実業界のトラフィック・マネジャーになろうとしている。

──《ブルームバーグ・ビジネスウィーク》の見出し

大事なのはソリューションだ。いかにして、強力で優れたサプライチェーンを低コストで運営するか。それを顧客と話しあう。我が社には顧客のために働く一〇〇〇人の技術者がいる。

──ボブ・ストフェル（UPSシニアエグゼクティブ）

ＵＰＳは複合的なサービスを提供する気だ。実際、この会社の略号をみればわかる。

ＵＰＳ＝米国問題解決社（ユ《U》ナイテッド・プ《P》ロブレム・ソ《S》ルバー）

小包を玄関ポーチに投げこむ茶色のトラックの群れ（現在の業務の頂点）から、企業規模の物流システムの支配者であり、巨大企業の本格的な戦略的パートナーでもある存在へ転身した。

数十億ドル規模の総合サプライチェーン・ソリューションサービス会社。

違いは明らかだ。

12.2.3.2 行動へといざなう比類なきモデルケース

ＵＰＳのケースを脳裏に焼きつけよう。ＵＰＳは、根本的な存在理由と生き残る道の幅を広げ、定義しなおしたエクセレントな組織として、完璧なモデルケースである。量をさばくだけの一方通行のビジネスから双方向で共同作業を行なうフルサービス型利益促進パートナーに生まれ変わった。まあ、簡単に言えば、宅配業者から知的財産を基礎とする会社になったわけである。

そう、ＵＰＳは、あなたの部署や会社と比べものにならないほど規模が大きいのは明らかだ。でも「モノ（ハード）」中心の事業から「人（ソフト）」中心の知的財産総合サービス事業への転換は、私たちのほぼ全員にとって非常にわかりやすく有益なモデルケースである。（たとえば私の場合、講演と執筆から、ウェブサイトを使った活動へ仕事の重点を移すという重大な転換がこれに当たる。）

12.2.4　「ギーク」＝戦略的なポジション変更

1．LANインストール社（地域マーケットシェアは三パーセント）
2．ギーク・スクワッド（〝PCオタク集団〟という意味）に社名変更（地域マーケットシェアは三〇パーセントに跳ねあがった）
3．地域の顧客であったベスト・バイによる買収
4．ギーク・スクワッド社はベスト・バイの戦略的ポジショニングの中心的存在に

LAN（ローカル・エリア・ネットワーク）インストール社のミネアポリス周辺のマーケットシェアは、三パーセントだった。「エクスペリエンス（体験）・マーケティング」のカリスマ、ジョー・パインとジム・ギルモアの力を借りて、LANは社名をもっと親しみやすいギーク・スクワッドに変えた。すると、マーケットシェアが一〇倍以上も伸びた。

生まれ変わったギークたちは、ミネアポリスを拠点とする電化製品小売業のベスト・バイの仕事もしはじめた。最終的には、巨大企業ベスト・バイがギーク・スクワッドを買収し、ギーク・スクワッドの「顧客成功」主義（顧客の電気関連の問題解決など）を、ベスト・バイの全体的なマーケットのポジショニングの中心概念に採用した。ギーク・スクワッドの助けを借りて、ベスト・バイは競合の

サーキット・シティーを廃業に追いこむことができた。インターネット販売での熾烈な競争にたじろいだサーキット・シティーは、費用削減とフロアスタッフの人員削減に走った。ベスト・バイは正反対の方針で、サービス付加戦略を押しすすめた。そしていままでのところ、生き残っている。

12.2.5 IDEOの進化

プロダクトデザインはなんのため？
プロダクトデザイン研修はなんのため？

企業革新の文化研修／コンサルティング

二〇年まえ、IDEOはプロダクトデザイン会社のなかでトップ、あるいはそれに近い位置を占めていた。IDEOのクリエイティブレベルは非常に高く、顧客企業はこぞって「IDEO式」デザインを学ぼうとした。そして、IDEOはそれを教えた。しかし、IDEOの成功がどんどん続くのを目の当たりにした顧客企業は、さらに高い次元、ようするにIDEOのイノベーションを実現させる根本的な方法に興味を持つようになった。そういうわけで、ご存知のように、IDEOは巨大企業と協力し、体系的、戦略的、文化的変革を行ない、イノベーションの全体的なプロセスを担うようになった。

つまり、IDEOはプロダクトデザイナーから戦略的イノベーションパートナーへ、サービス付加企業への階段を上ったのだ。

成功するチャンスは、いくらでもある。

12.2.6 警告

徹底的なサービス付加戦略にシフトするには、なによりもまず、（そう、また例の）組織文化の抜本的な変化が必要だ。「箱のデザイン」と知的財産主導の「戦略的総合サービスパートナー」は、控え目に言っても、まったく別物であり、別世界の話である。現実には、良かれと思って始めたサービスへの戦略的な転換の多くが大失敗に終わっている。

12.2.7 サービス付加――「卸売業者」はどこへ行った？

「卸売業者」＝「中間業者」？

もう役目を終えた、時代遅れの遺物だ。

もう卸売業という業種は成りたたない。ウェブで直接やりとりできるこのご時世、中間業者は余計なコストがかかり、遅れを生むだけの存在になってしまった。

ただし、「中間業者」には現在新たに求められている役割がある。「付加価値を生む顧客サービスの匠」である。（たとえば、システムインテグレーター、下請の管理者、戦略アドバイザー、従業員トレーナー、本格的な経営パートナーなど、顧客が望むあらゆることを喜んで行なうなんでも屋。）

「自分専用の」中間業者としての新たな・拡大された・包括的な役割

二〇一六年のはじめに、産業機械卸売業者の集まりで講演をした。彼らはあらゆる局面で情け容赦ない攻撃にさらされていた。とくに、インターネットビジネスのいままでにない（急激な）成長によって、彼らのような卸売業者はだんだん製造者からもユーザーからも避けられ、省かれていった。（1）機械製造業者はエンドユーザーと直接つながるようになり、（2）エンドユーザーは卸売業者を抜かして自分のニーズに合った製造者を探すようになったのだ。

私はUPSなどのお気に入りの事例を話した。つまり、（貨物の）中間業者が大口の顧客のフルサービスのシステムインテグレーター兼管理者兼戦略的パートナーへと役割を抜本的に再構築したストーリーである。中間業者（この事例ではUPS）は、ためらいなく顧客というイヌが振るシッポ、あるいはラクダの鼻、あるいはどこであれ母体の一部になり、小さな突破口から徐々に間口を広げ、その業界の幅広い専門知識を活用して、もともと顧客企業内でやっていた活動をどんどん肩代わりしていくことをめざしている（〝ラクダの鼻〟は小さな突破口を足がかりにするときのたとえ）。

では、次のような場合について考えてみよう。

（いま仮に、私の講演の聴衆のように、想像力も決断力も実力もある）卸売業者が、（長い付き合いのたくさんの顧客の売買両方についての）幅広い知識を持ち、サプライチェーン全体に精通していて、顧客が行なう包括的営業活動のサポート役として、きわめて有利なポジションにいるとする。意味不明な業界用語みたいに聞こえるかもしれないが、基本的でお手軽でわかりやすい売買サービスから、総合的なサービスパッケージの創造を介して本格的なビジネスパートナーへと移行する。これがポイントである。顧客のビジネスを戦略的に調整する、あるいはその再生を助けるための総合的なサービスパッケージをつくるのだ。これこそIBMグローバルサービスの大胆なアプローチだった。「弊社は（実際に、ときには法律的に）御社の事業を御社のために運営します」という暗示的（またはこれ見よがしの）メッセージは、顧客企業内部での事業の創造を通じて、最終的には五〇〇億ドルの利益を生みだした。

（元）卸売業者は事実上、顧客との関係を拡大するにはきわめて有利な立場にある。顧客のほとんどは巨大企業ではないため、影響力は限られており、従業員の知識や教養も限られて（あるいは欠如して）いる。卸売業者から総合サービスビジネスパートナーへの転換は、さまざまな状況で培った豊かな経験を関係企業にもたらす。そのような経験がうまく生かされれば、どんな顧客や取引先にとっても非常に有益である。

この講演では、モノを扱う「単なる」中間業者を顧客と提携する一流プロフェッショナルサービス企業に変えるというアイデアを説明するだけでなく、もう少し先の見解も話せた気がしていた。三カ月後に、講演先の協会の専務理事から、講演の反響が良く、協会ではさらに、協会メンバーの卸売業者が付加価値をアップさせるための最新情報を体系化して理解するワークショップを企画したというフィードバックをもらったときは、もちろんうれしかった。とくに驚きはしなかったが、専務理事はさらにこう言い足した。「いつものことですが、豊かな会社はさらに潤います。なかでも優秀な卸売業者はすでに、あなたが説明したフィールドで商売を始めていましたが、あなたの話を聞いて、さらなる行動への意欲がかきたてられたようです。得意先との結びつきを強めるため、幅広く、さらに掘りさげた提案を試している卸売業者も何社かあります」

12.2.8 タスクラビット――ウェブ配車サービス「ウーバー」のなんでも屋バージョン

おそらく、「果てしないサービス」のもっとも純粋なモデルはタスクラビットだろう。厳しい審査を受けたパートタイムの従業員が、顧客のためにほぼなんでもやる。

二〇一七年時点のタスクラビットに関する事実は次のとおりだ。

・二〇〇八年にボストンでランマイエランド（RunMyErrand）という会社としてスタートしたのち、二〇一〇年にタスクラビットに社名変更し、サンフランシスコに移った。
・タスクラビットは設立時にベンチャーファンディングで五〇〇〇万ドルの資金を集めた。
・「働き手《タスカー》」の平均時給は三五ドルである。
・タスクラビットは、二〇一三年に初めて海外進出し、ロンドンでサービスを開始した。
・タスクラビットは、すでに述べたように、サービスを展開している一八の都市のすべてで利益を出している。

・テクノロジーニュース配信サービスの「ヴァージ」は、タスクラビットを「〝ウーバー〟のなんでも屋バージョン」と呼んだ。
・《ファスト・カンパニー》は特集記事「二〇一七年の世界でもっとも革新的な会社」のひとつとして、タスクラビットを選んだ。

以上、短い記述だが、タスクラビットが、サービス付加における創造性をテーマとするこのセクションにふさわしいことはわかるだろう。それだけでなく、タスクラビットの精神は、従業員数一～一〇万人規模のありとあらゆる会社に応用できる。

12・2・9 サービス専門会社のビジネスモデルの果てなき射程範囲

いまや知的資本の時代……さもなくば、倒産
いまやプロジェクト中心の流動的組織の時代……さもなくば、倒産

いい知らせだ。

この流れに乗るために、(ロールス・ロイスやUPSのように)新たなモデルを発明する必要はない。

すでにテストを終えた複数のロールモデルがあるからだ。

12・2・9・1
PSF（プロフェッショナルサービス会社）への道

あらゆる規模の（数十万人もの従業員を抱える会社もある）さまざまな業種の会社が創業いらい（たとえば私の元雇い主のマッキンゼー・アンド・カンパニーは一九二六年から）、次のようなビジネスの世界でしのぎを削ってきた。

知的資本こそすべて。
（航空エンジンや茶色の大型配送トラックをはるかに凌ぐ。）

とにかくプロジェクト、プロジェクト、プロジェクト。
（社員全員がつねにプロジェクトにかかわっている。）

変化変容が日常。
（組織はもはや二日とて同じ形を保つことはない。）

人材は死活問題である。
（「人がいちばん主義」はスローガンではなく、生死をわける決定的な定理である。）

顧客との関わりが生き残りを決める。

専門家は顧客のために生き、顧客とともに食事を取り、顧客と親しく（そしてときには有益に！）かかわる。

九〇年代の前半から、ＰＳＦの事例を取りあげてきた。アウトソーシングが急ピッチで普及しはじめ、人工知能の実力が明らかになってくるにつれて、大昔からのお役所的な「部署」は不要であることが明らかになった。私たちはさまざまな部署をこれまでなんと呼んできただろう。「金食い虫《コストセンター》」、「お役所仕事の権化」などである。

たしかに、部署は必要な仕事をやってはいるが、損益計算書の足を引っぱる「必要悪」のカテゴリーにはいる。

しかしＰＳＦの実践によって、部署／コストセンター／お役所的職場がバラ色の未来に向かって会社全体を後押しするアイデアの宝庫になるのは充分可能である。

私のモデルでは、すべての社内「部署」は本格的なＰＳＦ／ビジネスに生まれ変われる！

さらにその先を考えると、会社は全体として、

知的資産強化型イノベーションと成長をめざす巨大ＰＳＦになるだろう。

（業界用語っぽいひどい表現だが方向は合っている。）

12・2・9・2　会社の付加価値を高める金の卵——全社あげての社内ＰＳＦへの転身

物語はこんなふうに進行する。

たとえば、社員研修のための部署が、「トレーニング・カンパニー」として生まれ変わる。つまり、一四人の部署／コストセンターが、五〇人規模の人事部に内包された、本格的なプロフェッショナルサービス会社になるのだ。その人事部はひょっとすると、二億ドル規模のビジネスユニットの一部で、そのユニットが属しているのは三〇億ドル規模の会社かもしれない。いまや「トレーニング・カンパニー」という社名で生まれ変わった小さな部署がめざすのは、部内や社内で最高の部署ではなく、業界内最高の研修組織となることだ。

その会社からはエクセレントな商品（またはサービスパッケージ）が生みだされ、「ワオ」な雑誌に特集を組まれるようになる。知的資産が増加し、評判はうなぎのぼり！　このトレーニング・カンパニーは、個々の社員の質を高めて会社全体の付加価値を大きく高めるだけでなく、社外の仕事にも取り組むようになる。

以上の話は、全体としてハードルが高く、標準的な話とは思えないだろう。しかし、これだけは、はっきりしている。これまで部署と呼ばれていた組織（とその同類）は、会社の（負担ではなくむしろ）資産であり、事業戦略全体に組みこんで大切に磨きをかけるべき、ステップアップのためのエンジンであって、できるだけ早く外部委託すべき（または高速のアルゴリズムに取りかえるべき）金食い虫ではない。

トレーニング・カンパニーの信念

私たち自身がトレーニング・カンパニーである。
ここは私たちの家だ。
トレーニング・カンパニーは私たちの人生だ。
責任者は私たちだ。
私たちは会社に付加価値をもたらすベスト・エンジンだ。
エクセレントは私たちの手のなかにある。摑《つか》むも失うも私たちしだいだ。

結論――トレーニング・カンパニーとその同類（以前のお役所仕事がはびこり、コストばかりかさむ、価値破壊的な部署）は、事業組織全体の成長・開発エンジン、戦略的ポジショニングのエンジンとなる。

12.2.9.3 ケーススタディ／PSFへの転身――トレックの信用審査部

トレック（高級自転車製造販売）のCEOのジョン・バークは、（「金食い虫」の部署を会社全体の付加価値向上エンジンに変えた）社内の部署転身のケーススタディを公表した。

過去	現在
信用審査部	金融サービスユニット
ディーラーに支払うようしつこく迫る	ディーラーが支払えるように相談に乗る

売掛債権は外部の商事会社に売却	トレック社自身が商事会社としてリスクを負担する
最大時の売掛金は七〇〇〇万ドル	最大時の売掛金は一億六〇〇〇万ドル
リスクのあるディーラーを特定	ディーラーのビジネスチャンスを特定
金食い虫（ー）	金の成る木（＋）
商品なし	商品――コンサルティング、マスターカード／VISA、電子ギフトカード、ギフトカード周辺商品など。

12.2.9.4 社内PSFの枠組み――やるかやられるか

イエス、ユーキャン（あなたならできる）。

しかし、大企業の中規模部署の内部に閉じこめられた状態で、これらを全部実行できるだろうか？

イエス。

むしろ、選択の余地はないというのがもうひとつの答えである。

じつを言うと、あなたはすでにひとつの株式会社なのだ。地球上のあらゆる組織は、顧客のために働いている。他の部署のために働くことは、顧客のために働くこととそう変わりがない。ただ顧客が社内か社外かの違いである。

あなたのあらゆる活動は（「ワオ！」を生む）付加価値プロジェクトとして再構築・再編成される、あるいは再構築・再編成することができる。

そうすると、あなたは劇的にステップアップして、心のなかでは「なれる」とわかっていた、付加価値創造のスーパースターのように行動するようになるだろう。

このセクションのタイトル「やるかやられるか」の「やられる」のほうに関して言えば、第7章でも引用したとおり、元米国労働長官ロバート・ライシュが次のように述べている。

その道のプロだから自分は安泰だと思っているなら、考えを改めたほうがいい。

考えなおしたほうがいい。本当に。

12・3　ソーシャルビジネスにまつわる物語

ソーシャルビジネスを行なうのは誰か？
ひとり残らず全員だ！

12・3・1 ソーシャルビジネス――二〇／五の原理その他

起業家であり、顧客サービスの活動家としても尊敬を集めるジョン・ディジュリアスは著書『顧客サービス革命――ビジネスの常識をひっくり返し、社員をワクワクさせ、世界を変えよう（The Customer Service Revolution: Overthrow Conventional Business, Inspire Employees, and Change the World)』に私たちの第三の付加価値戦略について書き、その分野で最初に名声を得た。

かつて「口伝《くちづて》」だったものは、いまや「クリック伝《づて》」になっている。あなたはブランド宣伝大使だけでなく、ブランド破壊テロリストも生みだしているのだ。

顧客が完全にコミュニケーションの主導権を握っている。

評判を築くには二〇年かかるが、地に落ちるのは五分もかからない。

［顧客は］情報、回答、商品、反応、決断が即座に手にはいるものと考えている。

この言葉は力強く、価値がある。

ディジュリアスは、現在の世界では「反応の速さ」という表現がまったく新しい意味を帯びているし、「即時」という言葉は誇張でもなんでもないと書いている。また、評判は四六時中つねに「不安定」だと述べている。

裏を返せば、ディジュリアスの言葉はある重要なことを示している。それは社員の仕事への姿勢が（非常に）情熱的であるべきだ、ということである。第2章で述べた、バーガーキングの元CEOバリー・ギボンズの言葉を思いだそう。ギボンズいわく、二五万人の従業員全員がブランドを担わなければ、成功はない。

12.3.2 ソーシャルビジネス――ソーシャル従業員の七つの特徴

あなたも私も「ブランドを担っている」というギボンズの考えを効果的に実践する方法を提案しているのが、シェリル&マーク・バージェスの『ソーシャル従業員（The Social Employee）』である。「すべての」従業員は、いまやソーシャル従業員であり、全力で没頭すべき（しなければならない！）新たな仕事があると、その本は主張している。

一部を抜粋してみよう。

ソーシャル従業員の七つの特徴

1. 仕事に没頭する
2. 個人としての面とプロとしての面を両方兼ね備えている
3. ブランドのストーリーに賛同している
4. 天性のコラボレーター

5. 相手の話に耳を傾ける
6. 顧客中心主義
7. 自由度が高い変化の起爆剤

ずいぶんとハードルの高い要求ではないか。しかし、会社や組織の一員であれ、一匹狼のバンドマンであれ、誇張ではなく、苦労して築きあげた評判が、数分のうちにぶち壊されることがあるこの世界で、選択の余地などあるだろうか。

この特徴のうちでもっとも重要なのは、七つ目だ。入社したばかりの新入りも含めて、社員に必要なのは、思いもよらないハプニングに遭遇したとき、上司の許可を待たずに対処できる力である。

12.3.3 ソーシャルビジネス――一対一のツイートのやりとりはスーパーボウルの宣伝に勝る

ピーター・アセトは、ソーシャルメディアを通じて金融業界に変革を起こすことを企図し、大きく成功した、タンジェリン銀行の元CEOである。テッド・コイネ、マーク・バビットの『ソーシャル化した世界――会社が生き残るために何をすべきか（A World Gone Social: How Companies Must Adapt to Survive)』に、アセトの衝撃的な言葉が引用されている。

私は、誰もが憧れるスーパーボウルのCMで何百万人もの注目を集めるよりも、顧客のひとりとツイッターで話すほうが大事だと思っている。それはなぜか？　コストがほとんどかからないという点は言うまでもなく、自社のブランドについて直接話してくれる人と一対一でリアルにつながることに、大きな価値があるからだ。

消費者は、自分の好みや、支持する会社、属している組織やそのリーダーについて話をしたがっている。仲間を求めている。話を聴いてほしいのだ。

私はこのくだりを、度重なる講演でも繰りかえし引用してきたし、本書でも使っているので、アセトの言葉は五〇回以上読んでいる。それでも読むたびに、新鮮な驚きを覚える。とくにアセト自身の著書『ウィオロジー――私より私たちを優先すればかならず勝てる（Weology: How Everybody Wins When We Comes Before Me)』を読むと、彼の言葉が現在の新たな世界を正確に言い当てていることがよくわかる。

自分がCEOになって、このような発言をするところは想像できないとしても、彼の言葉を時代の指標として考えてほしい。けっして「極論」と決めつけるべきではないし、極論などではない。

もうひとつ覚えておいてほしい重要な部分は、CEOがツイッターでつぶやいているという点だ。

だから、あなたも……

（このトピックについては、リーダーシップの章で詳しく触れている。）

（「だから、あなたも……」は大企業のCEOにも個人事業主にも当てはまる。）

12.3.4 ソーシャルビジネス――顧客主導

ディオン・ヒンチクリフとピーター・キムは著書『デザインによるソーシャルビジネス――つながりのある会社のための斬新なソーシャルメディア戦略（Social Business by Design: Transformative Social Media Strategies for the Connected Company）』で次のように述べている。

> **顧客との関わりは、比較的独立した市場取引から、深くつながった持続的な社会的関係へとシフトしている。ビジネスの方向性についてのこうした根本的な変化は、私たちの行動全般に影響を与えるだろう。**

顧客との深い関わり。
もう一度――二四時間・週七日は当たり前。
これからは――**六〇秒・六〇分・二四時間・週七日・年三六五日。**
頭に叩きこめ――二〇年の努力が五分で吹っ飛ぶ。

12.3.5

12.3.5.1 ソーシャルビジネス――影響力の見返り

マーク・シェイファーは、『個人インフルエンサーの影響力――クラウト、ソーシャルスコアがもたらす革命的マーケティング』（日本経済新聞出版社）で、次のように述べている。

格安航空会社のヴァージン・アメリカは、カナダのトロントへの国際線を就航させたとき、クラウトに、いい印象を拡散してくれるインフルエンサーを何人か見つけてほしいと依頼した。最初は一二〇人の参加者、さらに一四四人が加わって、社交性の高い個々の参加者たちは新しい航路に関して四六〇〇回以上つぶやき、口コミの効果はどんどん広がった。そしてついに感想は七四〇万件以上にも達し、ＬＡタイムズやＣＮＮのような報道機関や影響力のあるブログでも取りあげられた。

ソーシャルスコアリングは、持てる者と持たざる者という新しい階級や、ソーシャルメディアのエリートと落ちこぼれを生みだし、また「上流階級」を蹴落とそうと必死に試みる者も現れ、深い憤りをも生みだしている。

またソーシャルスコアリングは、いまや華々しいマーケティング・ムーブメントの中心である。ようやく企業は自信を持ってインフルエンサーを特定し、定量化し、育成し、自社製品の需要を掘り起こしてくれる貴重な口コミを書きこんでもらえるようになったのだ。

この分析はよくあるようなソーシャルメディアの主導権の活況だけでなく、それ以上のものを示唆している。全従業員が社会的つながりに没頭すること（『ソーシャル従業員』を思いだしてみよう）で活気づく生き方（つまり文化）を説明しているのだ。

12.3.5.2 ソーシャルビジネス——私たちはみなエイミー・ハウエルを必要としている／流行に火をつけるプロフェッショナル

ふたたび『個人インフルエンサーの影響力』から引用してみよう。

エイミー・ハウエル［凄腕ソーシャルマーケターで、ハウエル・マーケティングの創始者］は、流行の火付け役だ。いい意味でさまざまなものを伝染させる。ワクワク感を伝染させ、ビジネスを伝染させ、影響力を伝染させる。

私の義理の息子は、ソーシャルメディア・マーケティングの分野でキャリアを積んでいる。最初の数年はマンハッタンのかなり大手のエージェンシー、Ｔｈｅ 88で働き、コカ・コーラなどのクライアントを担当した。その後、山の魅力に取りつかれ、それに誘われるようにデンバーに引っ越し、現在に至る。フルタイムのソーシャルメディア・ディレクターもやっていたし、レストランなどの小規模な企業をクライアントとしていくつも抱えている。私が言いたいのは、ソーシャルメディアを使った強力な宣伝は大企業だけのものではないということだ。エイミー・ハウエル式の流行の火付け役は、いまの時代、誰もが担うべき役割なのだ。

12.3.6 ソーシャルビジネス——立地も規模も関係ない

現在我が社は、ヴァージニア州で水泳プールを扱う小さな会社であるにもかかわらず、世界でもっともアクセスが多い水泳プールのウェブサイトを運営している。五年まえに「御社はなんの会社ですか?」と尋ねられたら、私やビジネス・パートナーたちは「堀込式のグラスファイバー製水泳プールをつくっています」と答えただろう。だが、いまなら「われわれはグラスファイバー製水泳プールの世界一の専門家です。もちろんつくることもあります」と答える。

――マーカス・シェリダン、リバー・プールズ・アンド・スパ社(ヴァージニア州ウォーソー)創業者の言葉。ジェイ・ベーア『ユー・ティリティ――宣伝ではなく、人助けをすると売れるわけ(Youtility: Why Smart Marketing Is About Help, Not Hype)』

この本の主役であるリバー・プールズ・アンド・スパ社は、世界の片隅の辺鄙《へんぴ》な場所にある、地味な業界の(年商五〇〇万ドル規模の)小さな会社だ。

どういう会社だろう?

業界で**世界一のパワープレイヤー**だ。

ポイント――

・ヴァージニア州ウォーソー

・水泳プール
・年商五〇〇万ドル
・世界一
・強力なソーシャルメディアの力

12.3.7 ソーシャルビジネス――ZMOT(ゼロ秒の決定的瞬間)

購買決定の八四パーセントは、古典的なマーケティングプロセスが始まるまえに終わっている。

ZMOT(Zero Moment Of Truth、ゼロ秒の決定的瞬間)の時代へようこそ。

あれが欲しい、これが欲しい(もっとパワフルな掃除機とか)というニーズは、時間とともに抽出され、明確になってくる。そして感覚の波長が(掃除機に)合えば、新聞やテレビの広告に目がいく。そうなれば、予定のない土曜日の午後にでも近くのショッピングモールに出かけてもいいかもしれない。そろそろ真剣に新しい掃除機のことを考えてみよう。

そんな流れはもう過去の話だ。

いまはちがう。いまはこんな流れだ。

掃除機が欲しいという考えが頭をよぎると、(昨今では)誰もがいつもやっていることをする。つまり、iPadかiPhone、または同じような機器を手に取り、すぐに掃除機について検索を始める。ビッグデータはオンラインプロセスを完全に把握しているため、誰もがあっというまにちょうどいいサイトに正確に誘導され、トム・ピーターズやアンジェラ・スミスの過去五年のクレジットカード情報を含む購買履歴からカスタマイズされた、ちら見せするじらし広告を見せられる。その流れから、〝秒〟で買う決断に至る確率は高い。そして、文字どおり次の瞬間には、アマゾンのドローンが配達準備のウォームアップを始めているだろう。

こうした販売（購買）行為は、昔ながらの売り込みプロセスが始まるまえに終わっている。はっきり言って、心のなかで考えが固まるまえに、というか、たぶんその考えを抱く（かなり）まえに終わっていることさえある。

このような現象を本書では〝ZMOT〟と呼ぶ。

ZMOT＝ゼロ秒の決定的瞬間

以下は、ジェイ・ベーアの『ユー・ティリティ』からの引用である。

「決定的瞬間」の意味はご存知だろう。見込み客が購買決断の段階にはいるか、他の商品を探して出ていくかを決めるときのことを言い……。

しかし、「ゼロ秒の決定的瞬間」とは何だろう？　多くの人の行動がZMOTの特徴を示しているのだが、共通しているのは、伝統的な販売プロセスが始まりもしないうちに買うものについて調べたり考えたりしていることである。グーグルの調査によると、買い物客の八四パーセントが新しいメンタル・モデルであるZMOTのプロセスで決断していると言う。……

（ZMOTについてブックレットほどの長さの情報は、www.thinkwithgoogle.com/marketing-resources/2012-zmot-handbook/で入手可能。）

質問──あなたの会社（規模は問わない）はZMOTの熾烈な戦いに本格的に参画できるぐらい、オンラインビジネスに注力しているだろうか？

12.3.8

ソーシャルビジネス──結論その一／全員参加

メディアマニアになるべきなのは──私たち全員だ

ソーシャルメディア・ディレクターになるべきなのは──私たち全員だ

この主張は誇張ではない──全員＝全員

（ケーススタディ／ソーシャルメディアと私──二〇〇四年ごろ、私は「気に食わないが、試してみるか」と言い、ブログを立ちあげた。やってみるとすごくおもしろかったし、私のブログはウェブ全体の「上位五〇〇番」にはいるまでになった。また五年まえには、巻き返してやろうという思いでツイッターを始めた。五万回ぐらいつぶやくと、スイスのシンクタンク、ゴットリープ・ドゥットヴァイラー・インスティチュートとMITが発表する、アルゴリズム計算で決定される「思想的指導者二〇一四──世界のトップ・インフルエンサー一〇〇人」のリストにおいて、私の順位はローマ教皇の次で、イーロン・マスクより上位だった。これはまったくたわいのない話で、自慢するつもりで書いているのではない。ひとりの人間〔私〕がソーシャルメディアを進んで活用したら、驚きの結果が出たという証拠を示したかっただけだ。）

12.3.9

12.3.9.1 ソーシャルビジネス——結論その二／ソーシャル生き残り宣言

これは、ソーシャルメディアの教祖トム・リアカスの「ソーシャル生き残り宣言」である（www.socialdisruptions.com も参照のこと）。

1. **隠れるという選択肢はない。**
2. 現実を見ろ。数では負けている。
3. **メッセージはもはや制御不能である。**
4. ふるまおう……人間的に。
5. **人の話に耳を傾けよ。**
（人の話に真剣に耳を傾けることは、ぜったい欠かせない。）
6. すべての答えを持っているわけではないと認めよ。
7. 率直に話し、情報提供に努めよ。

8. 融通をきかせよ。（オンラインで個人として意見を発信する社員は欠かせない人材だ。参加を促すような枠組みを通じて管理できる。）
9. なるべく悪意を持つな。
10. ペイフォワードの精神で、まず自分から与えよう。いますぐに。（インターネット文化の大部分はギフト・エコノミーの原理を基盤として大半が形成された。所属しているオンライン・コミュニティに価値のある情報を提供しよう。）

言っておくが、私は一語も変更していない。

12.3.9.2 ソーシャルビジネス――結論その三／ソーシャル時代における価値創造のための11のルール

ニロファー・マーチャントの著書『ソーシャル時代における価値創造のための11のルール（11 Rules for Creating Value in the Social Era）』から引用する。

1. つながりが価値を生む。
2. コミュニティの力。
3. 協力＞管理。
4. オンリーワンの推奨。（各人の個性を武器にする。）

5. あらゆる人間を受けいれよ。（肩書や評判は忘れ、全員参加で。）
6. **消費者は共同開発者。**
7. ミスから信頼を構築することができる。
8. 学び、そして忘れる。（その繰り返しだ。）
9. 寛容の価値を信じる。
10. 社会的目的がオーナーシップの束縛を解く。
11. 答えはない。

言っておくが、先ほどと同じく、一語も変更していない。（このセクションで三つのリストを提示した理由のひとつは、その内容が非常に似ていることを強調したかったからである。実行は往々にして必要なタイミングよりあとになるものだが、どうあるべきかについては実質的に一致しているのだ。）

12・3・10　ソーシャルビジネス——私の「ビッグ5」

・二〇年かけて築きあげた評判が五分でぶち壊される
・全従業員がブランドを担い、自主的にふるまう権利を認めよう
・ひとりの顧客との一対一のツイッター上のやりとりはスーパーボウルのCMに勝る
・小さな田舎町・中小企業・ソーシャルメディアでの存在感は世界一

12．3．11

けっして無邪気ではいられない――「ソーシャルデータ」はすべてお見通し――「拡張記憶」（など）の時代へようこそ

昨年のメールをキーストローク・データ（コンピューターのキーを叩く強さ。怒りやストレスの強さの指標となる）で解析してみると、感情的になりやすい曜日や時間帯がわかるし、それが自分のメールに対する回答にいかに強い影響をもたらすかがわかる。メールとGPSデータを照合することもできる。そして感情分析（肯定的、否定的もしくは中立的な言語パターンを認識する技術）により、自分の生産性がもっとも高まる場所が明らかになる。

――ジョン・ヘイヴンス『幸福ハッキング（Hacking Happiness）』

〝ソーシャル〟な勝負――と言っても、**勝負は目にみえているが**――は、ようやく始まったばかりだ。

これらは巨大な影響力をもたらすツールだ。

能天気なチアリーダーは、お呼びじゃない。

必要なのは、慎重さだ。

12・4　ビッグデータにまつわる物語

ビッグデータという巨人
可能性を秘めているのは確かだが、いまだにはっきりしていない負の面もある

12・4・1　シーザーズの優先順位

シーザーズ・エンターテインメントは、リゾート開発よりむしろ個人情報収集分野に将来を賭けている。

――アダム・タナー『ラスベガスに潜むもの――個人情報の世界、ビッグビジネスの源泉、われわれの知る意味でのプライバシーの終焉（What Stays in Vegas: The World of Personal Data―Lifeblood of Big Business―and the End of Privacy as We Know It）』（前述のナターシャ・ダウ・シュール『デザインされたギャンブル依存症』も参照のこと）

ビッグデータについてのこのセクションは短い。しかし充分興味深いものであるはずだ。ある程度ではあるが、知る必要のあることはすべて直前の引用に含まれている。

メッセージ（引用元はシーザーズ）

忘れよう……不動産は！
投資しよう……データに！

数百万ドル規模の豪華な従来型ギャンブル施設で有名な大企業は、これまで蓄積してきた歴史や経験によるビジネスが、0と1によるデータの迅速な収集・分析に凌駕されると判断した。つまり、想像を絶する複雑なアルゴリズム計算（しかもまもなく、自己学習アルゴリズムに変わる）による超速・超大量のデータ処理に取って代わられるというのだ。徹底的に処理されたデータの山を使って顧客の心理をきわめて詳細に研究し、顧客をできるだけ長くスロット・マシンに釘付けにする香りや色を決定する。（現在スロット・マシンはカジノの収益の大部分を占めている。）ビッグデータは、この巨大企業の損益と将来を左右する決定的に重要な存在なのである。

これは正しい見方だ。

しかし、ラスベガスから遠く離れた私たちにも同じことが言えるのだろうか？

私たちの好みは、コンピューター、とくにモバイル機器を介して出会う人びとに、以前よりよく知られるようになっている。サーモスタット、車、冷蔵庫からもデータが送信されているし、身体の動き、歩幅、居場所のデータも流れている。

さらに、仕事の場では、雇用主が従業員の視線やジェスチャーを詳細に調べる。このあたりは人事部のソフトウェアに関する第5章に詳しく書いた。

これによって、私たちの生活はある程度よくなるだろう。（たとえば、より正確な病気の診断など。）

だが、生活を破壊する危険もはらむ。とっくに忘れてしまっている遠い過去の過ちがいくつか重なったせいで、保険の補償範囲が狭くなるかもしれない。

そんな時代はもうすぐそこまでやってきている。

12・4・2　Persadoの顧客反応率

ビッグデータ――Persado（Persuasion Automation〔自動勧誘〕の会社）

コピーライターvs.アルゴリズム

出典：「ついにＡＩについて真剣に考えるときがやってきた（It's Finally Time to Take AI Seriously）」《ウォール・ストリート・ジャーナル》

1．**コピーライター**――業界知識が豊富な人間のコピーライターが次のような特別提供価格のクルーズ船旅行の広告を考えた。

二五〇ドル以下で
船も行先も自由に選べる
締め切りまであと二日

この広告に対する顧客の反応率は、**一・三パーセント**であった。

2．アルゴリズム──Ｐｅｒｓａｄｏのクリエーターは船旅体験にもっともふさわしい候補者についてビッグデータ分析を行なった。アルゴリズムのクリエーターによって、「感情に関する言葉、商品特性、行動のきっかけになる言葉、文字と画像の位置」にフォーカスして分析された。

Ｐｅｒｓａｄｏがアルゴリズム計算で決定した広告は次のとおりだ。

なんと！　あなたは

我が社のすばらしい休暇体験プランの

対象者に選ばれました(^^)

Ｐｅｒｓａｄｏの自動勧誘アルゴリズムがつくった広告の反応率は、四・一パーセントだった。

アルゴリズムvs.人間による広告への反応率──四・一パーセント対一・三パーセント＝三倍増！

クリエイティブな人間は優れているが、ムラがある。我が社は［ＡＩによる］言語を定義する構造（オントロジー）を構築することによって、そのようなムラを取りのぞいてきた。

──ローレンス・ホイットル（Ｐｅｒｓａｄｏ営業部長）

コピーライターはもう不要なのか？

唯一無二の才能のあるコピーライターはこれからも仕事に困らないだろう。

しかし、それ以外の七〇パーセントから九〇パーセントのコピーライターたちはどうだろう？

読んで学ぼう！　警告を発している本

キャシー・オニール『あなたを支配し、社会を破壊する、ＡＩ・ビッグデータの罠』（インターシフト）

クリスチャン・ラダー『ハーバード数学科のデータサイエンティストが明かすビッグデータの残酷な現実──ネットの密かな行動から、私たちの何がわかってしまったのか？』（ダイヤモンド社）

サラ・シュピーカーマン『倫理的ＩＴイノベーション──価値観に基づくシステムデザインの取り組み（Ethical IT Innovation: A Value-Based System Design Approach）』

12・5　ＩｏＴにまつわる物語

ＩｏＴ／インターネット・オブ・シングス（モノのインターネット）、ＩｏＥ／インターネット・オブ・エブリシング（すべてのモノのインターネット）──第一の大変革すべてのモノが、あらゆる場所のすべてのモノにひっきりなしに話しかける。

現在、台頭しつつあるモノのインターネットが、テクノロジーの最大の「混乱」をもたらす可能性は充分にある。

12・5・1　家庭に進出するIoT――気配りする家

スティーブン・レヴィは《Wired》の「煙の立つところに……（Where There's Smoke…）」という記事で次のように書いている。

ネストの機械学習の専門家がつくったアルゴリズム、およびそのアルゴリズムが生成したデータバンクは、インダストリアル・デザイナーが細やかに選びぬいた洗練されたマテリアルと同様に重要である。ユーザーを追跡調査し、ユーザーの行動にわずかに影響を及ぼすことで、ネスト・ラーニング・サーモスタットは、ありふれた製品の枠を軽々と跳び越えた。

ネストは、これまでとくにおもしろみのない機械であった火災報知器も、同じように刷新しようとしている。もちろん、ネスト・プロテクトは、他の火災報知器と同様に、煙や一酸化炭素の濃度が危険な水準に高まったときに警報を鳴らす。だがそれだけでなく、煙と水蒸気を区別するセンサーやインターネット接続を利用して、どこが危険かを知らせ、人間味を出すために声のトーンが計算されていたり、暗闇で避難する場合に暖色系の光で誘導したりするのだ。

言いかえれば、ネストはサーモスタットを美しく改良したり、地味な火災報知器に機能を追加したりするだけではない。「弊社は気配りする家をつくろうとしているのです……」と「ネストCEOのトニー」ファデルは語る。……語られなかったのは、さらに大きな意味を持つ、より重大なビジョンだ。ようするに、多くの機械が環境を検知し、機械同士で情報を交換しあい、人間が指示していないことをやり始めるかもしれないということである。

（私はどこからどう見てもハイテク嫌いではないと思う。ツイッターやブログでマニアックなコメントをしているし、自他ともに認めるｉＰｈｏｎｅの熱狂的愛用者である。自分の半分の年ぐらいの世代と比べても引けは取らないと思う。二日間の出張にいくときは、電子機器を九つ持って行く。ウソじゃない、数えてみたのだ。

だが、**私はネスト社の商品は使わない。**優秀な情報技術者の友人からもらったサーモスタットは、地下室の隅の箱にはいったままだ。私は、「隠しごとはしない」という評価尺度があれば間違いなく一〇点満点がつく人間だ。でもだからといって、ネストであれ、ほかの冷蔵庫メーカーやロボット掃除機、スマートテレビのメーカーであれ、自分の私生活について機械たちが世界じゅうでおしゃべりするなんてゾッとする。私はいまの気配りし・な・い家のほうがいい。

そういうことだ、トニー！

もちろん、これは負け戦だってことはわかっている。）

12.5.2 IoT／センサーつき錠剤――「先生、トムが夕食後に服用するソタロールを飲み忘れました」

ロバート・スコーブルとシェル・イスラエルの著書『コンテキストの時代――ウェアラブルがもたらす次の10年』（日経BP社）に、次のように書かれている。

プロテウス・デジタル・ヘルスはセンサー技術を用いたヘルス関連技術のトップランナー企業のひとつである。プロテウスは、安全に消化される経口錠剤に埋めこむための、砂粒ほどの小さなシリコンチップをつくっている。チップが胃酸に触れると、体内の微弱電気によってプロセッサの電源がはいり、肌につけたパッチへとデータが送られる。データはパッチからブルートゥースを介してモバイルアプリに送られ、アプリから医療関係の技術者のいる中央データベースに送られて、技術者は患者が薬を服用したかどうかを確かめる。これは一見なんでもないようだが大きな変化だ。二〇一二年時点で、薬を飲まない人が救急を利用したり、入院したり、病院に行ったりすることで、二五八〇億ドルのコストが生じているという試算が発表された。また、米国では毎年平均一三万人が、処方されたとおりに薬を飲まなかったせいで亡くなっていると言う。

すべては始まったばかりである。あらゆるモノとモノをつなぐ試みはこれからも続く（たとえば、プロテウスの製品に最近、米国食品医薬品局の承認が下りたように）。

総勢二五人の人事部にいるあなたに向けて言うと、つまりこういうことだ。

会社にIoTアドバイザーはいるだろうか?
IoTの分野での最新の動きを追っている技術スタッフはどうだろう?

これはネストに対する不満の続きではない。失われる一三万人の命のいくらかが救われるというのはけっして小さなことではない。けれどもやはり、いつもどおり、そこには「ただし」という言葉があとに続く。ただし、プロテウスのデータが保険会社に、私がいつも薬を飲み忘れる人間であることを知らせたせいで、私の保険の補償範囲が狭くなるなんてことになったらどうする? これは、つまらない憶測なんかじゃない。たとえば、車の保険では、同じようにデータを集積し、そのデータによって保険の値段が上下しているのだから。

12.5.3
IoT――ボストンへようこそ、ミスター・イメルト

私はボストン近郊に住んでいる。米国を象徴する会社GEは二〇一六年、本社をボストンに移した。なぜだろう? GEはさまざまな分野の優秀なソフト技術者の集団を迅速に雇う必要があり、また、官僚主義がはびこる巨大企業にスタートアップ企業の精神を注入しようと試みたからである。残念ながら、コネティカット州フェアフィールドでは技術的にも精神的にもその需要を満たせなかった。それに対し、ボストンは、トップレベルの技術者の養成で有名なMITをはじめとする大学の多さでは際立っているし、起業支援機関の数も増えている。技術的活力のスコアはシリコンバレーに近づいて

いると評価されることもある。

こうした必要性と緊急性がある場合、どうするか？　GEの元CEOジェフ・イメルトは「IoTにかける」という思いきった決断をくだし、議論を呼んだ。巨大企業の多様な工業製品が今後ますますスマート化し、世界じゅうとつながるだろう。（このプロセスはたしかに進歩しつつある。二〇一六年の太平洋上での航空機事故では、墜落場所のもっとも正確なデータはナビゲーションシステムからではなく、航空機に搭載されていたGEのエンジンから送信されたものだった。GEのエンジンは、性能上の理由から、GEの航空機エンジン開発グループの基幹システムとつねに通信していたのだ。）

12.5.4 IoTのさまざまな特長

IoE／すべてのモノのインターネット
マシン同士がつながるM2M（マシン・トゥ・マシン）
あらゆるところにコンピューター（ユビキタス・コンピューティング）
あらゆる機器に組みこまれたコンピューター（エンベディッド・コンピューティング）
ITとネットワークが整った環境（パーベイシブ・コンピューティング）
生産やコスト管理を支援する産業用インターネット（インダストリアル・インターネット）

IoTの世界の果てしない広がりをよく表す数字をいくつか紹介しよう。（一次資料：「大転換

（The Big Switch）」《キャピタル・インサイツ》

・五〇〇億以上の装置が二〇二〇年までにつながるだろう。――エリクソン

・およそ二一二〇億台以上の装置が二〇二〇年までにつながるだろう。――インターナショナル・データ・コーポレーション（IDC）

・この先一〇年のIoTの市場規模の概算は、一四・四兆ドルである。

・二〇二五年までに、IoTは八二兆ドル、つまり世界経済のおよそ半分の生産活動にかかわるだろう。――GE

・二〇三〇年には一〇〇兆個のセンサーが使われているだろう。――マイケル・パトリック・リンチ『私たちのインターネット（The Internet of Us）』

急行列車のようにやってきたIoTは、これからの一五年間で、すべての人間の生活を多かれ少なかれ一変させるだろう。

私からのいつものアドバイス――自分の仕事人生がかかっていると思ってIoTについて勉強すること。

実際そうなのだから。

未開拓市場I

12・6　女性市場にまつわる物語

あらゆるものの消費を（圧倒的に）支配しているのは女性である

私の体験

出張中に、ヘザー・シェイ・シュルツから電話がかかってきた。ヘザーは、当時パロアルトを拠点とするトレーニングとコンサルティングを専門とするトム・ピーターズ・カンパニーのCEOだった。女性の問題啓発会議を私のために企画したと言う。（おそらく、私に取り組むべき課題があると思ったのだろう。）ほぼ命令に近かったし、つねづね彼女（と彼女の粘り強さ）には敬意を抱いていたので、私は出席すると素直に返事した。

ヘザーが招集した人びととは、ボストンで会うことになった。すると……

私の人生は一新され、以前とはちがうものになった。

（これは誇張でもなんでもない。）

約束の時間に、長年の同僚ドナ・カーペンター・レバロンが運営するすばらしい編集者組織、ワードワークスの会議室にはいると、およそ一五人の女性がコーヒーを飲みながら話していた。

ヘザーは彼女たちに私を紹介した。正直言って、私は雰囲気に圧倒された。なかのひとりは、大成功しているインテリアの会社の社長だった。インディアナポリス五〇〇マイルレース（インディ五〇〇〇）のドライバーもいた。記憶が確かなら、彼女はインディ五〇〇に出場した史上初の女性ドライバーである。ディズニーのシニアエグゼクティブ、大学の学長などもおり、錚々《そうそう》たるメンバーだった。

ヘザーは全員に呼びかけ、こんなことを言った。「トムはこれからビジネスの世界で指折りの著名人になる人物ですが、とても気さくな人です。彼は、今後リーダーとしての役割を果たす女性の割合が劇的に大きくなると信じています。彼は自分のトレーニング会社のトップに私を指名しました。しかもその指名は、出産休暇中だったんですよ。彼は同僚でもあり、友人でもあります。だからこそ、ここだけの話として率直に言いますが、トムは、同じような地位のほかの男性と同様に、ビジネスの世界に女性として身を置くことがどういうことか、あまりよくわかっていません。プロフェッショナルとしてだけでなく消費者としての女性の役割もです。みなさんにまえもって了承いただいたとおり、今日はこれまでの経験をそれぞれお話しいただき、彼にスピード学習してもらいましょう」

みんなパワフルな女性で、冷静に次から次へといろいろなエピソードを詳しく話してくれた。役員会議、自動車販売店のショールーム、病院の診察室などさまざまな場所で、誤解されたり、間接的に（ときにはあからさまに）鼻であしらわれたりした経験だ。

かくして一九九六年に始まっていまや二〇年以上続いている私の「ウーマンズ・キャンペーン」がスタートした。

はっきりさせておきたいのだが、私はエクセレントなビジネスにこだわって仕事に打ちこんでいる。それに市場の力を信じている。ようするに、「トムの例の女性のナンとか」と揶揄《やゆ》する人もいるが、これは、現実的な実利を見越してプロフェッショナルとしてやっていることなのである。

1．女性はほとんどすべてのモノの主要な買い手である。にもかかわらず、大半の事業はそれをある程度は認識しているものの、現在、製品デザイン、マーケティング、配送などあらゆる仕事という視点で、そして社内全体の戦略として、女性の消費者に製品やサービスを提供しようと全力を尽くしている会社はほとんどない。

2．リーダー的立場の女性が増加すれば、最終的な収益が増加する（しかも大幅に。実例多数。第15章を参照のこと）。

言うまでもなく自明のことだが、このふたつのパズルのピースはぴったりはまる。あらゆるものの個人（かつ企業内の）購買者、消費者として圧倒的多数派の女性の利点をフルに生かそうと思ったら、組織のあらゆるレベルにかならず女性がいなければならない。とくに上級管理職や役員会のメンバーには女性が不可欠だ。

12・6・1

女性市場――世界的に見ても多数派

《エコノミスト》のトップ記事によると、

経済成長を牽引しているのは、中国でも、インドでも、インターネットでもない。女性たちだ。

（注：《エコノミスト》は話を盛ったりしない。）

マイケル・シルバースタイン、ケイト・セイヤー『ウーマン・エコノミー——世界の消費は女性が支配する』（ダイヤモンド社）によると、

女性はいまやグローバル経済を牽引している。世界的に見て、女性による消費額は消費支出のおよそ二〇兆ドルを占めている。またこの数字は来たる五年で二八兆ドルまで上昇する可能性がある。女性が稼ぐ年収一三兆ドルは同じ期間に一八兆ドルに達すると言われている。合計すれば、女性は中国とインドを合わせたよりも大規模な成長市場なのである——むしろ、二倍以上大きい。こうした数字を前提とすれば、女性の消費者を無視したり過小評価したりするのは愚かなことである。だが多くの企業がまさにその状態だ。女性に関しては必勝の戦略があると自負している会社でさえも。

この圧倒される数字を以下の式に代入すると、

女性市場≧（中国＋インド）×２＝28兆ドル

ウーマノミクス

確実に言えることがひとつある。女性の進出が増えるにつれ、ひとり当たりの資産も増えるという現象は、社会のあらゆる階層のあらゆる領域で起こっている。……これは始まりにすぎない。

学校制度では女性のほうが男性よりも成績がいいことはすでに証明されつつあることからも、この現象はどんどん加速していくことは間違いない。多くの識者が認めているとおり、私たちはすでに、女性が考えて女性が運営する「ウーマノミクス」経済の時代に突入しているのだ。

——経済と社会のための女性フォーラム創始者のオード・シズニス・ド・トゥアンの言葉（《フィナンシャル・タイムズ》より）

こうした短い引用だけで女性の市場の力の全容を伝えることはむずかしい。しかし、この現象の影響力の大きさ、そしてそれにより生じるチャンスの大きさは伝わるだろう。

12・6・2
米国／意思決定者としての女性

女性は市場の多数派である。

——ファーラ・ワーナー『ハンドバッグの力（The Power of the Purse)』

さまざまな資料によると、

インテリア　九四％
休暇　九二％
住居　九一％

家電　五一％（家庭用コンピューターは六六％）
車　六八％（購買決定への実質的な影響力は九〇％）
すべての消費支出　八三％
銀行口座、預け先の決定　八九％
家計投資に関する決定　六七％
小口融資／小規模ビジネスの起業　七〇％
医療（あらゆる側面における意思決定）　八〇％

さらに――米国では、女性は管理職全体の五〇％以上を占めており、購買部長の五〇％以上が女性である。したがって、女性は（個人消費者としてだけでなく）企業内の購買の意思決定でも多数派を占めているのだ。

まとめ――
女性は消費者としてものを買う。
女性は企業の人間としてものを買う。
＝女性はあらゆるものを買っている。

歴然とした、客観的データだ。

この裏にある教訓は「まだまだ程遠い」ということだ。「女性市場は無視するには大きすぎる」と言いたいのではない。何度も言うが、大事なのは、「女性はあらゆるものを買っている」という点だ。

あなたの会社の戦略、文化、人事は右記のデータを公正に反映しているだろうか？

12・6・3　性別による明らかな違い――販売時・販売後のプロセス

このデータをいかにして商業界で見られるプロセスに変換するかについて、いくつかの言葉を紹介しよう。

「すべての」販売の「場面でもっとも重要なことは」、買い手の「性別」である。さらに重要なのは、売り手がいかに買い手の性別に応じたコミュニケーションを取るかである。
――ジェフリー・トビアス・ホルター『男性への売り方、女性への売り方（Selling to Men, Selling to Women）』

じつを言うと、私は前述のデータおよびこれから提示するデータに関係する現象について、二〇年以上研究を続けてきた。自宅のオフィスには、政治学、歴史、経済、マーケティング、社会学、心理学などの関連書籍で埋まった本棚がふたつある。たとえば一七〇〇年代以降、世界じゅうで女性の社会的地位に関して公正を求める運動が行なわれてきたが、そのさまざまな側面を記述したり分析したりしている本や、男女の脳の構造の違いについて書いたもの、性差に由来するビジネスやマーケティングプロセスに見られる違いについての著作など、いろいろ揃っている。

つまり私が言いたいのは、このセクションで提示している主張は、紙面の都合でどうしても限られた範囲でしか紹介できないのだが、根拠のない逸話ではないということだ。仮にもっと書けるなら、この二〇年で女性たちから聞いた、腹立たしくもありこっけいでもあるたくさんの話をほんの少しでも紹介したいくらいだ。

男女の性別にまつわるジョークはいくらでもある。クスリと笑えるバカバカしい話から失礼で下品なものまで、さまざまだ。だが、ここでは「冗談抜きの真剣な話」をしている。問題にしているのは実業界の愚かさである。実業界はあらゆる市場のなかでも最大の市場へアプローチするにあたって、ずっと愚かな真似をしつづけてきた。

購買プロセス——性別による違い

私がスピーチをしたあるロンドンの会議に、英国のレッドウッド・パブリケイションズ（Redwood Publications）の女性編集長が出席していたときのことだ。講演後に、男女差について話しているとき彼女はこう述べた。

記事の内容——男性は**表やランキング**を好む。

記事の内容——女性は**想像力をかきたてる「物語」**を好む。

この編集長によると、一般に男性は感情的でない売り込みに魅力を感じる。男性はビジネスライクな製品特性の比較を求める。これに対して女性は一般に、製品を使う場合の利点や欠点についてのストーリーに関心がある。

（右の段落で、「一般に」という言葉を二度も使った。この言葉はこのセクションでの例示のすべてに通じる。男性でも女性でもその行動には大きなばらつきがある。このセクションで述べているのは、釣鐘型をした標準的なデータ内の一般的な行動である。）

私の妻は一五年間、家庭用品の会社スーザン・サージェント・デザインズを経営していた。扱っている製品には家具もあり、ノースカロライナ州のハイポイント・マーケット（半年に一度開かれる家具市）でも売っていた。そのときの経験から次のような話を聞いた。

男性のバイヤーは、ダイニングテーブルを見て、テーブルの脚を削るのに使われた旋盤の種類は何か、とかそういう質問をしてくる。女性のバイヤーは、自分の顧客のダイニングルームでテーブルが使われているところを想像しながら話す。いつもそういう話の展開になった。例外なく。

もちろん私は「一般に」という前提にはこだわる。だが、私自身もハイポイントで様子を何度も見てきたので、スーザンの話をフェアに裏付けることができる。本当に例外なくそうなのだ。

さらにこの考えを裏付けるものとして、ジェフリー・トビアス・ホルター『男性への売り方、女性への売り方』にぴったりの言葉がある。

男性へ売るときは**取引モデル**を使え。

女性へ売るときは**交流モデル**を使え。

また、女性に関するマーケティングの教祖的存在である、フェイス・ポップコーンの『彼女が買うわけ、会社が伸びるわけ——女性を魅きつけるマーケティング8つの法則』（早川書房）から引用する。

女性はブランドを「買う」のではない。ブランドの「仲間になる」のだ。

スタンフォード大学教授ジュディ・ローズナー『米国の競争力の秘密——女性管理職（America's Competitive Secret: Women Managers）』も同様の考えを提示している。

女性は関係性や親しさを基準として話をしたり聞いたりする。男性は地位や主体性を基準として話をしたり聞いたりする。男性は情報を得たり、地位を確立したり、主体性を示すためにコミュニケーションを取る。女性は関係を築いたり、交流を深めたり、気持ちを分かちあうためにコミュニケーションを取る。

最後の例は、女性が関係性を求める傾向についての言葉である。ある女性のグループに対し私が講演したあとに交わした会話の一部だ。

マンハッタンを本拠地とする金融顧問サービス会社のCEOは、五年まえに、あえて方向転換して女性の事業を支援する仕事をすることにしたと言う。いろいろ驚くことがあったが、なかでも思いもしなかった違いがあった。平均的な男性の顧客は二・六人の知り合いに彼を紹介したのに対し、平均的な女性の顧客は、二一人の知り合いに彼を紹介したのだ。

二・六対二一。

ワオ。

読んで学ぼう！

マーサ・バレッタ『男の常識をくつがえす新マーケティング――「これ買うわ」と言わせる11の提言』（宣伝会議）

ファーラ・ワーナー『ハンドバッグの力――スマート・ビジネスが対応している世界でもっとも重要な消費者は女性たちだ（The Power of the Purse: How Smart Businesses Are Adapting to the World's Most Important Consumers――Women）』

ブリジット・ブレナン『女性のこころをつかむマーケティング』（海と月社）（サブタイトル「世界でもっともパワフルな消費者に響く新たな戦略」とあるとおり、これは文字どおり世界のどこにでも通じる）

パコ・アンダーヒル『彼女はなぜ「それ」を選ぶのか？――世界で売れる秘密』（早川書房）
ミシェル・ミラー、ホリー・ブキャナン『サッカーママ神話――今日の女性消費者の真の姿とは？ 彼女たちが買う本当の理由とは？（The Soccer Mom Myth: Today's Female Consumer, Who She Really Is, Why She Really Buys）』
マディ・ダイトワルド『影響力――上昇しつつある女性の経済力が世界を良くする（Influence: How Women's Soaring Economic Power Will Transform Our World for the Better）』
ローアン・ブリゼンティィーン『女性脳の特性と行動――深層心理のメカニズム』（パンローリング株式会社）

12.6.4 「凝視テスト」に合格できるか？

巨大な女性市場の機会を活用する準備ができているかをみるために、私が「凝視テスト」と呼んでいるテストをやってみよう。

1. 経営陣の写真を見る。
2. 凝視する。
3. 経営陣の構成はターゲットとする市場の構成に近いか?

たとえば、

売っているモノやサービス(消費者向けおよび/または商業向け)の購入者の七〇パーセントが女性であるとき、経営陣の写真を凝視してみた結果、女性が過半数を占めているだろうか?

これはけっして形式的な「割り当て」の問題ではない。良識の問題であり、収益最大化という資本主義的追求の問題なのである。

12.6.5 機会があっても、チャンスの扉を開くのは簡単ではない

このセクションのテーマは「女性にものを売る」ことではない。巨大な女性市場の機会を理解し、この機会をつかむことが大切だ。この機会を有効に活用するには、会社の戦略の方向性を大幅に変えねばならない。マーケティングと営業は枝葉の部分で根幹ではない。

営業とマーケティングよりずっと重要なのは、製品やサービスそれ自体の特性である。

たとえば、前述の金融顧問サービス会社のCEOによると、女性が抱いている将来の経済的関心は、「関心を向ける対象はさまざまだが、関心の程度はみな同じぐらい」である。いっぽう男性は「相場

に手を出す」傾向があり、ゲーム感覚のようなところがある。女性は、彼が言うには、長期的な個人資産や家計の安全への関心が圧倒的に高い。女性にとって投資にゲームの要素はまったくない。したがって、彼は基本的な金融商品管理ポートフォリオを女性の目的に合わせて大幅に変える必要があった。

結論——このセクションで概説したチャンスをフルに生かそうする会社は、組織のありとあらゆるところを徹底的に点検するという大仕事を始めなければならない。

悪い見本——巨大な未開拓市場機会を利用するということは、「二〇一八年女性活用戦略」や「女性をターゲットとするマーケティング」などのキャンペーンを実施するのとはちがう。もし真剣に取り組む気があるなら、大規模な会社再編を行なわねばならない。以上。

12・6・6　市場の力

二二兆ドルの資産が二〇二〇年までに女性の手に渡る。

出典：《ストリート》（記事のフルタイトルは「二二兆ドルの資産が二〇二〇年までに女性の手に渡る——男性が気を付けねばならない理由〔$22 Trillion in Assets Will Shift to Women by 2020: Why Men Need to Watch Out〕」）

この大規模な富の移動の主因は、（1）膨大な高齢化家族の人口（ベビーブーム世代を含む）において、男性のほうが寿命が短いことと、（2）職場での女性の著しい躍進だ。

未開拓市場Ⅱ

12・7　高齢者市場にまつわる物語

巨大な高齢者市場——老人たちは長生きで未来が明るい。そしてなんといっても金を持っている。

女性の購買力は、家庭でも世界的にも圧倒的だ。ほとんどの企業がそれを知っているのに、この大チャンスを最大限に生かすために必要な改革を思いきって始めている会社はわずかだ。

じつはもうひとつ（手つかずの）未開拓市場がある。こちらも規模が「途方もなくデカい」。しかし、ほとんどの会社は進出の糸口をつかんでいないし、ひどいところは、このチャンスに背を向けているようにさえみえる。

12・7・1　八秒ごとに

AARP（全米退職者協会）は、「シルバーの津波」と呼んでいる現象について、次のような有無を言わせぬ統計を提示している。

1．米国の**五〇歳以上の人口は、一億九〇〇〇万人**である。今後一〇年で、五〇歳以上の人口は一九〇〇〇万人増加し、一八～四九歳の人口は六〇〇〇万人増加する。

2．五〇代以上の人びとが総支出に占める割合　**五〇%**。五〇代以上をターゲットとするマーケティング予算の割合　**一〇%**。

3．**二〇二九年**の米国では、**八秒ごとにひとりのベビーブーム世代**（一九四六～一九六四年生まれ）が**六五歳を迎える**。

12．7．2　新たな多数派の顧客

デヴィッド・ウルフとロバート・スナイダーは『エイジレスマーケット――シルバーマーケット攻略のための戦略』（中央法規出版）で、高齢化市場について右記の情報をわかりやすく簡明に説明している。

いわゆる**四四歳**から**六五歳**までの世代について、彼らはこう呼ぶ。

新たな多数派の顧客

高齢化市場に目を向けている数少ないマーケティングの第一人者ケン・ダイトワルドの『高齢者パワー――二一世紀は新しい老人たちによって支配される（Age Power: How the 21st Century Will Be Ruled by the New Old)』によると、

「高齢者パワー」は二一世紀を支配するだろう。私たちはそれに対してなんの準備もできていない。

私たちは総じて、（とくにヘルスケア分野など）多くの領域において、基本的な影響に対する準備ができていない。ビジネスの分野に関して言えば、準備ができていないうえに、ウルフとスナイダーが考察する四四～六五歳の世代に（理由は不明だが）ほとんど注意を向けていない。

12・7・3　五〇@五〇――五〇歳からの五〇年

めったにないことだが、たった一言や一文でこれまでの世界観が完全にくつがえることがある。全米退職者協会（AARP）前会長ビル・ノヴェッリの著書『五〇歳を越えて――米国再生のための革命の原動力（50+: Igniting a Revolution to Reinvent America)』にあった次の文は、私にとってそんな貴重な言葉だ。

今日五〇歳を迎える人びとは、この先さらに五〇年、大人としての人生が続く。

五〇歳は、まだ半分終わったところ。
実業界はこのことをわかっているのか?

五〇年は折り返し地点――七/一三

マルティ・バルレッタの『プライムタイム・ウーマン(PrimeTime Women)』には次の言葉がある。

米国の一世帯が「生涯」に買う車の数の平均は**一三台**。
「世帯主」が五〇歳以上になってから世帯が買う車の数の平均は**七台**。

(デトロイトの人、いませんか? 私の知るかぎりでは誰もいないが。)

関連事項――五五~六四歳vs.二五~三四歳

『プライムタイム・ウーマン』からさらに引用する。

新車およびトラック 五五~六四歳の支出額は二五~三四歳の支出額より二〇%高い。

フルサービスのレストランでの食事　二九％高い
航空運賃　三八％高い
スポーツ用品　五八％高い
キャンピングカー　一〇三％高い
ワイン　一一三％高い
維持管理、修繕、住宅保険　一二七％高い
別荘　二五八％高い
家事、庭仕事　二五〇％高い

（いやはや、コメントなどいらないだろう。）

12・7・4
高齢者市場／富――四七倍

ピュー・リサーチによると、

二〇〇九年、世帯主が六五歳以上の家計の純資産は、世帯主が三五歳以下の家計の四七倍である。一九八四年、この比率は一〇対一であり、これほどまで偏っていなかった。

12．7．5　高齢者市場――「またとない機会」ではなく「唯一の機会」

何千社という企業の豊富な製品ラインナップについて、大幅な売り上げ増加を現実的に期待できるような、新しい多数派の顧客が存在するのは、大人向けの市場だけである。

――デヴィッド・ウルフ、ロバート・スナイダー『エイジレスマーケット――シルバーマーケット攻略のための戦略』（中央法規出版）

12．7．6　高齢者のことを「わかって」いない

マーケティング担当者が五〇歳以上にアプローチしようとする試みは、これまで無残な失敗に終わってきた。高齢者市場の購買動機やニーズがほとんど理解されていないからだ。

――ピーター・フランチェーゼ（《アメリカン・デモグラフィックス》創刊発行者）

マルティ・バルレッタの『プライムタイム・ウーマン（PrimeTime Women）』から引用する。

若者世代への不可解な執着は、とくに一八～三四歳の男性というカテゴリーに顕著にみられ、つねに「もっとも望ましいターゲット」と位置付けられている。マーケティング担当者は、どんどんとらえどころがなくなっていく一八～三四歳の男性に気を取られてきた。なぜそこまでこだ

わるのか？　彼らのニーズをとらえたところでどうなる？　ファストフードとビールのほかは、ほとんど何も買っていないのに……「若いうちに囲いこめば、一生離れることはない」という論理だが、まったくバカげている。

私がこれまでかかわってきたマーケティング戦略はすべて、五四歳までがターゲットだった。しかし、これは本当におかしな話である。五〇歳と言えば、まさにこれまで働いてきた人たちにやっといくらか自由になるお金ができる時期なのだ。そして消費を始める時期でもある。

高齢者はイメージの問題を抱えている。文化的に、私たちは若い世代に合わせる傾向がある……若い世代については「エネルギッシュでカラフル」というイメージを持ち、中年世代については「成熟した」あるいは「疲れて色あせた」というイメージがある。そして「高齢者」や「シニア」世代については「枯れたグレー」というイメージを抱いているか、そもそもイメージを考えることさえしない……だが、金融上の数字が議論の余地もないほど明らかに示しているのは、熟年市場には金があるということだ。それでも、広告主はいまだに、驚くほど彼らに無関心なのである。

12・7・7　高齢者のケーキに少し（いやもっと）アイシングを

フォレスター・リサーチ――「（五五歳以上）は五四歳以下よりも、オンラインでの金融サービス、ショッピング、娯楽を積極的に利用している」

カウフマン基金の調査結果——一九九六〜二〇〇七年の米国で、起業もしくは新規事業立ち上げの活動率がもっとも高かった世代は、五五〜六四歳である。（もっとも低かったのは、二〇〜三四歳である。）

12.7.8 結論——「戦略」は不要

このセクションではこれまでほとんど解説をはさまなかった。統計学的な数字が示す事実こそ、なにより説得力があると思ったからである。

いや、もっと正確に言えば、これらの統計は議論の余地のない形で、驚くほど未開拓の巨大市場に広がる壮大なチャンスを示している。

では、どうするか。

ミレニアル世代の気ままな若者たちをターゲットとする競争の激しい市場ではなく、しっかり富をもたらしてくれる市場へ移動すべきだ。私を含めてベテラン世代は、**四七倍**の金を持っているうえに、それを使う充分な時間——**五〇@五〇**があるのだから。

注記／「戦略」は不要——前セクションで述べたように、女性の購買力は絶大である。だから、「二〇一八年高齢者マーケティング戦略」よりも女性向けの戦略にしっかり注力するべきである。そのためには組織力、人材などの資産、文化について全体的に見直す必要があり、そうすれば高齢者の（何兆ドルもの）市場購買力への対策にも効果が出てくるだろう。

(フーム。おそらく[もしかすると確実に]これは本書で検討しているなかで最大の市場機会ではないかと思う。

そしてすばらしい知らせがある。あなたの競合他社の多くはこのことについて無頓着だ。けれども、あなたは関心を持った。そうだろう?)

12・8 ナンバーワンの付加価値資産にまつわる物語

当たり前のことをしっかり実践する——全力で仕事に取り組む/全員が変革者/いちばんの付加価値の促進剤!


当たり前のことだが、これを言わずして本章を完結させることはできない。本章のテーマは付加価値戦略だ。これまで検討してきた八つのこと(九つめは第11章にて)は、けっしてすべてを完全に網羅しているとは言えないものの、どれについても、とてつもなく大きなチャンスを提示してきたつもりである。しかし、せっかくのチャンスも、第5章での学びを本気で実践しなければ、どうしたって生かすことはできない。

ようするに、

人が(本当に)いちばん。

たとえば（思いだそう）……

・人柄がいい人を雇うこと。聴き上手で、思いやりがあり、笑顔を絶やさず、「ありがとうございます」が言える、心の温かい人を雇おう。
・従業員のトレーニングは最優先の投資項目である。トレーニング・コースをつくり、みえにくい効果について定期的に評価を行ない表彰すること。
・リーダーたちには、部下の成長を助けるドリーム・マネジャーになるよう指導すること。部下を一生学びつづける人間に育て、部下が退社したときにその労働市場価値が入社時より高まるように導く。
・「最高の職場」をめざすこと。グーグルやフェイスブックでなくても、雑貨屋でも病院でも茶農園でも、喜んで働ける職場は実現できる。

数あるなかでもいちばん気に入っている名言は、起業家であり顧客サービスのカリスマでもあるジョン・ディジュリアスの言葉である。

あなたの顧客が、あなたの会社の従業員以上に幸福を感じることはない。

もうひとつのお気に入りは、ジンガーマン（飲食サービス）のアリ・ワインツワイグの言葉だ。

スタッフに最高のサービスを求めるなら、そのスタッフに最高のサービスを与えよ。

もう一度言わせてほしい。

非常に仕事熱心な、自己の成長にこだわる従業員を育てるために心血を注ぎ、投資をしないかぎり、本章までに述べてきた付加価値を得るチャンスには、近づくことすらできない。

Ⅵ　エクセレントなリーダー

13 エクセレントなリーダーは聴き上手

マイ・ストーリー

これは、パリで美しい女性とディナーを共にした夜、私が口をしっかり閉じていたという話。

ロンドンで二日間のセミナーを終え、ミュンヘンでのセミナーまで一日時間が空いたときのことだ。私は衝動的に、大好きなパリに寄り道していくことに決めた。スタンフォード大学を卒業していらい一〇年は会っていない友人が、パリから小一時間のところに住んでいたので（彼女は博士課程で勉強しながら、授業助手をしていた）、パリに寄ることを伝え、もし時間があれば電車に乗って街まで出てこないか、来てくれたらきみの好きなレストランで食事をおごるよと話した。

彼女は喜んで出向くと言い、私たちの再会のために、こぢんまりとした素敵なレストランを選んでくれた。旧友と会えたのはとてもうれしかった。だが、残念ながらその夜の私は魅力的な社交家には程遠い状態だった。ひどく疲れきっていて、しかも翌日もまたさらに消耗させられるセミナーがあるのだ。

懐かしさに心は浮き立ったものの、そのディナーを切り抜けるには、自分の会話スキルをできるだけ温存するという戦略でいく必要があった。それで、近況を少し伝えあったあと、私は次のように切りだした。「ジャネット、僕らはずいぶん長い付き合いだが、じつのところ、きみのことをあまり知らないように思う。だからそうだな、お母さんのお腹にいたあたりから生い立ちを話してくれないか？」そして私は、ときどき「へえ」とか「なるほど」とかあいづちを打ちながら、じっくり彼女の話に耳を傾けた。ジャネットの物語はとてもおもしろかった。カナダの辺鄙《へんぴ》な町に生まれ、思いがけない出来事が重なってその町を出たことや、現在の国際的な研究所での仕事や興味深い研究、今後研究したいテーマへの思いまで聞くことができた。

楽しいディナーだった。あまりに多くのことを頭に詰めこんだものだから、その後数日間、頭がくらくらしていたほどだ。私はたしかに彼女のことを好いていたが、これはロマンティックな話ではない。ディナーのあと、私はタクシーでホテルに戻り、彼女は親しい友人らしくポンと私の肩を叩いて、去っていった。私は早朝四時に迎えが来て、ミュンヘンに向けて出発した。

数日後、彼女から連絡をもらった。冗談を交えながら、あなたはいままで会ったなかで、いちばんの聴き上手だったと大げさに褒められた。

こんなことを言うのは申し訳ないが、それはまったくの勘違いだ。私はたいてい人の話をロクに聴いていないいくそいまいましい聴き手で、すぐに話に割りこんでしまう。けれども、彼女の言葉で、私はある人びとについて考えた。とくに私が称賛しているリーダーたちについてだ。そして気がついた。最高のリーダーたちは一貫して、驚くほどの聴き上手だ。くつろいだ様子で何度もうなずき、あなたから話を引きだす。事実や観察したこと、意見、告白、自分でも気づいていなかった心の奥底の思いさえも。たとえば、地元の友人に金融サービス会社の元ＣＥＯがいる。この友人と夕食を共にしたときはいつも、帰宅後に、彼はほとんど言葉を発していなかったと気づく。一時間ほど会話したはずなのに！　私がバカ話ばかりするマヌケみたいに、とりとめなくしゃべっていたわけではない（と願う）。ただ彼が絶妙な突っこんだ問いかけを次々にしてくるので、それに答えているうちに、概して真面目なテーマについてあれこれ話し、彼が黙って話を促すので、私が自分のことを話すことが多い。彼の奥さんに私の考えを話すと、奥さんは大笑いしてこう言った。「デイヴィッドの成功の極意に気づいたようね。あの人はすごく聴き上手なのよ」

いや、おそれいった！

（人の話を聴くことは、このリーダーシップの部のトップを飾るにふさわしいし、独立したひとつの章を割くに値する。私たちはみな、聴くことの大切さを理解しているが、その考えどおりにふるまっている人はめったにいない。大半の人は自分が聴き上手だと思っているかもしれない。あいにくだが、六人中五人のそれは妄想だ。名人級の聴き上手の友人は別にして、私たちの多くはリーダーシップの効果を高める絶好のチャンスを投げすてている。この章を読みながら、じっくり考えてみてほしい。）

エクセレントな聴き上手にまつわる物語

13・1　話を聴こう

誰かを説得する最善の方法は耳を使って、その人の話を聴くことだ。

——ディーン・ラスク（元米国国務長官）

たった一行の金言。

それだけじゃない。おそらく（ほぼ確実に）人生を変える言葉だ。

13・2　聴くことは全身全霊で注意を向けること——傾聴戦略

一見ささいなことに思えるが、ほんの短い会話でも、ただ相手に全身全霊で注意を向け、本気で尋ね、本気で話を聴けば、心のこもった反応が返ってくる。これは驚くべきことだ。

——スーザン・スコット『ズバリ！　うじうじしない会話術』（ソニー・マガジンズ）

ただ集中するのとはちがう。全身全霊で集中するというのは、別の次元の話だ。それは明らかな気配りであり、あなた（意見や質問に答える側）はそうされると、自分が世界の中心になったような気がして、有用で筋の通ったいいことを言っているような気分になる。この章をすべて読めば、「集中力」と「全身全霊をかけた集中力」との違いがわかるだろう。

全身全霊という言葉がすべてを物語っている。

スコットのこの名著では、他者の話を聴くことや会話が、ようやく評価可能なテーマになったことを示している。聴くことは専門的な深い研究の対象になりうる。会計学や脳神経外科学などのように「研究できる」テーマなのだ。

聴き上手は戦略だ。

だから、社員全員を徹底した「プロの聴き上手」に変えることは、ごくまっとうな考えなのである。

全身全霊がキーワードであるのと同じく、ここでキーになるのはプロという言葉だ。大切なのは、話を聴くことでも、聴き上手になることでさえもなく、臆せずに聴くこと（全身全霊で聴くこと）をあなたの存在価値の中心に据え、戦略的な強み・差別化の目玉にすることだ。

こんなふうに言葉を並べるのは簡単だが、現実の生活で実践するのはずいぶんむずかしい。公的な研究のテーマとして、あるいは仕事として相手の話に耳を傾けることと、日常生活で話を聴くことはまったく別物だ。賭けてもいいが、聴くことについて教科書で勉強したり、聴くことに特化したトレーニングを受けたりしたことのある読者は、一〇〇人にひとり、いや一〇〇〇人にひとりもいないだろう。願わくは、「聴き上手」をリーダーシップの鍵のひとつと位置付けた本章で、少なくとも一考してもらえたらと思う。本章のキモとなるこの概念についてじっくり考え、同僚と話しあってもらえたら、そして実践いただけたら幸いだ。

13・3　一八秒症候群

ジェローム・グループマンは医師であり、ハーバード・メディカル・スクール教授であり、『医者は現場でどう考えるか』（石風社）の著者でもある。グループマンは、有用な情報を集めた結果、患者の健康に関する謎を解くための鍵は、患者に話をさせることだと主張している。だが、この本が引用している研究が示すのは、むしろ残念な結果である。

なんと、

症状を説明している患者の話に、医師が口をはさむまでの時間は……、

一八秒だ。

読者のみなさん、次はあなたの番だ。あなたは一八秒で相手の話に割りこんでいないだろうか?

平均的な医師は、きっとあなたや私と似たようなもので、相手が何を話しているかわかっているプロフェッショナルだ。したがって、あなた（患者）が診察室にやってきた理由を話しはじめたら、医者はたちまち状況を把握し、すぐさま患者の話に割りこむ。

はい、一件落着。

処方箋をお渡ししますよ。

では、次のかた……。

ところが、実際は医師が問題を正しく把握していない割合は驚くほど高い。また、たとえ医師が問題を正しく突きとめていたとしても、患者は関心を向けられていないと感じているのは間違いない。医者はあっというまに患者を置き去りにしてしまうのだ。これは私（医師）の仕事で、あなた（患者）の出る幕はないとでも言うみたいに。

つまり、私たち聴き手は、肝心なところを理解していない。それは、

1. 問題への関わりと共同でそれに取り組むこと。

2．役に立つ情報の抽出。重要な情報はたちまちに得られるものではなく、不規則な会話のやりとりから得られるものだ。そのような会話のやりとりがあってはじめて、首尾一貫した話やひとまとまりの新たな情報がようやく姿を現す。

一八秒症候群から回復するための最初のステップは何か。

それは、自分も一八秒で話に割りこむ大勢のひとりかもしれない、という厳しい現実を認めることだ。そして、この章をきっかけに、懸命に学び、練習し、フィードバックを受けつづければ、「慢性割り込み病」を治せるかもしれないし、まぎれもない弱点を抜群の強みに変えることだってできるかもしれない。

（私はいつもこのトピックを、一八秒に関する引用文を記載した一枚のスライドで始めることにしている。そのあと「あなたは一八秒マネジャーではありませんか？」と質問をすると、たいてい笑いが起こる。「一本取られたな」という反応だ。テーマの導入に最適だし、聴衆は潔白な人よりやましい気持ちになる人のほうが圧倒的に多い。もちろん、私も含めて！）

（ちなみに、私のゴールは、この短所を指摘して医師を見せしめにすることではない。グループマン医師が提供した研究結果の対象は、たまたま医師たちだったが、私はそのあとの質問で、この指摘の相手を、医師から私たちみんなに拡大するようにしている。）

13・4　聴くことの包括的なパワー

夢中になって聴くことは……敬意の究極の形であり、

……心と魂を相手に向けることであり、思いやりでもある。

……共同作業やパートナーシップ、コミュニティの基本である。

……育てることが可能な個人のスキル。（とはいえ、一般的には女性のほうが男性よりずっとスジがいい。）

……部署間の効率のいいコミュニケーションの要《かなめ》。（組織の効率性の寄与因子のひとつ。）

……販売促進の鍵。

……顧客とのビジネスを継続する鍵。

……忘れがたいサービスの根幹。

……多様な意見を取りいれるための柱。

……利益をもたらす。（聴くことによる投資収益は、おそらくほかの単独の行動のどれよりも高い。）

……エクセレントに向けた全力の取り組みを支える基盤。


夢中で聴くことの有用性のリストは、いっきに書きあげた洗濯物のリストのようにみえるかもしれない。けれども、項目をひとつずつ丹念に確認し、あなた自身がどう思うか、自分なりの結論を導きだしてほしい。「敬意の究極の形？　ふむ。**そのとおりね**」とか「販売促進の鍵？　そう、**当然だ**」とか「忘れがたいサービスの根幹？　ほう、**なるほど**」という具合に、納得してもらえるものが多いだろう。そしてひとつひとつ検討したあとは、聴くことこそが大事な活動であり、社員全員で開発すべき戦略的なスキルとして、あなた（とあなたの組織）がシステマティックに認識を深めるにふさわしい、重要なチャンスだと思っていただけるだろう。

13・5　聴くことは敬意を示すこと

父の秘訣を知ったのはずっとあとになってからのことだった。父はそうすることで尊敬を受けていた。相手が、スプリング・バレーで靴を磨いてくれた小学四年生の子どもでも、教会の司教や大学の学長でも、同じ態度で話をして、耳を傾けた。相手のことや相手の話に本気で興味を持っていた。

――サラ・ローレンス＝ライトフット『敬意（Respect）』

私が圧倒されたのは、彼の知性ではなく、……彼の態度だった。彼から質問を受けて、答えようとするとき、彼はただ話を聴いているのではなく、……私がその部屋にいる唯一の人のように感じさせてくれるのだ。

――著名な弁護士デイヴィッド・ボイーズと初めて会ったときのことを述べるある弁護士の言葉、マーシャル・ゴールドスミス「引き離すスキル（The Skill That Separates）」、《ファスト・カンパニー》

あなたも、数は少ないだろうが、このふたりのような際立った聴き上手に出会ったことがあるだろう。このような人物があなたに直接向けるベクトルは、あなたをたじろがせるほど強い。「こんなふうになれ」とは言わない。そんなことを言っても意味はないだろう。ただ、耳を傾ける（全身全霊で聴く）パワーを心にとどめておいてほしい。そして、個人だけでなく会社全体で、人の話を聴くことを戦略のひとつに組みこむことを検討し、聴く練習をしてほしい。

13・6　積極的に聴く

マイケル・アブラショフは、米海軍の誘導ミサイル駆逐艦「ベンフォルド」の元艦長で『アメリカ海軍に学ぶ「最強のチーム」のつくり方——一人ひとりの能力を100％高めるマネジメント術』（三笠書房）の著者だ。彼の指揮したベンフォルドは米海軍のパフォーマンスの最高評価を得た。つまりこれは成り上がり物語で、アブラショフはいまや、ひっぱりだこのマネジメントの講演者である。アブラショフは、耳を傾けることを通して実現できる、効果的なリーダーシップへの旅のきっかけを次のように話している。

リーダーシップについて学んだのは、ワシントンが始まりだった。当時私は国防長官ウィリアム・ペリーの補佐だった。ペリーは誰からも愛されていた。国のトップに認められていたし、……私たち仲間内だけでなく同盟国の人たちからも称賛されていた。その大きな理由は、彼の人の話を聴く姿勢だ。ペリーは話をする相手に完全に集中し、少しも気をそらさない。また、誰に対しても敬意を払うので、彼がいるだけで誰もが快い気分になった。気がつくと私は、彼のように人に影響を与えられるようになりたいと思うようになっていた。

ペリーは私のロールモデルになったが、それでは言い足りないもっと大きな教訓も得た。私はそれまで、ただ人の話を聴いているふりをしていただけだと悟ったのだ。部下がオフィスにはいって来たとき、仕事から一瞬目を離し、顔を上げただけということが何度あったことか。私は部下の話に注意を払わず、ただ指示をくだすタイミングを計っていた。それを認めるのは辛かったが、新たな目標がみえた。ベンフォルドでは、相手が誰であれ、会話している瞬間はその人の話がもっとも大切なことと考え、そうふるまおうと心に誓った。これは簡単なことではなかったが、そうすることで、部下の熱意とアイデアを知ることができ、おかげで私は前進しつづけることができた。

そしてまもなく、若いクルーたちが賢くて能力が高く、いいアイデアをたっぷり持っているのに誰も彼らの意見に耳を傾けていなかったため、若者たちのアイデアが無駄になっていたことに気づいた。……

私の仕事は、積極的に部下の話に耳を傾けることなのだ。

13・7　「聴く」ことは能動的な行為

軍艦では効率よく命令をくだすことが大切だろうって？　軍艦内では、航海士が話し、船員は「口を閉じて、言われたことをやれ」と教わる。

本当にそれでいいのか。

アブラショフ艦長はこう言っている。とんでもない！

次の言葉についてじっくり考えてみよう。


全身全霊で聴く。

積極的に耳を傾ける。


これらの言葉はきわめて重要だ。それぞれが能動的な行動を表している。聴くことを受動的な行為ととらえる傾向が強いが、
ちがう。

ちがう。

ぜんぜんちがう。

聴くことは、人とかかわることだ。むしろ、人の活動としては、感情的にもっとも強度が高い行為である。

聴くこと＝**能動的な行為！**


三〇分ほど会話しても疲れを感じないのなら、それは、真剣に・全身全霊を込めて・積極的に会話に集中していないからだ。

13・8 聴くことはもっとも重要なコアバリュー

もっとも重要＝もっとも重要

たとえば、私が一押しするコアバリューは、こんな感じだ。

聴き上手になろう。敬意を持って人びとと交流し、コミュニティや自分たちの成長に力を注ぐための柱として、エクセレントな聴き上手になろう。

あなたの会社のコアバリューのうち、重要と思われる項目はいくつもあるだろう。けれども、本章の内容に共感しているなら、聴き上手をコアバリューのいちばん上に持ってきてもいいのではないだろうか。

これは挑戦だ。

そうだろう？

（じっくり考えてみてほしい。）

13・9

13・9・1

サー・リチャードいわく、「まずは、人の話を聴くこと」

リチャード・ブランソンの最近の本『ヴァージン・ウェイ――R・ブランソンのリーダーシップを磨く教室』（日経BP社）では本全体のほぼ三分の一を割いて、相手の話に耳を傾けることが書かれている。（「われわれの［八つの］リーダーシップの鍵は、聴く能力の有無にある。これが非常に重要だ」）

これを読んで私はハッとした。リーダーシップに関する本はそれまでに数百冊くらい読んできた。話を聴くことは、それらの本でも間違いなく言及されていた。だがここまでとは！

繰りかえす。
本全体の三分の一。
一〇〇ページ以上。
最初の一〇〇ページ強を、
聴くことに充てている。
聴くことだけに。

13.9.2

聴き上手×メモ魔

ブランソンは（熱狂的な！）メモ魔だ。何年もかけて何百冊というノートにメモを書き溜めてきた。メモを取ることは、効率よく聴くための鍵だとブランソンは言う。

まずなにより、メモを取るためには相手の話に集中しなければならない。それに、相手に対してあなたが真剣であること、相手のことを尊重していることを示す意思表示にもなる。相手に伝わるメッセージは次のようなものだ。

「あなたの話は私にとって価値があります。新しい情報を得ることができて、組織の状況を知るヒントになります。時間を共に過ごすあいだ、あなたは私の人生でもっとも重要な人物です」

（おまけ――メモを取ることであなたは、話を聴いているふりをしながら、利己的に賢く立ちまわるための回答を考えることができなくなる。これは思いつきで言っているのではない。大半の人びとは話を聴いているとき、頭のなかで、［才気あふれる］あいづちの言葉を探していることが、研究で確認されている。）

13・10　ツイッターのコメント

聴くことについての、お気に入りのツイートを挙げておこう。

私はいつも会議のまえに手の甲に「LISTEN（聴く）」と書いている。

（試してみたら効果があった。そして、私のツイッター・フィードのなかでも非常にリツイートの多い投稿だ。**お試しあれ！**）

相手の話を聴きながら、どう返事しようかと考えているなら、それはもちろん、あなたは話を聴いていないということだ。

相手は気づいている！　あなたが質問をしてきたくせに、答えを聴いていないことはすぐにばれる。

ひとつ質問をして、そのあとふたつ、三つと質問が続かないなら、あなたは相手の答えを聴いていない可能性が高い。

私は電車の踏切の近くで育った。子どものころ、叩きこまれた言葉は「立ちどまって、見て、聴きなさい」だ。あなたに部下がいるなら、このアドバイスを心に深く刻みつけておくべきだ。

相手の話を聴くことは、努力と一〇〇パーセントの集中力を必要とする意図的な行為だ。気楽に機械的に行なえる行為ではない。

聴くことは高くつく（時間を食う）。だが、聴かなければ、もっとずっと高くつく。

ミカエル・パウロは次のようにツイートしている。「直接目でみたり、耳で聴いたりすることに勝るものはない。笑顔で質問し、耳を傾けることこそ、本当の力になる」

「本当の力」。ありがとう、ミカエル。

13・11　聴き上手になるためのルール（例）

次のとおり。

・聴き上手はどんな会話でも熱心に聴く。会話をしているあいだ（五分でも、一〇分でも、三〇分でも）、相手の話以上に重要なものは何もない。
・スーザン・スコットの言葉をふたたび借りてこよう。
聴き上手＝全身全霊の気遣い。
・口はぴったり閉じておくこと。
・聴き上手は、話に割りこんだりせず、相手が考えをまとめようとして言いよどむ暇を与える。（話すことを考えているときに生じる一〇秒や二〇秒、四五秒の間《ま》は、割りこんでいいという合図ではない。残念ながら。）
・聴き上手はけっ、し、て、人を言い負かしたりしない。
・聴き上手は透明人間になって、相手を話の中心人物にする。
（友人で、ビッグ・ピクチャー・ラーニングの創設者デニス・リッキーには、興味深い習慣があった。リーダーシップに関するＰＢＳのテレビ番組のための動画を見ているとき、私たちはその癖に気づいた。たとえば、彼が一〇年生の教室にはいり、ある生徒の机に近寄り、おしゃべりしたとする。［デニスは当時、ニューハンプシャー州ウィンチェスターのセイヤー高校の校長だった。］デニスは机に近づくと反射的に膝をつき、生徒を見上げるような格好になった。いわば、習慣的な動的変化だ！）

・聴き上手は会話中にけっして電話に出ない。たとえ上司からの電話でも。
・聴き上手はメモ魔だ。
・聴き上手は会話のあと数時間後に相手に時間を取ってもらったことに感謝の電話（間違いなくメールよりいい）をかける。
・聴き上手は、翌日にその後どうなったかを尋ねるために電話をかける。
・聴き上手は権威者ぶって話さない。

覚えておこう——（真剣な会話のあとに）疲れを感じていないなら、本当は話を聴いていなかったのだ。

13・12　相手の話を聴くこと——最後にひとつ

口を閉じるチャンスは、ぜったいに逃すな。

——ウィル・ロジャース

14 最前線にいるエクセレントなリーダーはもっとも過小評価されている資産だ

マイ・ストーリー

「チーフに従え！」

米国海軍での成長の日々に戻ろう。ベトナム到着後、私の大隊はダナン郊外のレッドビーチにあるキャンプに到着した。総勢約三〇人の将校のなかで、私を含む六人は最低ランクの士官である少尉（軍の隠語ではO‐1）だった。私たちの気難しい司令官、第1章の「実践」に関するマイ・ストーリーで登場した部隊長からはっきりと、私たちが真新しく光る将校の地位を示す襟章をつけてはいても、まずは二級市民としてスタートすることを教えられた。

ビーチで行なわれた最初のスピーチの早い段階で、隊長はこのように言っていた（これはかなり正確なはずだ。いまでもその声が聞こえるくらいだから）。「きみたちが成功するための秘訣がある。そしてこの秘訣には例外がない。それは、とにかくチーフを見習うことだ」（チーフというのは上等兵《チーフ・ペティ・オフィサー》曹を指し、海軍の下士官兵のなかでは最高ランクで、無知な若い将校の行列行進をはじめとして、すべてを見てきたベテランだ。）司令官の話はこう続いた。「彼らは自分の仕事がわかっているし、部下たちに尊敬されている。そうでなければ、私の部隊にとどまることはできない。実際に軍を運営しているのはチーフたちだ」

チーフたちは戦艦、私の話のなかでは、第九海軍機動建設大隊の活動を監督するリーダーだ。海軍を実際に動かすのはチーフで、陸軍を実際に動かしているのは軍曹だ。そして民間企業では、最前線の監督者／リーダーが同じ役割を担っている。最前線のリーダーは、実際に仕事をしている人たちと直接コンタクトを取る立場だ。第九海軍機動建設大隊やあなたの町のホンダの販売代理店で、それ以上に重要な役割や役職があるだろうか。ひとつもない。チーフ／軍曹／最前線のリーダーは、ビジネスの目標と仕事をしている人たちを結びつけている。チーフ／軍曹／最前線のリーダーは、組織文化を活気づけ、実例を示す。このふたつの文には「良くも悪くも」という意味が含まれている。私の考えでは、集団としての最前線のチーフ／上司／リーダーは、組織の貸借対照表に載っている最大の資産に劣らない価値がある。

ここは短い章だが、このテーマをひとつの章にするだけの価値があることは間違いない。ほとんどの人は、最前線のリーダーの役割が重要であることに同意するだろう。だが、集団としての最前線のリーダーたちに、無限の価値があると気づいている人はほとんどいない。ここからの数ページを読んで、その考えを正してもらいたいと思っている。

（私は部隊長の話をごく真剣に受けとめた。それによって人生が変わった。私はオルセン下士官に、自分が基本的には無知で、彼が喜んで与えてくれるであろうすべての助言と指導が必要だとはっきり伝えた。私たちはすぐ友人になり、彼を通して私はチーフの世界へとはいりこみ、光速で学び、人材の配置をこなし、海軍でもその後の人生でも前に進んでいくことができた。少尉の仲間のなかには、金色に輝く自分の襟章を意識しすぎて、チーフに対してよそよそしい態度をとる者たちもいた。そのような人たちが得た経験や知恵は、私が得たものより少なくて、部隊長のリチャード・アンダーソン大佐をいらつかせた。ここに書いた小さな物語の最後の結論が、じつはこの章のキモだ。）

最前線のチーフにまつわる物語

14・1　最前線のチーフは組織の効率性にいちばん大切なものだが、彼らの集合体としての重要性はいつも（ものすごく）軽視されがちだ

事実——連隊の司令官が、少尉と中尉と大尉と少佐の大半を失ったとしたら、それは災難だ。だが、軍曹を失ったら大惨事だ。

事実——戦果を上げるかどうかを左右するのは、軍曹と上等兵曹、つまり最前線のマネジャーたちであることを、陸軍と海軍は充分認識している。

産業界は同じ認識を持っているだろうか。

私の見たところ、答えは「ノー！」だ。

企業は最前線のリーダーの地位に、正しい人員を配置することを重要だと考えているだろうか？

考えている。
だが、最前線のリーダー全体を、いちばんの資産だと考えているだろうか？
ノー！
ノー！
ノー！

（このことを認識していないのは、いちばん大きな戦略的ミスだ。）

14・2　いちばんの資産＝いちばんの資産

最前線のリーダーとは
・企業の生産性の主要な決定因子
・従業員定着の主要な決定因子
・製品／サービスの質の主要な決定因子
・企業文化の主要な実践者／体現者
・エクセレントを支える「縁の下の力持ち」
・従業員の持続的成長の主要な推進者／実現者

このリストは極端だろうか。

さまざまな特徴や規模の組織を長年観察してきた立場から言えば、言い過ぎだとは思わない。それどころか、同じ意味の別の言葉を並べているようなものだ。

（もう一度言っておこう――最前線のリーダーのことを単にミズ・スミスやミスター・ジョーンズとしてではなく、つねに集合体として考えるべきである。）

14・3　最前線のチーフは従業員の定着率・満足度・生産性を左右する

マーカス・バッキンガムは、企業の効率性に関して鋭い洞察力を持つアナリストとして知られており、ギャラップ社で宝の山のデータを分析していた。カート・コフマンとの共著『まず、ルールを破れ――すぐれたマネジャーはここが違う』（日本経済新聞社）は、多くの人（私を含めて）に傑作と考えられている。

バッキンガムは、私と同じかそれ以上に、最前線のリーダーシップというテーマにも強い意見を持っている。そして、先に述べたように、自らの主張を裏付けるデータを集めて分析している。『まず、ルールを破れ』では、組織にとってもっとも大きな関心事である生産性や品質や従業員の定着率などの変数は、圧倒的に最前線のマネジャーにかかっていると結論づけている。

鋭い洞察力で組織を長年観察してきたもうひとりの人物、tompeters.com で知りあったデイヴ・ウィーラーはこうコメントしている。**「離職とは、会社からではなく、マネジャーから離れることだ」**

数年まえ、バーモント州の私たちの農場の管理人が、人生にもう少し安定が必要だと考えた（私たちは農場の売却を考えていて、その後実際に売却した）。彼はすばらしい人物だった。彼が〝信頼できる〟という言葉をつくったと言ってもいいくらいだったし、新しいスキルを身につけることに貪欲でもあった。評判のいい地元の優良企業に彼はあっというまに職を得た。だが、半年後にそこを辞めてしまった。私たちはそのことについてずいぶん話しあったが、けっきょくは、直属の上司の愚痴に付き合いきれなくなったのだ。「仕事には文句はなかったんです」と、話し合いのなかで彼は何度も言っていた。「でも、帰宅すると二日に一度は頭痛に悩まされていました」彼はどんな逆境でも文句を言うような人間ではなかったが、その上司はつねに不満たらたらだった。先ほどのウィーラーの見立てが正しいことの証明だ。人は自分のマネジャーから離れるのだ。会社がどれほど立派であっても。バッキンガムとウィーラーと元農場管理人の主張をまとめれば、リーダーが**いちばんの資産**という私の主張に間違いがないことがわかるはずだ。

最前線のリーダーのことを真剣に考えているか？——イエス。充分に真剣か？——ノー。

最前線のリーダーという重要な資産にしっかりこだわろう。

私はこれまでさまざまなことをクライアントに提案してきたが、そのなかで最前線のチーフの重要性を強調したことが、近年、トップのリーダーたちにいちばん響いていたことらしい。そして、リーダーたちが真剣にその重要性を見直すことで、新たな行動が生まれる。たとえば、ある大手銀行のC

FOにはこう言われた。「私はたいてい直属の部下（上層部の中間管理職）と一緒に部署の仕事をまわしているが、きみに勧められたとおりアプローチを変えたよ。個人的に、また集団的に、最前線の監督者に直接接触してみた。その結果、組織全体に対する見方が変わり、最前線のリーダーたちを本当にすばらしいと思えるようになった。そこから一歩先に進めて、いまはたとえば、最前線のリーダーたちのための集中的な指導プログラムをつくっている」

大手化学会社のCEOの反応もその銀行の重役と同じものだった。「うちの重役たちときみとのセッションのあとで、最前線のリーダーの役割についてさらに話すようになり、彼らの選択と教育をおそろしいほど気楽にしていたことに気づいた。そして調査の結果、（最前線のリーダーの）質にかなりばらつきがあると知って唖然とした。われわれは社内の問題を解決するだけでなく、きみに提案されたように、企業の重要な資産について積極的に働きかける役割を担っているんだ。どうなったかはいずれ話すが、気づいたことが大きな前進だ」

14・4　エクセレントな最前線のチーフは企業のコアバリューである

コアバリューとして、あなたの会社の声明に次の一文を付け加えることを提案する。

われわれは、どこにも負けない最前線のマネジャー集団をつくるという使命があり、この集団が、われわれの組織のもっとも重要な戦略的資産のひとつであることを理解している。

14・5 最前線のチーフに関する七つの質問

1. 最前線のリーダーこそが組織のなかで重要なリーダーの役割を担っていると完全に理解したうえで、その事実に沿って行動しているか？
2. 人事部は最前線のリーダーを選ぶとき、個人的にも集団的にも、人材育成という面にとくに注意して（しすぎるぐらい）いるだろうか？
3. 最前線のリーダーを選ぶときに、充分時間をかけているか？
4. 最前線のリーダーの席が空いていても、その席にふさわしい優れた人が見つかるまで、不便でもあえてその席を空けたままにしているか？
5. あなたがいる業界には、最前線のリーダー向けの最高の研修と継続的な教育プログラムがあるか？
6. 最前線のリーダーを、正式に厳密に継続的に教育しているか？
7. 最前線のリーダーは、そのポジションの重要性に見合った注目と、評価と、尊敬を受けているだろうか？

14・6

14.6.1 エクセレントな最前線のリーダーを育成するためのステップ1――「知れば知るほど……好きになる」

来月はかならず、最前線のリーダー一人ひとりと、充実した長い時間を過ごすこと。

14.6.2 エクセレントな最前線のリーダーを育成するためのステップ2――計画的な予算再編成

検討事項――経営陣の人材開発予算を二五パーセント以上カットし、節約した分をすべて最前線のマネジャーの研修と人材開発に充てる。私の判断が正しければ、この予算の再編成によって中長期にわたる大きな戦略的利益がもたらされるだろう。

15 エクセレントなリーダーへと駆り立てる二六の戦術（効果は保証付き）

マイ・ストーリー

一九八三年一月二七日、マンハッタン、夜明けまえ。

ボブ・ウォータマンと私はNBCの楽屋で、出版されてまもない私たちの本『エクセレント・カンパニー』の思いがけない成功について全国放送のテレビ番組「トゥデイ・ショー」のブライアント・ガンベルからインタビューを受けるために待っていた。ボブがさりげなくこう言った。「なあ、どっちがあの話をする？」

私はなんの話かさっぱりわからなかったので、「なんのことだ？」と答えた。

「MBWAだよ。どっちが全国放送で〝MBWA〟の話をする？」

ボブのほうが年上だ。

だから彼が話した。

三五年たったいまでも、ミスター・ガンベルに「MBWAについてお話ししましょう」と言ったのが私でなかったことが、悔しくてしかたがない。

だが、まずは一九七九年まで舞い戻ろう。のちに『エクセレント・カンパニー』へと発展する調査はまだ始まったばかりだった。研究のタイトルもぱっとしない「マッキンゼーの組織の効率性プロジェクト」というものだった。私たちはあちこちでいろいろな人にインタビューしていた。インタビューの候補者は、私たちが働いていたサンフランシスコ支社から近いパロアルトの会社の重役たちで、そのひとつが、威勢がよくて比較的若く、革新的なHPだった。

HPとの経験は驚きの連続だったが、最初の驚きは、社長のジョン・ヤングとのインタビューをなんとか取りつけようとしたときに経験した。私はHPの代表電話番号にかけながら、相手は巨大企業だから、かつてインタビューしたチェース・マンハッタン銀行と同じで、秘書や重役のアシスタントに次々たらいまわしにされ、それでも、ずいぶん先の日程にインタビューの予約を入れてもらえたらいいほうかもしれないと考えていた。ところが電話に出た受付の人に、ヤング氏と話したいと言うと、約一〇秒後に、「ジョン・ヤングです。どなたですか」というしわがれ声が聞こえた。

おい、ウソだろ。

こうして私は、なんの苦労もなくあっというまに、HPの社長と二日後のインタビューの約束を交わすことができた。

そしてインタビューの日、ボブと私は四〇キロ離れたパロアルトに出かけ、まもなくジョンの窮屈な〝オフィス〟（社長の居場所は、二・五メートル四方のパーティションで区切られただけの一角だった）に腰をおろした。まわりはエンジニアの作業スペースだった。話をしはじめてすぐに、「MBWA」という言葉がジョンの口から出た。たしか、ジョンはかの有名な「HPウェイ」（現在なら「カルチャーコード」などと呼ばれるだろう）について話していたときに、その根幹にあるのが「M

BWA」という（私たちにとっては）一風変わった行為だと語った。

ボブも私もそのときは知る由《よし》もなかったが、その言葉を聞いて以降、私たちの仕事はすっかり変わってしまった。

MBWAは、いまでは世界の半分が知っているとおり、「歩きまわるマネジメント（Managing by Wandering Around）」という意味だ。当時は文字どおり、「歩きまわって管理する」ことを意味していた。ようするに、社長室など自分のオフィスにこもっていては、チームを引っぱってはいけないという意味である。あなたは、売り場や客先や販売業者のオフィスなど、ビジネスが行なわれている現場でチームを統率しなければならない。

統率というのは、たとえば販売する行為や物に直接かかわることによって行なわれるものだ。そしてそれは会社がどんどん大きくなればなるほど、どんどんむずかしくなる（私たちがHPに初めて訪れた当時は、収益が一〇億ドルを超えたばかりだった。たしかに、残念なことに、会社の規模が爆発的に膨らむにつれ、彼らの特別な性質は大きく損なわれていった）。

一九七九年当時、米国の企業は日本企業に押されていた。『エクセレント・カンパニー』の冒頭で書いたように、そのころ巨大米国企業の手綱を握っていたのは、MBA取得者とそのお仲間たちで、相も変わらず、MBTN（数字による管理）かMBSP（戦略プランによる管理）かMBMP（マーケティング・プランによる管理）かその三つ全部を実施していた。決断はアナリストのオフィスでくだされ、店舗のフロアや、エンジニアの作業場さえ蚊帳の外だった。いっぽう日本の企業は、自社製品やそれをつくる人びとと直接つながっていて、そのつながりがしっかりと製品に反映されていた。たとえば自動車の卓越した品質。それがデトロイトのビッグスリー（フォード、クライスラー、ゼネラルモーターズ）を凋落させたのだ。

ＭＢＷＡは当時もいまも、ほかに類のない概念だ。そして変化の速度が増すほど（現在の状況を思いだそう）、ＭＢＷＡの重要性も増す。私に言わせれば、ＭＢＷＡは「定期的に行なうべきこと」というよりむしろ、このクレイジーなご時世にこそフィットする、リーダーの生きかたや生活様式の永遠のメタファーだ。ＭＢＷＡは、問題のただなかに飛びこみ、スプレッドシート（現実的な数値なら大事だが、そんなことはほとんどない）を介さず、よく言われるように〝採掘現場〟、つまり泥臭い作業が行なわれる場所で話をすることによって実践されるものだ。

「トゥデイ・ショー」でＭＢＷＡについて話す役目はボブに譲ってしまったが、その後、私はＭＢＷＡについて一〇冊以上の本で一〇回以上書き、二五〇〇回以上の講演で二五〇〇回以上話してきた。それでもなんと、まさに「新しい《ニュー》」ものとしてまだニュースになるのだ。問題を抱えた平均的な経営者は、相変わらず自分のデスクやコンピューターの画面にかじりついて、現実との接点を失っている。進化した人工知能ならディスプレイに映った表情を正確に読んだり、気分を判断することができるかもしれないが、私たち人間は、組織のなかでさまざまな役割を果たしている人びとと五感をすべて使って「交流する」ことが、いまでもいちばん大事だし、この概念の核心である。

このリーダーシップの章はＭＢＷＡの精神を描いている。派手な部分は何もない。ビジョンもカリスマも出てこない。述べているのは、実際的なＴＴＤＴ、つまり、「今日やるべきこと（Things To Do Today）」だけだ。まずはオフィスの外に出て、それから……自分なりのＭＢＷＡを実践しよう。たとえば、何十回も「ありがとう」と言う。会った人みんなに「どう思う？」と訊く。普段あまり話をしたことがないけれど、おもしろそうな人と一緒にランチに行く。メールは内容を充分吟味してから送信ボタンを押す。そして、私が「雑務」と呼んでいるその他の二一ほどの項目もこなしてみよう。真のトランスフォーメーション（いつもなら「災難」と同じくらい避ける言葉だ）はおもに、くだらない社是からではなく、十数個のささいな新しい習慣から生まれる。従業員の一〇人中九人は社是などお笑い草だと思っている。つながりを持たない上司は気づきもしないだろうが、社是は現場になんの影響も及ぼさない、現実とかけ離れたものであるからだ。何度も繰りかえすが、現場こそが、つねにリアルな仕事が行なわれる場所なのだ。

リーダーシップ術にまつわる物語

15・1

15・1・1 MBWA

会社のデスクは、世界を眺めるには危険な場所だ。

――ジョン・ル・カレ

気にかけているふりはできるが、そこに存在しているふりはできない。

――テキサス・ビックス・ベンダー

MBWAはこのリーダーシップに関する章でもっとも重要な言葉である。そこには、あなたが確実に（そう確実に！）より影響力のあるリーダーになるために必要な要素が凝縮されている。けれども残念なことに、それは職場での日常的なカオスのなかに埋もれて忘れさられてしまうことがあまりにも多い。ちゃんとMBWAを実践しようという心づもりでいても、（〝ちゃんとした〟理由があって）実行されず、一日が終わるころには、朝に出社したときよりも現場からまた一歩離れている。やがて、なんたることか、あなたは何も見えていないマネジャーになってしまう。数字と帳簿に囲まれ、現実の世界のことを何も知らないマネジャー。そして、信じてほしい。ビッグデータやアルゴリズムの呪文ではあなたを救うことはできないのだ（私はこの件に関しては何があっても譲らない。しかも、それに誇りを持っている）。

15・1・2　MBWA――二五の法則

私はいつでも自社の店舗に立ち寄る。少なくとも週に二五カ所は。ホーム・デポやホールフーズやクレイト&バレルなどほかの店にも行く。……できるだけ多くのものを拾いだして、吸収しようとしてるんだ。

――ハワード・シュルツ（スターバックス元会長）、《フォーチュン》編『偉大さの秘訣（Secrets of Greatness)』

ハワード・シュルツが毎日何百件もの差し迫った問題に対処していたのは間違いない。それでも、なんとかして、**無理やり時間をつくり**、外に出て、何十もの店舗をまわった。

スターバックスのスタッフは間違いなく一流揃いだ。そして、スターバックスが一日あたりに何テラバイトのデータを集めているのかは神のみぞ知る。前述したAIの「拡張記憶」のようなことを考えれば、そのデータはスターバックスの莫大な数の店員一人ひとりの精神状態を秒単位で記録することまでできるかもしれない。

それでもシュルツは、七〇〇〇万ドルもするサプライチェーン管理ソフトウェアのアップグレードに関する大事な会議を無視して、外に出ていくのだ。彼が私に語ったところでは、数年まえにスターバックスで問題が起こったとき、彼自身の大きな問題は、家で将来の構想をあれこれ練っているうちに、顧客や従業員のひとりになるとはどういうものかという、実体のつかみにくい感覚を失ってしまったことだった。

このMBWAの物語に罪人は出てこない。リーダーは問題に対処するために給料をもらっている。そして毎日、朝の報告書や何百件もの新着メールによって、ふたつ三つ、あるいは九つほどの予期せぬ危機がもちあがる。そうなったらリーダーは当然、その危機に直面して対処する。ハッと気づいたらもう午後五時四五分とか午後六時四五分になっている。あるいは役員会などの会議がはいり、計画していた物流センターへの訪問はもちろん、廊下の先にある仕入チームに立ち寄ることさえできない。

ああ、今日もMBWAはナシか。なんてナシにしてくれ。

重要ポイント――シュルツ（週に二五店舗以上！）が証明しているのは、集中的なMBWAはどんなに忙しいスケジュールのなかにもねじこめるということだ。

15.1.3　MBWA／グラミン銀行方式

ムハマド・ユヌスは二〇〇六年にマイクロ・クレジット（小規模融資）を構築したことでノーベル平和賞を受賞した。この融資によって、最貧状態にある世界の人びとに大きな影響を与えた。彼のつくった融資銀行がグラミン銀行だ。

ユヌスは『ムハマド・ユヌス自伝――貧困なき世界をめざす銀行家』（早川書房）のなかで、そのアプローチの重要な部分をこう語っている。

一般の銀行では、顧客が銀行まで出向かなければならない。だが、貧しい人や字の読めない人びとにとっては、銀行のオフィスは恐ろしい場所だ。……グラミン銀行では、人びとが銀行に来る必要はなく、銀行側が人びとのもとを訪ねるという原則で運営されている。……

オフィスで姿を見かけたら、そのスタッフはグラミン銀行の規則に違反していることになる。……村の新しい支店はオフィスがなく、スタッフはとどまる場所がないというのが基本だ。それは、政府の役人からできるだけかけ離れた存在になるためだ。

私はいやというほどこの文章を使っているが、この考えが気に入っている。「銀行家」は「オフィスがなく、とどまる場所がない」状態であるべきだ。これを「ほかに選択肢がないがゆえのＭＢＷＡ」と呼ぼう。

ブラボー！

15.1.4 MBWAは楽しい

もちろん。

MBWAを実践するのは現場とのつながりを保つためだ。

(そう言ったばかりだ。というより、そう要求し提案した。)


だが、これを行なうのには、もっとずっと妥当な理由がある。

楽しいからだ。


そう、楽しい。

現場で仕事をしている人たちと過ごすのは。


ビジネスをするのにほかにどんな理由があると言うんだ？

楽しいからじゃないか。というか楽しいはずだ。午前一時に荷物の積み降ろし場で、チームとおしゃべりして一時間過ごすっていうのは。

そう、そこで有用な現場の声を集めているのは確かだ。でも、チームと一緒に過ごすのはそれだけが理由じゃないだろう？

「午前一時に楽しもう」、それができないのなら仕事を間違えたということだ。

MBWAを実践するということは、そもそも自分がなぜその業界にはいったのかを思いだすことであってほしい。

（歩きまわることで得られるほかの効果については言うまでもない。あなたが発した感謝の言葉や気遣いが職場に活気を与える。それが収益を生じさせるいちばんの寄与因子だ。）

「MBWAは楽しい」という表現が思い浮かんだのは、二〇一七年二月にニュージーランドのビーチを散歩していたときだった。私は、なぜ人はビジネスの世界にはいるのかと考えていた。そして、いつものようにMBWAに考えが及んだとき、その言葉に出会って三〇年以上になるが、ようやく「これだ！」という悟りの瞬間が訪れたのだ。**「なんてことだ、MBWAを実践するのは楽しいからなんだ」**そこから得られるほかのものはみな副産物だ。ただし、現場とのつながりを失ったときのハワード・シュルツにとっては、現状を打破する重要な副産物だったのは間違いない。

15・1・5　MBWA——悪魔は（例のごとく）アイ・コンタクトの質に宿る

わかっている。私は（日々の）MBWAの実践の大切さについて大騒ぎし、熱弁をふるってきた。だが、肝心の実践方法、あるいはやってはいけないことの説明が抜けていた。このトピックは幅広い考察を行なうに値するが、スペースの都合上、短いコメントをいくつか、とくに上級管理職に向けたものを挙げておく。

・**罪1——お偉方の訪問としてのＭＢＷＡ。**覚えておいてほしい。店舗に行くのは、**話を聴き、現場とかかわるためだ。**えらそうに話したり、誕生日にもらったネクタイを見せびらかしたりするためではない。

・**罪2——お付きの者問題。**これは、上司の上司がスーツを着込んだ退屈な堅物の部下を大勢連れてくることだ。そうなると個人的なつながりは消え、たいていは現場のスタッフを萎縮させてしまい、もっと悪いときにはつくり笑いを浮かべさせることになり、訪問は悪影響を及ぼしただけで終わる。（簡単な解決策はひとりで行くことだ。）

・**罪3——気もそぞろな様子。**あなたの気持ちがどこにあるのかは、即座に知られてしまう。うわの空で落ち着かない様子を見せれば、大きなメリットにできたはずの訪問が、またもや悪影響を及ぼすだけで終わる。

まだまだ続けられるが、本当に大切なＭＢＷＡの例をふたつ挙げて締めくくることにする。

ユリシーズ・Ｓ・グラント将軍のＭＢＷＡを私はＣＷＶＡと呼ぶ。グラントはこう述べている。「私はどこかに訪問中や移動中に指令を出す（Command While Visiting and traveling About）ことができる」

著書『グラント（Grant）』のなかでジーン・エドワード・スミスは、小規模な戦いが待っている朝にグラントがやっていたことを次のように描写している。「なによりも、部隊はグラントの気取りのないふるまいを称賛した。既して将軍には、完璧に整えられた大勢の将校たちが付き従っているものだ。だがグラントはたいていひとりで馬に乗っていた。別の兵士は、〝部隊はグラントを親しみのある仲間だと考えていて、専制的な司令官だとは考えていない〟と述べている。グラントが馬で通りかかると、みなは歓声を上げるのではなく、隣人に接するように挨拶をした。〝おはようございます、将軍〟、〝いい天気ですね、将軍〟と」

(グラント将軍が自分の部隊に見せた、相手を尊重する態度は、敵にも向けられた。以下はスミスの本からの引用で、グラントの軍に降伏したあとで南部連合の兵士が日記に記したものだ。ほかの北軍の将校たちは捕虜になった兵士たちの横を〝気どって〟馬で通りすぎていったという。日記にはこう記されている。**「ぼろ服をまとい、薄汚れ、血まみれの絶望した私たち捕虜は橋の両側に並んでいた。その列の近くに来たとき、グラント将軍は帽子を取り、生きた亡者らの最後のひとりの前を過ぎるまで、頭上高く帽子を掲げていた。北軍の列全体のなかで、私たちが地上に存在する者だと認めてくれた唯一の人物だった」**)

ドワイト・D・アイゼンハワー将軍は、グラントの本からページを切りとったかのような人だ。ノルマンディー上陸作戦開始日の前夜か当日朝の将軍の写真を探してほしい。彼もまたひとりで、目の前の上等兵や伍長と同じような普通の軍服姿で演説をしている。その顔は、よく知られているように、心からの共感に満ち、その声は一人ひとりと、たいていは囁くように一言二言交わし、その手はつねに若い兵士の肩に置かれていた。これこそ、もっとも効果のあるMBWAだ。

グラントとアイゼンハワーの例は、物流センターやITチームの作業場からはずいぶんかけ離れているが、概念はまったく同じだ。

15・1・6 MBPA（Managing By Phoning Around、電話をかけまわるマネジメント）――六〇の法則

私は（一年の最初の週に）新年の挨拶をするために六〇人のCEOに電話する。

――ヘンリー・ポールソン（ゴールドマン・サックス元CEO、元米国財務長官）

これはあくまでも私個人の話だが、一九七三年いらい、一度も欠かさず、これと同じようなことを実践してきた。クリスマスと新年にはかならず、二五～五〇人の人たちにお礼の電話をしているのだ。この電話に対するポジティブな反応はまさに驚くべきものだ。その反応からして、そんなことをしている人はほとんどいないらしい。

補足――「確実な人生なんてない」とはよく言われる。私もほぼ同意見だ。だが、この例はその原則には当てはまらない。年末に二五～五〇人にお礼の電話をすると確実な効果が得られる。仕事上でも個人的にも、一〇〇倍もの利益がもたらされると私が保証する。（それはボーナスとして非常に喜ばしいことだ。それも保証する。）

15・1・7 MBFFA（Managing by Frequent Flying Around、頻繁に飛びまわるマネジメント）

いつも聞かされるのが、「このＭＢＷＡとかいうやつ」は、メンバーが世界各地に散らばっていて、インターネットで管理されているチームの時代には実用的じゃない（つまり、不可能だ）という意見だ。ある程度は、そして定義によれば、たしかにそうだ。だが、降参するのはまだ早い。

私が世界各地にメンバーが散らばっている重要なプロジェクトチームを率いているとしたら、なんとかして（必要なら自分の個人資産を使って）メンバーのいる場所をまわる。ほかにいい呼び名がないので、それをＭＢＦＦＡ（頻繁に飛びまわるマネジメント）と呼ぶ。

年四回くらいだろうか。

一〇〇年前でも二〇〇年前でもいまの時代でもリーダーシップには、**直接会って話しあうことが不可欠だぜったいに。いまでもぜったいに。**

たとえば三五歳くらいの「年寄り」は、「若者」にはその感覚が通じないと言う。そんなはずはない。朝食の席でメッセージを伝えるというのは、多少の差こそあれ標準的な行為だ。彼らの言い分もわかる。わかるからこそ、直接会うことに、かつてよりずっと大きくかけがえのない価値がある。大きなプロジェクトのリーダーたちと話をすると、ほぼ間違いなくこの考えかたが支持される。（それに私の仕事では、この方法がものすごくうまくいっているのは確かだ。）

リーダーのなかのリーダー――分散したチームの時代には、**どれだけ資金繰りが苦しくても、交通費を削減してはいけない。**

ＭＢＷＡ。

ＭＢＦＦＡ。

以上。

本当だ。

15・2　衝撃的な五〇の法則

ほとんどの経営者は、なにをすべきかと計画を立てるのに長い時間を費やすが、なにをしないかについて考える時間はほとんどない。その結果、目の前で燃えている火を消すことに夢中になり、組織が直面している長期的な脅威やリスクにしっかりと目を向けることができなくなる。したがって、ハードなリーダーシップの最初のソフトスキルは、マルクス・アウレリウス（ローマ皇帝、『自省録』を著した）の視点を育てることだ。つまり、予定を詰めこみすぎずに空いた時間をつくり、根本的な問題に注意を向ける必要がある。単刀直入に言おう。リーダーは誰でもつねにスケジュールの多くの部分、たとえば五〇パーセントを空けておくべきだ。スケジュールにかなりの「隙間」、つまり予定のない時間があるときだけ、自分の仕事を冷静に振りかえり、経験から学び、避けられなかった失敗から立ち直るだけの余裕ができる。この隙間の時間について話すと、経営者は決まってこう応える。「そうできたらいいのだが、やらなければならないことがあるんだ」だが、われわれは非生産的活動に多くの時間を無駄にしてしまっている。リーダーの仕事のひとつとして、多大の努力をしてでも、本当に大切なことをするための隙間の時間を確保すべきだ。

――ドブ・フローマン、ロバート・ハワード『ハードなリーダーシップ――リーダーシップを教えることができない理由とそれでもそれを学ぶ方法（Leadership the Hard Way: Why Leadership Can't Be Taught—And How You Can Learn It Anyway）』の第五章「ハードなリーダーシップのソフトスキル（The Soft Skills of Hard Leadership）」

五〇パーセントなんてとんでもないと思われるかもしれない。大きな挑戦だと私も思う。だが、フローマン（インテル重役のスーパースターで、イスラエルにおけるハイテク産業の生みの親）の意見を総合的に考えれば、否定することはできない。

この見解は、じっくり検討するだけの価値がある。あなたの隙間の時間が五パーセントから一〇パーセントくらい（たいていの人がそうだろう）であるのなら、あなたには（私たちには）大きな課題とチャンスがあるということだ。

どうか、五〇パーセントの金言を頭から追い払わないでくれ。

覚えておいてほしい。フローマンはこれをリーダーの**いちばん**のソフトスキルと呼んでいた。リーダーにとってソフトスキルは、非常に重要で、その影響力の九五パーセントを占める。したがって、まずは二〇パーセントの確保をめざしてみたらどうだろう。そして様子をみてみるのは？　また、達成できなかったときに活を入れてくれるコーチを見つけてみてはどうだろう？

15・3　あなたはあなた自身のスケジュール帳だ

あなた＝あなたのスケジュール帳*

あなたは（おそらくかなりの確率で）驚くだろう。しかもそれは、うれしい驚きではない。

人びとが考えている優先事項と、実際に行なわれる優先事項は、恐ろしいことに相関関係がほぼゼロに近い。

提案——ルールとして週ごとあるいは月ごとの「スケジュール帳の点検」を自分で行なう。（さらにできれば毎日の点検も。）信頼できるアドバイザーと見直しができればもっといい。あなた自身を査定することに関しては、あなたを当てにするのは心もとない（つまり当てにできない）からだ。

自明のこと

あなたのスケジュール帳はけっして嘘をつかない。
あなたのスケジュール帳はあなたの時間をつねに把握している。（あなたは？）
あなたの時間の過ごしかたこそ、優先すべきことだ。
あなたの時間の過ごしかたこそ、戦略だ。
あなたの時間の過ごしかたこそ、（本当に）気にかけるべきことだ。
あなたの時間の過ごしかたであなたがつくられる。

（時間管理についての本は何百冊も（もしかしたら何千冊も）あるし、ここで取りあげたところで、こっけいなくらい言い足りない。それでも、このトピックはつねに取りあげなければならない。このセクションの目標は、疑う余地のない言葉を覚えてもらうことだ。「あなた＝あなたのスケジュール帳」という言葉にはまったくなんの誇張もない。そして、あなたが時間配分を管理するプロセスは、この問題の重さのわりにかなり軽んじられている可能性が高い。**一日の終わりには、ニュースではなく時間が、本当に大切な唯一の資源である。**それに基づいた行動をしてほしい。実際のところ、毎日のスケジュール帳の点検は必須だ！）

15・4

15・4・1　エクセレントなリーダーシップを発揮する重要な場としての会議

好き嫌いにかかわらず、会議は現在も未来も、どれだけ変えようとがんばったところで、私たち（リーダー）には欠かせないことだろう。だから、厄介事として扱うのではなくエクセレントなものにしたらどうだろう。

会議＝リーダーシップを発揮するいちばんのチャンス

＊　スケジュール帳はけっして嘘をつかない。
スケジュール帳に書いてある、本当に最優先でやるべきことは何か確認しよう。

（定義——あなたの時間の大部分＝会議＝リーダーシップを発揮するいちばんのチャンス。）

会議——出席者の想像力と好奇心をかきたてない会議、つながりや協力や関わり合いや価値観を高めない会議、すばやい行動を促さない会議、熱意を高めない会議では、チャンスが永遠に失われる。

大げさだろうか。

そんなことはけっしてない。

会議は、あなたのリーダーシップを発揮する重要な場になりうるのだから、エクセレントな会議をめざすべきだ。

（立ちどまって、この提案について考えてほしい。）

（不必要な会議や、その他もろもろを排除することには大賛成だが、実際のところは、これからも、どんな状況でも、会議は山のように行なわれる。）

15・4・2 会議＝パフォーマンスの場

会議は公のパフォーマンスの場だ。エクセレントな会議でリーダーシップを発揮するのは、ある種の芸術といえる。会議をパフォーマンスの場として考えていることを、あなたの身体と言葉で通して伝えよう。

15・4・3　いくつかの会議の「ルール」

・時間どおりにはじめ、時間どおりに終わる。上司は一五秒とて遅れてはならない。たとえ、電話や別の会議の途中で自分の上司の話をさえぎらねばならなかったとしてもだ。ほかの人の時間を尊重していることを、明確に示すこと！
・始まりと終わりは中盤を圧倒するものにすること。スリリングにはじめ、スリリングに終わる。「では、はじめましょう」などというつまらない言葉ではけっしてはじめないこと。
・会議のはじめのほうに、出席者が最近行なった「小さな」行為について、ポジティブで心のこもった感謝の言葉を述べよう！
・一〇〇パーセントの出席率を確保する。とくに、あまり発言をしない人や表情が暗い人を出席させること。「これについてどう思う、マーティン」というような言葉を随所にちりばめてみんなの発言を促すこと。（会議が終わったらすぐに、表情が晴れない人たちに声をかけ、何か困ったことがあるか尋ね、それに対処しよう。「これからすぐに、話しあおう」という行為も含めて。）
・会議の終わりには、感謝と実のある言葉で出席者全員の貢献をねぎらおう。
・終わった直後にメールを送り（あるいは電話や直接会って）、それぞれが果たしてくれた役割に対するお礼を述べて、フォローアップしよう。
・自分のボディランゲージに気をつけること。リーダーがわずかでも気をそらしたり、退屈なそぶりを示したら、即座に全員にばれてしまう。
・個人攻撃には厳しく対処しよう。

・やるべきことは、簡潔に明確に指示しよう。

15．4．4 結論──準備、準備、また準備

1．あなたの職業人生と功績がかかっているという気持ちで、すべての会議の準備をすること。実際そうなのだから。

これは断じて誇張ではない！

（私の経験では、マネジャーが会議の準備をする率は、ゾッとするほど低い。）

2．1を参照。

3．会議はパフォーマンスの場だ。

4．「エクセレントな会議」という言葉の組み合わせは矛盾していない。

（注：この短いセクションで語っているのは、「よりよい会議を行なう」ことではない。エクセレントなリーダーシップを発揮するための大切な場として、会議の役割を一八〇度転換させようと言っているのだ。）

15・5　一の法則

効率についての「秘訣」をひとつ挙げるなら、集中することだ。効率のいい経営者は重要なことを最初に、……かつ一度に「ひとつ」ずつしている。

——ピーター・ドラッカー

効率の秘訣はたったひとつだと力強い言葉でドラッカーは断言している。ワオ。達人からの力強い言葉。たしかに、「二〇二〇年に向けた六つの（あるいは、この点では三つでも四つでも五つでもいいのだが）戦略的構想」を掲げた部署の計画ほどこっけいなものはない。

六つの戦略的構想など見込み薄だ！

戦略的構想病の副産物は、混乱、欲求不満、信用失墜、士気喪失で、最後に手にするのはまず間違いなく「失敗」だ（いつものように、ドラッカーに心からの万歳三唱を捧げる）。

15・6

15・6・1

仲間についてI／八〇の法則——物事を成しとげるためのリーダーのガイド

自分の時間の八〇パーセントを使って、さまざまなタイプの仲間を、組織のいたるところ、とくにオフィスの隅や目立たない部署で見つけて、大事に育てよう。


常識に逆らって、何か新しくて変わったことを成しとげようと思っている？

上層部からは否定的な反応が来ている？

妨害してくる人たちに勝つ方法を見つけようとしている？

答えは意外と簡単だ。


「敵」のことは忘れよう。

本気で完全に忘れよう。


「障壁を取りのぞい」たり、反対派に「打ち勝」ったりするために時間や感情的なエネルギーを無駄に使うべきではない。

それよりも、あなたの行動に賛成してくれる人たちをさまざまな場所で見つければいい。


あなたの時間のほぼすべて、そう八〇パーセントほどを使って、仲間を見つけ、その基盤を構築していくのだ。

そこからさらにたっぷり（もっとたっぷり）時間をかけて自分の仲間を育てていく。*

今度はその仲間たちを促して、彼らの時間の大部分を使って、さらに仲間を見つけてもらう。

重要なポイント

敗者は（膨大な時間と感情的エネルギーを無駄遣いして）敵に注意を向ける。
勝者は仲間や仲間、さらなる仲間に注意を向ける。

敗者は妨害を取りのぞくことに力を注ぐ。
勝者は妨害を避け、新たな方法をポジティブに示す小さな勝利に力を注ぐ。

敗者は敵をつくる。
勝者は味方をつくる。

敗者はネガティブなことに集中する。
勝者はポジティブなことに集中する。

敗者はかなり目立つ。

＊　前述した「育てる」というのは重要な言葉だ。けっして、けっして、仲間がいて当たり前だと思ってはいけない。それはよくある戦略的凡ミスだ。つまり、仲間は同じ方向に向いてくれていると思っていても、実際は彼らも否定的な反応を受けていて、つねに励ましを必要としているのだ。「仲間の時間」の半分（八〇パーセントのうちの五〇パーセント）は仲間を育てることに使ったほうがいい。

勝者は仲間とともに活動しているので、ほとんど目立たない。
敗者は暴力を好み、流血を楽しむ。
勝者は仲間に反対する者たちを取り囲み、少しずつ「危険のない」小さな勝利を収める。

目標を成しとげようとしているリーダーへのメッセージ

仲間、
仲間、
仲間の仲間、
さらなる仲間。

（これは個人的な話だが、マッキンゼーで私が開発したプログラムは、『エクセレント・カンパニー』という本になり、『マッキンゼー――世界の経済・政治・軍事を動かす巨大コンサルティング・ファームの秘密』〔ダイヤモンド社〕によると、多少ともマッキンゼーの再ブランド化につながったようだが、当時、私たちのプログラムはマッキンゼーの核となる信念〔戦略が第一で、人・文化はずっと離れた第二項目〕と敵対していた。したがって、私の事実上の敵は伝説的な組織の大物たちだというのに、私は間違いなく大物ではなかった。そういう状況で、最終的に成功した私の戦略は、悪者はかわして、仲間を探すことだった。ここに提案した精神で仲間をつくり、維持するために、『エクセレント・カンパニー』のプロジェクトにかかわっていた丸四年のあいだ、私の時間のかなりの部分

（実際に、約八〇パーセント）を費やした。）

15．6．2　仲間についてⅡ――成功のために「下を思いやる」

敗者は上にゴマをすってばかりいる
勝者は下を思いやる

『チャーリー・ウィルソンズ・ウォー』（早川書房）にある物語では、ＣＩＡの中堅職員ガスト・アヴラコトスは自分の給与レベルをはるかに超えた奇跡を起こした。著者のジョージ・クライルは次のように表している。

ＣＩＡの暗部に配置された人びとにとって、彼は伝説のような存在になっていた。

ガストはＣＩＡの最上階にいる重役の秘書全員の名前を覚えていて、秘書たちの個人的な悩みや仕事上のトラブルの解決に手を貸していた。郵便仕分け室（三〇年まえの話なので）やコンピューター操作用の奥まった部屋にいるスタッフのことも、ガストは個人的に強い関心を持っていた。

実質的にはガスト・アヴラコトスはＣＩＡの影の指揮官であり、その結果、非常に硬直した組織のトップにいる上司や上司の上司からの怒りに満ちた抵抗にもかかわらず、とんでもないことを成しとげることができたのだろう。

言いかえれば、「成功のためには下を思いやれ！」ということだ。

財務や購買やマーケティングなどの部署からの助けがあれこれ欲しいって？　優れた幅広いネットワークが「下流」にできれば、「流れ」を変えることができる。

メッセージは次のとおり。

「下流」はリアルな仕事が行なわれている場所だ。（取りつかれたように）「下流」に投資しよう。

（たいていの人はこれが理解できない。だからこそ価値のある戦略なのだ！）

15．6．3
仲間についてⅢ――目標を成しとげるための実践の原則

ふたつの点を結ぶ最短距離はけっして直線ではない。

実践とは面倒なプロセスだ。
実践とは感情的なプロセスだ。論理が働くのはごくわずかな部分しかない。
実践とは年中無休の政治的な策略のプロセスだ。
面倒なことを楽しめ。
策略を楽しめ。

それができないのなら、困難なことや物議をかもすことなどやめてしまえ。

15・7 熱意を伝染させる

15・7・1 熱意を伝染させる

私は熱意を伝染させる人間だ。

――ベンジャミン・ザンダー（交響楽団の指揮者でマネジメントの第一人者）

ザンダーの言葉は、そのままリーダーに求められるものだと言いかえることができる。つまりこういうことだ。

熱意を伝染させよ！

そのとおり。

だが、ぼんやりとしている部分もある。ザンダーのもともとの職業は交響楽団の指揮者だ。私は彼のコンサートに行ったことがある。ぱっと聴いたかぎりでは、少なくとも私のような音楽のアマチュアにとっては、細かいテンポや音色や、楽譜の解釈などの微妙な違いはわからない。判断材料は限られている。さらに言えば、音楽家たちだって、音楽を知りつくしている人もいれば、そうでない人もいる。

もちろん、そんなことはどうだっていい。自分の好きな交響曲が魔法のように演奏されるのを聴いて心が騒ぐのは、あなたが見た特別なパフォーマンスのなかに感情とパワーがこもっているからだ。

例を挙げよう。二〇一六年にボストンのシンフォニー・ホールに行ったときのことだ。私はずっとバッハのゴルトベルク変奏曲が好きだったが、その夜の演奏では月にも昇る気持ちになった。「月にも昇る」気持ちというのは、指揮者が分け与えた熱意が私に伝染した状態だ。**それをパフォーマンスの質の最後の九〇パーセントと呼ぼう。**（これはおそらくかなり正確な数字だ。）

これはすべて、一年生の教室や、九人の研修部門や、一一人のプロジェクトチームにおけるリーダーシップにそのまま置き換えることができる。

「熱意を伝染させる」リーダーの熱意とスキルは、**偉大なリーダーシップの差別化因子になる。**

（教育に関する信頼できる研究によって、この理論は支持されている。ある大規模な研究の結果から、講義方法や少人数制などの教育的なアプローチは、授業後に生徒がそのテーマについて学んだり調べたりという結果にまったく影響を及ぼさなかった。大きな効果があったのは、そのテーマに対する教師の熱意だった。）

15.7.2 熱意――ショーのパフォーマーになれ

いつだってショータイム。
――デービッド・ダレッサンドロ『会社で「ブランド人」になれ！　組織で生き抜く10のルール』（CCCメディアハウス）

このふたつはまったく同じ重みを持つキーワードだ。

ショータイム。
いつでも。

昔からある言い回しで、影響力の強いリーダーは「自らが手本になる」とか「言動が一致している」というが、それは一〇〇パーセント正しい。たとえば、リーダーは自分が望む組織文化を一瞬一瞬生きなければならない。そして「一瞬一瞬」というのは文字どおりの意味だ。一日や一週間やひと月という単位で行なう大規模な活動や行動は、（会議が終わったあと、上司が廊下でジェーンやジャックと三〇秒言葉を交わすことなど）職場でつねに行なっている、ごくささいな行為に比べたら、頻度がずっと少ない。

リーダーはショーのパフォーマー**である**。
リーダーは**誰でも**ショーのパフォーマーである。

すべてのリーダーは**いつでも**ショーのパフォーマーである。

(誰でも=いつでも)

選択肢はない。

ステージからはけっして降りられない。

(すでに述べた大事な点を再度述べておく。ショーのパフォーマーというのは、声が大きいとか、外向的だという意味ではないし、もちろんただのおしゃべりな人では断じてない。)


リーダーにとっては、いまも、これまでも、今後もずっとショータイムなのだ。


部屋にいた人間がずっと覚えているような場面だった。ジョージ・ワシントンは完璧に自分の役割を演じた。リーダーはそれらしくみえるだけでは足りない。ワシントンのルールでは、自制心を働かせつつ精密に、リーダーとしての役割をいかに演じるかわかっていなければならない。ジョン・アダムズはのちに、ワシントンのことを「あの時代の最高の役者」と称賛している。

——デイヴィッド・マカロー『一七七六年(1776)』(アメリカ独立戦争初期のボストンの状況は非常に緊迫していて、ワシントンは周到に考えておいた物腰で、慎重に周囲の状況を構築し、自分の司令部を立派に見せ、自分が率いる軍隊を強く大きく、武器も揃っているように見せ、米国が手ごわい敵であることを英国人に悟らせようとした。)


そう、いつだってショータイムなのだ。

あなたにとっても。

私にとっても。
ジョージ・ワシントンにとっても。

15・7・3　熱意がある人を雇おう

熱意。
熱意がある人を雇おう。
熱意がある人を昇進させよう。
熱意がある人に報酬を与えよう。
あからさまに優遇しよう。

15・7・4　熱意――熱のこもったスタートで一週間をはじめる

次の月曜までに、一日の始まりの台本を五本から一〇本用意しよう（言いかえれば、毎日、あるいは毎週を、目的を持って、じっくり考えてスタートさせよう）。

ＮＦＬの監督は試合の最初のプレイの台本をじっくり考えていくつか用意し、いいスタートが切れるようにする。もちろん、プランの細かい部分は一〇番めのプレイに行きつくずっとまえにポシャってしまう可能性もある。だが、こういう台本の目的は流れをつくることだ。

最初が肝心。

スローガンではなく、しっかりした調査の結果だ。
だから、いいスタートを切ろう。

やってはいけないのは、なにがあっても、週の最初の四五分を決定的なインパクトを与えることなく過ごしてしまうことだ。

一週間というのは大事な時間区分だ。そして一週間はストーリーであり、短篇小説である。始まりがあり、中盤があり、結末がある。最初におおいに汗をかくことで、その後のすべての流れが決まる。

15.8 ボディランゲージ——五倍の法則とそれ以上のこと

研究によれば、声の高さと大きさとペースによって、実際に使った言葉の約五倍の力で、自分の考えが人に響く。
——デボラ・グルーエンフェルド、《スタンフォード・ビジネス》二〇一二年春号一九九四年の選挙では、マンデラの笑顔が選挙キャンペーンのキモだった。にっこり笑った象徴的な選挙ポスターが、広告板やハイウェイや街灯や喫茶店や果物の屋台に貼られていた。それを見て黒人の投票者は、彼こそが自分たちのチャンピオンだと思い、白人の投票者は彼なら自分たちを守ってくれると思った。それは「すべてを理解することはすべてを許すこと」ということわざを体現したような笑みだった。不安を抱えている有権者にとっては、政治的な抗鬱薬だった。

――リチャード・ステンゲル『信念に生きる――ネルソン・マンデラの行動哲学』（英治出版）

五時間のフライトのあと混みあった飛行機から降りるとき、ひとりの客室乗務員に、いま見送った人のうち何人くらいが「ありがとう」と言ったか訊いてみた。彼女の返事に（プロの〝ありがとうマニア〟である）私は驚いた。

「〝ありがとう〟と言ってもらえるかどうかより、気になるのは、笑顔とアイ・コンタクトです」

もう一度言おう。ボディランゲージは影響大だ！

笑顔の乗客は、影響力の大きいマンデラに比べればささやかな例だ。けれども、ごく普通の日常的なやりとりにおいて、個人的なものであれ、仕事上のものであれ、ボディランゲージの大切さを示すすばらしい例になっている。

もう一度このセクションの最初に挙げた数字を見ておこう。五倍だ。
これは大切なことだ。
ボディランゲージを真剣に学ぶこと。
それより大事なものはほとんどない。

いいニュース——ボディランゲージについては、あなたの取り組みの助けになりそうな、その用途に関する研究とガイダンスがトラック一台分くらいある。

ただし、

学んで、
練習しなけりゃ、始まらない。

（私はよく、先ほど述べた「〜を真剣に学ぶこと」というフレーズを使う。それは話題が先ほどのボディランゲージのようなものに及んだときに、あなたが本気で考えてもまったく問題ないことを示すためだ。だが、経験から言うと、実際のあなたの反応は「いい考えですね。もっと注意するようにしますよ」という程度にとどまるだろう。そつのない答えだ。だが、絶望的に不充分な反応だ。大事なのは、このような問題は真剣に学ぶ対象になるということだ。実際に重大な研究で結果が実証されているのだから。ボディランゲージにもっと注意するように言っているのではない。ボディランゲージを真剣に学べと言っているのだ。生化学や薔薇のガーデニングやフルートをはじめるときにそうするように。）

15・9　リーダーであることを愛する（または愛さない）こと

ひとつ（大事なことを）忘れていた……

「トム、いいスピーチだったけど、いちばん大事なことを言い忘れたね。リーダーはリーダーであることを楽しんでいるってことを！」

これは、ダブリンで「リーダーシップ五〇」というタイトルの講演をしたあとで、かなり大きいマーケティング会社の社長ともちろんギネスビールを飲んでいるときに言われた言葉だ。

振りかえってみると、彼が正しかったと思う。簡単に言えばこうだ。

一部の人は、人間関係にまつわる策略や人事にありがちなややこしい問題を楽しんでいる。そしてそれらの問題こそがリーダーシップの核にある。

だが、楽しんでいない人もいる。

リーダーにはそれぞれのやりかたがある。

そしてそれはあなたのやりかたかもしれないし、そうでないかもしれない。

これについては時間をかけてじっくり考えてほしい。

これは、四人チームで行なう重大なプロジェクトのリーダーとして四週間の任務を果たすのと同じくらい重要なことだ。
（もちろん、私のような著者は、このセクションからリーダーシップのスキルとして役立つことをいくつか学んで、仕事をますます楽しめるようになってくれればいいと願っている。それは、第5章に出てきたリミテッドのレス・ウェクスナーが、自社の社員の成長をいちばんの楽しみにしているという話につながる。それでも、どこかの段階で、そして私はこれまでに何百回もみてきたことだが、理由はどうあれ、「この人間関係に関する策略めいた部分」が自分に合わないと悟る人もいるだろう。そういう場合は、別の道に向かったほうが賢明かもしれない。）

15・10　毎日がスタートだ――ゼロの法則

二五年間、毎年がスタートだ。その点では、プロデュースするすべてのイベントがスタートだ。ドアが開いてはじめて、私たちの評判が世間にさらされる。スタートするとき、満足した顧客はまだひとりもいない。あって当然のものなど何もない。

――ホセ・サリビ・ネトー（HSMグループ）

私は三〇年間、ブラジル人の同僚ホセ・サリビ・ネトーと一緒に働いてきた。これはまさしく彼の考えそのものだし、これこそ、彼が成功しつづけているいちばんの秘訣だ。ホセはたしかに、あって当然のものなど何もないと考えている。いつだって。

15・11　一〇の法則

私たち全員*にとってリーダーシップを発揮するチャンスは、少なくとも毎日一〇回はある。

リーダーは正式な役割とは限らない。みな知っていることだが、ここでそれを思いだしてもらっても害はない。端的に言うと、リーダーシップを発揮するチャンスは毎日多数ある。ものすごく忙しいときでも、三〇分、あるいは一五分でさえ、締め切りに追われているほかの人を手伝ってあげれば、まさにそれが第一級のリーダーシップになる！

大事なのは、**「いつでも誰もがリーダーになれる」**という考えを**組織のすべての人に植えつけ、強化する**ことだ。

リーダーでない人のためのリーダー的行動のサンプル一〇

・職場に陽気な空気をかもしだす。とくに、たとえば雨の日などに。（これがリストの最初になっているのには、ちゃんとした理由がある。自分のふるまいを選ぶのは自分だからだ。）

・ものすごく忙しい？　一〇分だけ時間を取って、おもしろみのない仕事をしている人を手伝ってあげよう。

＊　全員とは、ひょっとすると一二歳以上の全員かも？

・誰かに話しかけられたら、熱心に（「全身全霊で」、第13章を参照のこと）話を聴こう。口をはさんではいけない。
・繰りかえす。誰かに話しかけられたら、熱心に聴く。口をはさんではいけない。
・ちょっとした仕事を助けてもらったお礼を言おう。
・偶然出くわした別の職務の誰かとおしゃべりしよう。三、四分でいい。
・新しく入ってきた人や二日間だけ雇われた派遣社員をコーヒーに誘おう。
・つまらない仕事を進んでやろう。
・業界について興味を引かれるブログを読もう。それについて誰かと話しあおう。
・オフィスを出て帰宅するときには、ちょっと立ちどまって、誰かとその日のことをおしゃべりし、前向きなコメントをしよう。

このリストはベッツィー・マイヤーズのすばらしい著書『リーダーになる――自分とまわりのみなにモチベーションを与え、インスパイアし、最高のものを引きだす（Take the Lead: Motivate, Inspire, and Bring Out the Best in Yourself and Everyone Around You）』からまさにインスパイアされたものだ。鍵となるメッセージは（ここと同じで）、リーダーシップはすべての人の仕事だということだ。

15・12 リーダーの仕事：人間関係こそ最優先事項――人間関係への投資利益は通常の投資利益より大きい

親密で長続きする人間関係をつくれる能力はリーダーのしるしだ。残念ながら、大企業の多くのリーダーは、自分たちの仕事は戦略や組織構造や組織的プロセスを構築することだと思っていて、人びとに仕事を任せるだけで、その仕事をしている人たちと親しくなろうとはしない。

――ビル・ジョージ『ミッション・リーダーシップ――企業の持続的成長を図る』（生産性出版）

メドトロニックの元CEOビル・ジョージは、深い（あるいは悲劇的な？）指摘をしている。それはある意味で、この本の隠されたテーマだ（「ハードはソフト。ソフトはハード」）。リーダーは自分の仕事を、戦略やプロセスといったメカニズムの観点から見ていて、厄介な「人間関係の部分」をおろそかにしているか、ジョージが指摘しているように、ほかの人にやらせている。リーダーの成功の前にしばしば立ちはだかるこの硬い岩の壁に、私はもう五〇年も夢中で取り組んでいる。

統率が取れているかどうかはお互いの信頼にかかっている。この信頼は、なによりも友情を育むことで得られるものだ。

――ドワイト・D・アイゼンハワー将軍、雑誌《アームチェア・ジェネラル》より。この雑誌には高名な将校たちのリーダーシップの秘訣が載っている。（おそらくアイゼンハワーの〔陸軍士官学校での〕もっとも傑出した能力は、気楽に友人をつくり、さまざまなバックグラウンドを持った士官候補生仲間の信頼を得たことだろう。それはその後、連合軍の指揮官になったときに大きな財産となった性質だ。）

アイゼンハワー将軍は、ノルマンディー上陸作戦とそれに続く一連の軍事作戦を練り、構築していき、ヨーロッパでの第二次世界大戦を終わらせた。ルーズベルトやチャーチルやドゴールやパットンやモントゴメリーといった一筋縄ではいかない面々にうまく対処したことが、ほぼ間違いなく、いちばんの鍵だった。そこには想像を絶する対人関係のスキルが必要であったろうし、率直に言って、そのスキルは効果的な戦略よりもずっと重要なものだった。

あなたの人間関係における投資利益をシステマティックに向上させよう。

あなたの人間関係への投資や人間関係のポートフォリオを、予算と同じように追跡・管理しよう。

今週の人間関係への投資プランは具体的にどういうものだろう?

これは、先に述べたビル・ジョージとドワイト・D・アイゼンハワーからすれば、野球みたいなチーム戦にほかならない。

これは、「フェアプレイせよ」という話ではない。

「スピードがすべて」でもない。新しいテクノロジーによって、これまでにないほど大きくネットワークを広げられるようになり、スピードはさまざまな面でかけがえのないものになっている。だがここでの話題に関しては、スピードは価値ある人間関係には重要なものではない。まったく逆だ。とはいえ、いまの時代、世界は日々どんどんスピードを上げて回りつづけている。しかし、ビル・ジョージに戻ってみよう。大切なことを成しとげるためには、あなたのために自分の身を捧げてくれるような、信頼のおける友人や同僚が必要だ。そのような友人のネットワークを蓄積し、維持していくには時間がかかる。つまり、時間を投資しなければならない。

偉大なネットワーク＝膨大な時間の投資＝近道はない。

15・13

15・13・1　承認！

人間のもっとも深い本質は、認められたいという渇望だ。

——ウィリアム・ジェイムズ

古典的名著『人を動かす』（創元社）のなかで、自己啓発の象徴とさえいえる著者のデール・カーネギーは、このジェイムズの言葉を引用して、彼が選んだ言葉にしっかり注意を向けるようにと述べている。

「単なる望みだとか欲望だとか憧れではなく、渇望だ」

（認められたいという欲望は普遍的なもので、このうえなく根深い。）

重要視されていないと感じている従業員が、重要な貢献をすることはほとんどない。

――マーク・サンボーン（営業研修の第一人者）

そう、これは気のきいたコメントだ。だが、それ以上に、リーダーにとって非常に重要な意味を持つ言葉として読んでほしい。チームのメンバーに、自分は尊重されている（つまり重要な人と思われている）と感じてもらうことは、「リーダーのもっとも重要な仕事」に値する。

相手に承認を伝えられることは、とても価値のある人間の特性だが、利益と人の成長を促す第一級のブースターでもある。顧客との関わりは従業員とかかわることから直接生まれるものであり、言うまでもないはずだが（ほう！）、自分は必要とされていると感じている人は、チームの仲間や顧客のためにさらに一キロ（あるいは一五キロほど）進んでいける可能性が高い。

もっとも重要な仕事――誇張ではない

承認はおそらくリーダーシップの辞書のなかでもっとも力のある言葉だ！

力のある言葉。

私は何度も承認の力を目の当たりにしてきた。

何万回もだ。

思いつくかぎりどんな状況でも。
思いつくかぎりどんな文化でも。
大きな差が出る。
効果は絶大。

承認とは、
相手を宇宙の中心にすること。

グラッドストーンの隣の席を立ち、ダイニングルームから出たときは、彼のことを英国でいちばん頭の切れる人間だと思った。けれども、次にディズレイリの隣にすわったときには、自分がいちばん頭のいい人間になった気がした。

——ジェニー・ジェローム（ウィンストン・チャーチルの米国人の母）

（ビル・クリントンと）話をしていると、ほかのものや人には目もくれず、自分だけを見てくれているように感じる。その部屋でいちばん重要な人物になったような気にさせてくれるのだ。

——マーク・ヒューズ（映画脚本家、《フォーブズ》のブロガー）

これは生まれ持った特性だろうか、それとも育てることができるスキルだろうか。私はどちらでもあると主張する。あなたや私を世界の中心だと思わせてくれるような性質を、ほかの人よりも強く備えている人もいるだろう。だが、思いだしてほしい。誰だってスキルを身につければ「話を聴くプロ」になれるはずだ。ただし、それは時間がかかり、何度も何度も練習を重ねなければならない。

15・13・2

承認――きみはどう思う？

どんな組織でもいちばん大切な言葉はこれだ。

「きみはどう思う？」

――tompeters.com へのデイヴ・ホイーラーの投稿

きみはどう思う？――まずこれは、意見に耳を傾けてもらえるだけの価値があなたにあるという事実に対する承認で、その人の価値をおおいに証明するものだ。さらに、ついでというわけではないが、この質問への回答が集まると、いいアイデアがナイアガラの滝のように降りそそぐ。

提案――毎日、何回この質問を発しているか数えよう。

開始――今日から。

（私のなかにまだ残っているエンジニア魂が垣間みえるという人もいるかもしれないが、この行為はエンジニアでなくても計測できる。）

15・14

15・14・1

三万の法則――ものすごく（ものすごく）簡単なこと……

だから、なぜ、ああなぜ、どうしてもっとやらないんだ？
「ありがとう」と感謝することを。

CEOのダグ・コナントは、キャンベル・スープを経営していた一〇年間に従業員に手書きで「ありがとう」と書いた三万枚のメモを送っていた。
――《ブルームバーグ・ビジネスウィーク》

ざっと計算すると……

一〇年間で平日は毎日一二通の感謝の手紙を書いていたことになる。
スゴイ。
で、あなたはどうだろう？

「ありがとう」という五文字の言葉を口にすることが多くの人にとって、おそろしくむずかしいことらしいが、それはなぜだろう。そのなかには大半のリーダーも含まれている。この「ありがとう」不足は、私にとっては人生最大と言えるほどの謎だ。

母には愛してくれたことをはじめとして、おおいに感謝している。だが、感謝リストのトップに近いもの、おそらく愛に次いで二位に来るものは、「ありがとう」という言葉を日常的に使えとしつこく教えこまれたことだ（しかも母はしつこさにかけては誰にも負けないほどだった）。そのしつこさのおかげで救われただけではなく、私にとっては大きな効果がもたらされた。

ここで、何年もかかって集めてきた何百もの逸話であなたを楽しませることもできる。それらは、シンプルな「ありがとう」という言葉の持つ圧倒的な力を証明するために集めたものだ。典型的な話をひとつ。私のセミナーに参加してくれた女性は、中間管理職の採用面接を受けたあと、面接官に向けて、時間を取ってもらったことと心遣いに感謝する手紙を書いた。三〇数人いた候補者のうち、手紙を書いたのは彼女だけだった。彼女はその仕事を手にいれた。（そして面接官がのちに彼女に語ったところでは、最後まで残った候補者は数名いたが、決め手になったのはその感謝の手紙だったらしい。）同じような話はほかにもたくさんあるが、ここでは、いずれも信じられないような驚くべき話ばかりだと言うにとどめよう。とにかく、これほどシンプルな行為が、シンプルとは言いがたい反応を導くのだ。

（ツイッターでも同じだ。私は定期的にツイッターを使っている。私のコメントに対してリツイートしてくれる人たちもある程度いる。たいしたことではない。当然のことながら、お返しに「ありがとう」と書くことも多い。そうすると、そのありがとうを喜ぶ反応が一、二行（あるいは三行）返ってくることが多い。そんなありがとうに対する一〇〇のありがとうには、「わざわざ〝ありがとう〟と言ってくれてありがとう」というひとことが間違いなくついてくる。〝わざわざ〟という言葉がミソだ。私がありがとうと伝えることに手間と時間をかけていることを承認してくれているのだ。そう、ツイッターでさえ。）

15・14・2　ありがとう――大きいことより小さいことに感謝を

大切なのは一〇〇万ドル稼いでくれたことに対する感謝ではない。（そんなことがあれば、いずれにしろほめちぎるだろう！）ケン・ブランチャード（『1分間マネジャー』〔ダイヤモンド社〕）の言葉を借りれば、「何か（小さな）正しいことをしている人に気づく」ことが大切だ。

言われたほうにとっては、「ささいなこと」へのさりげない賛辞のほうが、重要なことへの賛辞よりも大きな影響がある。

それはつまり上司（や同僚）が誰かのささいな行為に気づいたということだ。その人に（先に述べた引用を思いだしてほしい）重要な人だと思われている、と感じさせたのだ。重要、重要が重要だ。

15・15

15・15・1

礼節――礼儀

礼節に関するツイッターでの会話より／@tom_peters

ティム・ブランダー「社内の礼節が社外との関係の方向性を決める」（すごい、これはまさに真実だ！）

デイヴ・ウィーラー「M《マネジメント》B《バイ》M《ママ》R《ルール》。家庭でのしつけは、業績の倍増因子にも、人格の差別化因子にもなる」

サニー・ビンドラ「あなたは〝約束に遅れている〟のではなく、無作法で自己中心的なのだ」

もっとある（ツイッターからではない）。

MRIとは、人から言われたことを「最高の敬意を持って解釈する（Most Respectful Interpretation）」という意味だ。誰も彼もを親友にする必要はないが、チームにはMRIが必要だ。そうすれば、正しい方法であるかぎり、誰にでもなんでも言うことができる。こんな言いかたで練習する必要があるかもしれない。「なぜこれをやりたくないのか、あるいはなぜあれをやりたかったのか、わかるように説明してくれるかい？」……私は人間らしい環境になるようにとMR

ーを実践している。

――ロビン・ドメニコーニ、フラッシュセール・サイト（期間限定で商品を割引販売するサイト）Rue La LaのCMO（最高マーケティング責任者）（アダム・ブライアント『すばやく機敏に――トップCEOに学ぶイノベーション文化のつくりかた（Quick and Nimble: Lessons from Leading CEOs on How to Create a Culture of Innovation）』）

礼節は人に対する立派な戦略であり、エクセレントな決定的戦略でもある。簡単に言えば、揺るぎない礼節が組織文化の要《かなめ》になっている企業では、この本に書かれている項目はみな、一〇倍くらい実行しやすくなる。

15・15・2
礼節――気配り

いいリーダーになる助けになり、より幸福になり、ほかのどんなアドバイスよりもキャリアアップにつながり、……特別な性格や化学反応も必要とせず、……誰でもできること。それは、**気配りをすること。**

――メルヴィン・ザイス将軍

これはメルヴィン・ザイス将軍が国防大学で中堅の将校たちに向けて行なった演説からの抜粋だ。

私は米海軍兵学校で年に一度開催されるフォレスタル・レクチャを行なったことがある。そのとき、ここで引用したザイスのスピーチを、ポケットマネーで四〇〇〇枚のCD（そう、古い話だ）にコピーして配布した。それほど重要な言葉だと思ったからだ。

15.15.3　礼節――K＝R＝P

親切（KINDNESS）＝リピーター（REPEAT BUSINESS）＝利益（PROFIT）

K＝R＝P／患者への思いやりは親切なうえに費用対効果が高い

支援を提供する患者との関係は、より多くのスタッフと時間を必要とするので、その分コストがかかるという誤解がある。人件費というのはどんな病院の予算においても大きな部分を占めるが、患者との交流関係自体は予算にはなんの影響もない。**親切は無料だ。**患者の話を聴いたり、質問に答えたりすることにコストはかからない。患者を無視したり、彼らの求めに応えなかったり、患者自身の自立を制限したりするような、ネガティブな交流関係では、むしろコストが多くかかると言うこともできる。……怒りや欲求不満や恐怖を抱えた患者は、攻撃的だったり、内にこもってしまったり、非協力的だったりして、最初から前向きに交流していた場合よりも交流するのにはるかに時間がかかる。

――ジョー・アン・L・アープ、エリザベス・A・フレンチ、メリッサ・B・ジルキー『医療の質のための患者支援——患者中心医療を成しとげるための戦略（Patient Advocacy for Health Care Quality: Strategies for Achieving Patient-Centered Care）』

親切とその影響について——プレス・ゲイニー・アソシエイツは病院の患者満足度の測定を最初に行なった会社だ。ある研究では二二五の病院の一三万九三八〇人の患者が調査された。驚くことに、患者の満足度を決める上位一五の要因のなかに、患者の治療後の経過に関することは含まれていなかった。患者の満足度を決定するのは、患者自身とスタッフとの交流や、スタッフ同士がお互いにどのようにふるまっているかについて患者が感じたことだった。

（出典：スーザン・フランプトン、ローラ・ギルピン、パトリック・チャーメル『患者第一主義（Putting Patients First）』）

病院の患者数は患者満足度の評価に直接関係することが示されている。したがって親切は、その精神的価値はもちろんのことだが、病院の収益と採算性にプラスの影響を及ぼす。

親切とは、

優しい

思慮深い

積極的な関与

話を聴く

感謝する

寛容
誠実
反応が早い
収益がある

親切は〝軟弱〟?
そんなことはけっしてない!

15・15・4 礼節 vs. スピード

礼節とスピードは対立する(ことが多い)。人間関係がすべてであれば(実際そうだ)、礼節はスピードに勝る!

「スピードがすべて」派にも長所がある。だが、同じように、「礼節がすべて」派にも長所があるのだ。

ここで注意。「スピードがすべて」信奉者(そこにはかつての私も含まれる)の口車には乗らないこと。

読んで学ぼう！

大きなことよりささやかなことを／礼節／親切

スティーヴ・ハリソン『管理職のための礼儀ガイド――ささやかな行為が偉大な会社をつくる（The Manager's Book of Decencies: How Small Gestures Build Great Companies）』

リンダ・キャプラン・セイラー、ロビン・コヴァル『小さな力――なぜささいなことが大きな変化をもたらすのか（The Power of Small: Why Little Things Make All the Difference）』

リンダ・キャプラン・セイラー、ロビン・コヴァル『ナイスの法則』（幻冬舎）

15・16　リーダーの生活の糧は手助け――マスターすべき技術と科学

リーダーは生活の糧として何をしているのか。
彼らは**手助けしている**のだ！
（チームメンバーの個人的、職業的、組織的目標の追求を手伝い、助けている。）

そうだろう？

では次の質問に移ろう。私たちのなかで、我こそは**手助けのプロ**と言える人が何人いるだろう？つまり、プロの音楽家としての技能をマスターするときのように、手助けを研究し、マスターしてきた人はどれほどいるだろうか？

私の経験では、「手助けのプロ」という職務はいまいましいくらい評価されていない。手助けなんてありふれた行為だと思われている。こんなふうに言う人もいるだろう。「手助け？ もちろん、人を助ける方法は知ってるよ。たいしたことじゃない。何がそんなにややこしいって言うんだ？」

手助けとは……

1. 手助けはたいしたことなのだ。実際のところ、ものすごく重要なことだ。
2. 効果的な手助けという点においては、私たちの大半はずぶの素人だ。
3. 私の考えでは、真にエクセレントな手助けには、脳神経手術よりはるかに細心の注意が必要だ。（私はこれを心と頭と魂で信じている。）

天才的著書――エドガー・H・シャイン『人を助けるとはどういうことか――本当の「協力関係」をつくる7つの原則』（英治出版）

MITの教授エドガー・H・シャインは、このトピックの匠として知られている。ここでの考察に関して言えば、彼の著書は手助けを科学的研究の独立したテーマとして扱えることを明らかにしている。

『人を助けるとはどういうことか』最後の章――いくつかの重要な原則

・「効果的な手助けは、手助けをする人間関係が平等だと認識されているときに起こる」（前進を支える全面的な協力者。）

・「あなたの言動はすべて、将来の人間関係を決定づける介入になる」（すべて＝すべて。小＞大）

・「効果的な手助けは、純粋な質問から始まる」（最初に質問する。指示ではなく。シャインの著書『問いかける技術――確かな人間関係と優れた組織をつくる』〔英治出版〕も参照のこと。）

・「問題を抱えているのはクライアントだ」（大事なのはここで使われている「クライアント」という言葉だ。『人を助けるとはどういうことか』にＮＦＬの選手から弁護士になり、そこからプロのアメリカンフットボールのコーチになった人物の言葉が引用されている。彼は選手たちのことを「私のクライアント」と呼んでいる。このことを一考、二考、三考くらいしてみよう。コーチのクライアントである選手。ナイス。）

まとめ

・手助けとはリーダーが生活の糧としてすることだ！

・従業員はクライアントだ！

・脳手術のように手助けについて研究し、訓練すること！（手助けこそ、あなたにとっての脳手術だ！）

お気づきだろうが、私は表面をなぞっているにすぎない。私の目標はこのトピックに関する注意を喚起することだ。これが実際にリーダーが生活の糧として行なうことで、うまくやるのは非常にむずかしいということを、うまく伝えられていればいいのだが。いいニュース――これは詳細な分析が可能なトピックで、根気強い研究と訓練によって高めていける分野だ。（このふたつは第13章の「プロの聴き手」とほぼ同じだ。）

15・17 読書せよ！

CEOのいちばんの欠点――「CEOたちの欠点をひとつ挙げるとすれば、読書が足りていないことだ」

――世界有数の投資会社の共同創立者が私に語った言葉

ある晩のディナーの席でのことだ。あれこれと気楽な会話をしているときに、同席していた人がふいにこう言った。「CEOのいちばんの欠点は何か知ってるかい」私は知ったかぶりをしてこう答えた。「そうだな、大きな欠点は一〇くらい思いつくけど、いちばんと言われるとわからないな。教えてくれよ」

彼がくれた答えが先ほどの言葉で、私はこの言葉を聞いてすごく驚いた。けれども、あとで考えれば考えるほど、もっともだと思えてきた。

物理学者アルバート・A・バートレットの言葉を思いだしてみよう。「人類の最大の欠点は、指数関数を理解できないことだ」私たちはみな、世の中の変化に追いたてられている。ついていくのは不可能に近いが、努力はしなければならない。二二歳（新卒者）でも、七五歳（私だ）でも。

そしていま現在の最大の武器は、**一に読書、二に読書、三、四も読書だ！**

注：前述した会話は私的なパーティで交わされたものなので、同席した人の名を挙げるのは適切ではないと判断した。言っておくが、ウォーレン・バフェットではない。だが、バフェットと言えば……

人生を通して、（幅広い分野にわたって）賢明な人で読書を習慣にしていない人には会ったことがない――ひとりも。ゼロだ。ウォーレン［・バフェット］がどれほど本を読んでいるか、そして私がどれほど読んでいるかを知ったら驚くはずだ。

――チャーリー・マンガー（バークシャー・ハサウェイの副会長、バフェットの右腕）

本を読もう!!!

15・18

15・18・1

待て！

これほど個人的に衝撃を受けた本は珍しい。それは……フランク・パートノイ『すべては「先送り」でうまくいく——意思決定とタイミングの科学』（ダイヤモンド社）だ。

私を含め多くの人が、なにはなくともスピードを求めている。時代もたしかにめまぐるしく変化しつづけている。それでも、豊富な調査に裏打ちされたこの本で、著者のパートノイは、スピードを落としてよく考えることが人間であることの意味なのだと、力強く主張している。『すべては「先送り」でうまくいく』から次の言葉を挙げるので、じっくり考えてみてほしい。

先送りの効用を考えることは、人間の根源を考えることでもある……決定を考慮する時間の長さが、私たち人間を人間たらしめている。私たちの使命は、単なる動物の一種でいることなのか、それよりもっと大きな使命のためにここに存在しているのだろうか。

人生は時間との闘いかもしれないが、直観に飛びつかずに、時計を止めて、自分がなにをしているのか、なぜしているのかを整理し、きちんと理解すれば、人生はもっと豊かになる。

コンピューター・プログラマーで、投資家で、作家で、画家でもあるポール・グレアムはこう書いている。「私の知り合いでとても印象的な人びとはみな、ひどい先送り屋だ」

私からの言葉はない。ただ、深呼吸して（そう、これは現代でも許される行為だ）このことについて考え、パートノイの本を読むことを真剣に考えてほしい。

15・18・2 タイミングを待つこととエクセレントはいちばんの相棒だ

待つことについてのトピックは次の考えがもとになっている。

忍耐が死ぬ日はエクセレントが消える日だ。エクセレントを達成するには、当然ながら骨の折れる作業が必要だ。

時間はとびきりのスピードを要求するが、質の高い仕事にはつねに気配りと思慮深さが必要で、それらは当然ながら、急いでいてはまず実現できない。

そして、この本全体に命を吹きこんでいるのが、まさにそのような「質の高い仕事」であり「気配り」だ。エクセレントは、来たるべきテクノロジーの大混乱に対する最高で唯一の効果的な対抗策である。

15・19

15・19・1 効果的なセルフ・マネジメント――リーダーのいちばんの美徳？

自分自身を認識し、自分がまわりの人たちにどのような影響を与えているか認識していることが、優秀なリーダーかどうかの差を生む。

――エディー・シーショア

組織開発の専門家エディー・シーショアに並ぶような人はなかなかいない。シーショアの主張はかなり強力だ。たしかに、影響力のあるリーダーにとって、自己認識は差別化のためのいちばんの特性である。

ベントリー大学のベッツィー・マイヤーズはすばらしい著書『リーダーになる』のなかで、シーショアと同じ趣旨のことを述べている。

リーダーシップとは自己認識だ。成功するリーダーは、自分の行動とそれがまわりの人に与える影響を意識している。自分自身のどのような行動が邪魔になるのかを自ら進んで検証する。……統率する相手のうち、いちばん厄介なのは自分自身だ。自分を統率できなければ、ほかの人をうまく率いることなどできない。

15・19・2

セルフ・マネジメントのいちばんの問題――誤解

著書『新しいリーダーたち（The New Leaders）』のなかで、ダニエル・ゴールマン（EQの教祖）と共著者たちは、この問題の核心をついている。リーダーの自己認識力は胡散臭《うさん》く、その臭いは地位が高くなるにつれてひどくなる。

――［ゴールマンたちは実名を挙げていない］のような高い地位にいるリーダーがどうして自分についての実態をここまで把握していないのだろう。これはあなたが想像しているより多くあることだ。それどころか、リーダーの地位が上がるほど、自己査定の精度は下がっていく。問題はフィードバック（とくに人間関係についての）が非常に不足していることだ。

これは、一般的なリーダーの誤解に関する多数の調査結果とも一致する。たとえば、ある定量分析では、リーダーが普段の会議でほかの人の話をさえぎる回数と、リーダー自身の話がさえぎられる回数の実数を数え、リーダーの認識とを比べた。結果は想像がつくだろう。リーダーは、自分が人の話をさえぎることはほとんどないが、自分の話は頻繁にさえぎられると感じていた。けれども実際の結果は正反対で、しかも桁がちがうくらいの数だった。テーマがこれほど深刻でなければ、笑い話になりそうな結果だ。

15・19・3　自己認識／達人の声

ベンジャミン・フランクリン「この世にはきわめてかたい《ハード》ものが三つある。鋼鉄とダイヤモンドは硬く《ハード》、己《おのれ》は知りがたい《ハード》」

デール・カーネギー「これまでに私が直面した最大の問題は、デール・カーネギーのマネジメントだ」

私はこれまで自分を顧みることにあまり熱心でなかったが、「とりあえずすぐにやってみる」というのが多かれ少なかれ私のモットーだ。全員とまでは言わないが、リーダーシップに関する一流思想家のほぼ全員と、フランクリンやカーネギーのような人たちは、自己認識（前述したベッツィー・マイヤーズによれば「自分を統率すること」）が影響力のあるリーダーにとって不可欠なものだとはっきり述べている。

誰がそれに反論できるだろう？

15.20 リーダー（とそれ以外の人たち）に注意――あなたの判断はあやしい

第一の原則は、自分をだまさないことだ。自分をだますことがいちばん簡単だから。

――リチャード・ファインマン

心理学者のダニエル・カーネマンは、認知バイアスの研究で二〇〇二年にノーベル経済学賞を受賞した。カーネマンと故エイモス・トベルスキーは、一九七三年にテルアビブ大学で人間の判断ミスの研究をはじめた。ふたりの研究は幅広く、非常に深く、重要なものである。

二〇一一年、カーネマンは『ファスト&スロー――あなたの意思はどのように決まるか？』（早川書房）を出版した。それは、私たちが判断するときに犯すミスを教えてくれる一大カタログになっていて、直観で行動することをとくに厳しく非難している。簡単に言うと、私たちの直観（すばやい思考）はたいてい〝あやしい〟のだ。だが、実際のところ、思考プロセスのスピードを遅くしても、ミスにつながる場合がある。

カーネマンは序論でこうまとめている。「この井戸端会議（『ファスト&スロー』のこと）の目的は、ほかの人たち、ひいては自分たちの判断と選択におけるエラーを考察するための、豊富で正確な言葉を提供すること、それらのエラーを特定し、理解する能力を高めることだ。少なくとも一部のケースでは、（私たちのバイアスを）正確に診断することで、間違った判断や選択がもたらしがちなダメージを減らすための対策を提案できるかもしれない」

結論

認知バイアスは私たちのあらゆる決定や判断を曇らせる。認識は「答え」ではないが、役に立つ。私たちの認知プロセスのスキルは限られたものではあるが、だからといって行動するな、とは言えない。前進あるのみだ。だが、研究し、反省し、認識しなければならない。

私たちの判断はどれくらい認知バイアスによってゆがめられているか。

一日のうち一〇〇パーセントの時間、つまり四六時中だ。

〔冗談で言っているのではない。

四捨五入のしまちがいでもない。

読んで学ぼう！

もちろん、ここに挙げた本をあなたが全部読むだろうと思ってはいない。目的は、（私による）お墨つきのサンプルを示すことだ。必読書は『ファスト&スロー』と『錯覚の科学』（原題は The Invisible Gorilla（見えないゴリラ））。ここ数十年でもっとも有名な社会心理学の実験について書かれていて、その実験では、大多数の観察者が実験者にちょっと注意をそらされただけで、目の前を通ったゴリラに気づかなかった）の二点である。

ダニエル・カーネマン『ファスト&スロー――あなたの意思はどのように決まるか？』（早川書房）

キャロル・タヴリス、エリオット・アロンソン『なぜあの人はあやまちを認めないのか――言い訳と自己正当化の心理学』（河出書房新社）

クリストファー・チャブリス、ダニエル・シモンズ『錯覚の科学』（文藝春秋）

ジョゼフ・T・ハリナン『しまった！「失敗の心理」を科学する』（講談社）

ダンカン・ワッツ『偶然の科学』（早川書房）

レナード・ムロディナウ『たまたま――日常に潜む「偶然」を科学する』（ダイヤモンド社）

ナシーム・ニコラス・タレブ『まぐれ――投資家はなぜ、運を実力と勘違いするのか』（ダイヤモンド社）

ダン・アリエリー『予想どおりに不合理――行動経済学が明かす「あなたがそれを選ぶわけ」』（早川書房）

トーマス・ギロビッチ『人間この信じやすきもの――迷信・誤信はどうして生まれるか』（新曜社）

キャスリン・シュルツ『まちがっている――エラーの心理学、誤りのパラドックス』（青土社）

http://en.wikipedia.org/wiki/List_of_cognitive_biases には、一五九の認知バイアスのリストがある。

15・21 女性の法則

第12章で、女性の圧倒的な市場のパワーと、ほとんどの企業がこれによる戦略的機会に真剣に取り組んでいないと述べた。そして、**「凝視テスト」**によって、重役チームが商売をしている市場に多少とも似ているべきであることを示唆した。つまり、企業のトップには女性重役が一定数含まれているべきであるという重要な市場サイズの考察を行ない、半数以上であるべきだという論理的な結論に達した。

だが、それは最低限の話だ。あるいは、全体から見たら最低限にも及ばない話だ。

このセクションの主題は性別を基本にした市場のパワーよりずっと先のことだ。ここでのポイントは、女性というのは……**一般的に、**……男性よりも影響力のあるリーダーであるということだ。これから先にも述べるが、男性リーダーにやめろと言っているわけではない。あなたの会社のトップの管理職(と一般的なリーダーの地位)に女性が存在していないなら、あなたの会社は大きな戦略的ミスを犯しているということを言っているのだ。

つまり、愚かであるということだ。

15・21・1 女性の法則/五六の法則

マッキンゼー・アンド・カンパニーの調査では、経営幹部に女性が多い国際企業のほうが、平均的な会社よりも株主資本利益率やほかの数値が高いことがわかった。営業利益は五六パーセント高かった。

――ニコラス・クリストフ「ツイッターと女性と権力（Twitter, Women, and Power）」、《ニューヨーク・タイムズ》

五六というのはかなりおそるべき数字じゃないか？（「おそるべき」というのは想像力をかきたてる言葉だ。）しかも、情報源であるマッキンゼー・アンド・カンパニーの広範囲に及ぶ調査には、ほとんど反論の余地がない。

15・21・2　立証された女性リーダーの能力

次に挙げるのは、リーダーという役割を果たす女性たちに関する、ささやかだが力強い証拠と意見の例である。

1.《ハーバード・ビジネス・レビュー》
「優れたリーダーシップにつながる一六の能力のうち一二もの項目で女性は男性より評価が高い。その差は、〝率先して行動する〟ことと〝結果を求める〟というふたつの項目で、もっとも大きい。これらは長いあいだ男性の長所と考えられていたものだ」

繰りかえす――一六のうち一二。

2. ローレンス・A・ファフ&アソシエイツ

・二年間にわたる九四一人（男性六七二人、女性二六九人）の管理職に対する三六〇度フィードバック

・女性――二〇項目中二〇項目で優れており、二〇項目中一五項目で統計学的に有意な差があった。そこには、決断力、計画力、基準設定という、従来は男性の長所と考えられていたものが含まれている。

・「男性は測定されたどの分野のどの評価者からも目立って高いポイントはつけられていない」

3. 「リーダーとしての女性の法則――新たな研究では、女性の管理職はほぼすべての項目で男性管理職より優れていた」

――スペシャル・リポート、《ブルームバーグ・ビジネスウィーク》

4. 「（マッキンゼー・アンド・カンパニーの）調査は、成功するためには、まず女性を昇進させよと示唆している」

――ニコラス・クリストフ「ツイッターと女性と権力」、《ニューヨーク・タイムズ》

5. 「私の経験では、女性のほうが男性よりもずっと優秀な経営者になる」

――キップ・ティンデル、コンテナ・ストアCEO、『コンテナには入れられない』（数年まえ、コンテナ・ストアは「米国の働きがいのある企業」のナンバーワンに選ばれ、つねにトップ一〇圏内にはいっている。財政状態も申し分ない。）

6. 女性の強さはニューエコノミーの必須要件とマッチする。

――スタンフォード大学教授ジュディ・B・ローズナーの著書『米国の競争力の秘密――女性管理職（America's Competitive Secret: Women Managers）』

同書では、次のように報告されている。

女性の典型的なリーダーシップのスタイルは、「仕事をしている人たちを（ランクづけするのではなく）リンクさせる。双方向に協力しあうリーダーシップのスタイルを好む（権限を与えるほうがトップダウンでの意思決定に勝る）。実を結ぶ協力関係を持続する。気前よく情報を分かちあう。権力の再分配を降伏ではなく勝利ととらえる。多方面のフィードバックを好む。技術的なスキルと人間関係のスキル、個人の貢献とグループの貢献を同等に価値があるものとみなす。直観と同じく純粋な〝理性〟も高く評価する。本質的に柔軟性がある。文化的多様性を称賛する」

ローズナーの調査は、この時代とくに注目すべきものだ。概して女性はリーダーシップ・スキルが高いという評価は、組織構造と全体的な経済構造とソーシャルネットワーク構造に変化が起きていることを考えれば、これまでよりずっと明らかになる可能性が高い。現在の混乱した状況では、従来の硬直した支配層はもはや当たり前の存在でも、生産的な存在でもないことが多い。そんななか、実証された女性の相対的な強さは、いままで以上に重要になる。

15・21・3　じっくり考えよう――二〇年以上に及ぶパフォーマンスベースでのこだわり

このトピックには、一九九六年からずっと、二〇年以上も情熱を傾けてきた。理由は社会正義とはほとんど関係がない。（女性に関する社会正義の問題は私にとってとても重要なものだが、このビジネス分析の主要テーマではない。）私が関心を持っているのは組織の効率性に関するあらゆるもので、それらはキャリアが始まっていらいずっと、こだわりつづけている。

男性よりも女性に備わっていることが多い特性は、現在の新しい時代の組織形態にとくにフィットする。つまり、物事を成しとげるための「指揮と統制」は重要視されず、協力的で多様なものが混ざりあった「形態」がますます重要視される組織では。そして、第12章で述べたことを思いだしてほしいのだが、多かれ少なかれ、一般消費者としても企業としての商業的な意味でも、ほとんどすべてのものを実際に買っているのは、女性だ。

これまでにも述べているがもう一度繰りかえす。ここで述べることには、「可能性が高い」とか「基本的には」という言葉を付け加える必要がある。あいまいなことにうまく対処できる男性は大勢いる。だが「基本的には」男性より女性のほうが、直線的でない複雑な状況にうまく対処できる。（このトピックに関するセミナーに参加したとき、ある著名な映画監督が次のように語った。「脚本家の名前を知らされずに脚本を読んでも、書いた人の性別は十中八九当てられる。じつを言うと百発百中だ。女性脚本家の作品には紆余曲折があり、人間関係やらなんやらで、とことんこんがらがっている。男性の脚本は単純で、どこまでも直線的で、そしてたいていは失敗作だ」）

私のアハ体験

振りかえってみれば、男性とはちがう女性のリーダーシップの傾向について私が分析するきっかけになったのは、ある「アハ体験」だ。それは、私の会社がカリフォルニア北部で行なった四日間の役員セミナーで起こった。出席していた旅行会社大手のローゼンブルース・インターナショナルの重役が、AT&T（米国電話電信会社）相手に大口のシステムを販売しておおいに儲けた話をしてくれた。

そのときの会話はこのようなものだった。

「トム、ひとつ秘訣があるんだよ」

「秘訣って？」

彼の言葉をはっきり覚えているので、ほぼそのまま記す。

女性を雇ったんだ！

実際の購買意思決定分析を行なうのは、顧客の組織内で二、三段階〝下〟に位置するかなり若手の社員だろ？　だけど、ウチの男性陣は、たいてい組織の上層部や肩書のある人の顔色ばかりうかがって、その下で働いている人びとにわざわざ接触しようとはしなかった。私が役員として招きいれた女性たちは、肩書や職位や社員番号なんて気にしない。組織図はバカが眺めるものだ。だから女性は、顧客組織の奥深くのあらゆる場所で人間関係を築くために膨大な時間を投資する。十中八九その〝投資〟が売り上げの決め手となる。（顧客の）購買担当部長というのはほぼ間違いなく、部下が提案したことを鵜呑みにするからだ。我が社の男たちはみなその部長に取りいろうとして、果てしなく時間を費やすが、その部長をヨイショしたところで、なんの意味もないんだ。

このときをきっかけに、当時は理解していなかったが、私は、実績に基づいて女性を支持しはじめていたのだ。

15・21・4

テック分野でも

テック業界は昔から女性にとっては不毛の地で、事態の変化が望まれていた。だが、ここに挙げたデータは、テック業界における女性のバラ色の未来を示している。

女性がトップの民間のテック系企業――男性がトップの企業より三五パーセント投資利益率が高い。

女性がトップのベンチャー・テック系企業――男性がトップのベンチャー企業より収益が一二パーセント高い。

勢いよくスタートした二万五〇〇〇のプロジェクト――女性がトップのクラウドファンディング募集グループのほうが男性がトップのグループより潤沢な資金を得やすい。

――《インク》、二〇一五年一〇月号（特集記事「次のスティーブ・ジョブズは女性か？（Will the Next Steve Jobs Be a Woman?）」）

15・21・5　中小企業のスーパースター――女性が経営する企業

女性経営企業の成長と成功は、現代のビジネス界でもっとも激しく変化したものだ。

――マーガレット・ヘファーナン『彼女のやりかた（How She Does It）』

ヘファーナンによるその他の関連データ

・女性が経営あるいは統括する米国企業――一〇六〇万（全体の四八パーセント）。
・女性経営企業の米国人女性従業員の数は、指標となるフォーチュン五〇〇の国内総従業員数より多い。
・女性経営企業の成長率は企業全体と比べると三倍高い。
・女性経営企業の雇用創出率は企業全体と比べると二倍高い。
・女性経営企業の事業継続率は企業全体と比べると一・〇より高い。
・収益が一〇〇万ドル以上で従業員が一〇〇人以上いる女性経営企業の成長率は企業全体と比べると二倍高い。

15・21・6　交渉、営業、投資における女性の強さ

交渉

《ワールド・ビジネス》二〇〇六年五月号のカバーストーリーになった「女性のように話せ——なぜ二一世紀の交渉には女性的感覚が必要なのか（Say It Like a Woman: Why the 21st-Century Negotiator Will Need the Female Touch）」より。

・相手の立場になれる能力
・理解力があり、注意深く、きめ細やかなコミュニケーション・スタイル
・信頼構築が促される共感力
・興味を持って積極的に話を聴く力
・ライバルに対する競争心むき出しの態度があまりみられない
・公平性
・説得力
・協力的な意思決定者

営業

ニッキー・ジョイとスーザン・ケイン＝ベンソンの本『セールスは女性の仕事——女性が男性より売り上げがいい15のパワフルな理由（Selling Is a Woman's Game: 15 Powerful Reasons Why Women Can Outsell Men）』の裏表紙より。

この簡単なクイズに答えてみてください。

・一度に多くのことを管理できるのは誰？
・自分の外見を磨くのは誰？
・いつもきめ細やかに気を配るのは誰？
・知らない人に会うのが苦痛でないのは誰？
・会話でよく質問するのは誰？
・聴き上手なのは誰？
・コミュニケーション・スキルに興味を持っているのは誰？
・人とかかわりを持とうとするのは誰？
・調和と同意を促すのは誰？
・直観力が優れているのは誰？
・より長いＴｏｄｏリストをこなしているのは誰？
・一日の出来事を要約して楽しむのは誰？
・連絡を絶やさないのは誰？

投資

モトリーフール社のルーアン・ロフトンによる『ウォーレン・バフェットの投資は女性的――あな

たもそうするべきだ（Warren Buffett Invests Like a Girl: And Why You Should Too)』によると、

女性とは……

1. 男性のように駆け引きしない。
2. 自慢するより、知らないことを知りたがる。
3. 男性投資家よりもリスクを回避する。
4. 楽天的ではない。男性投資家よりも現実的。
5. 可能性のある投資先を時間をかけてじっくり調査する。細かい点や別の視点からも考察する。
6. 仲間内からのプレッシャーに免疫がある。誰に見られていても同じように意思決定ができる傾向がある。
7. 失敗から学ぶ。
8. 男性ホルモンが少ないので、極端なリスクを取ることが少なく、その結果、極端な市場変動を引き起こすことが少ない。

バフェットはロフトンの本に関する秀逸な書評を書いた！

これまで見てきた根拠から、女性というのはしばしば、いやむしろ、たいてい、

- 交渉に長けている。
- 営業に長けている。

・投資に長けている。

15・21・7　まだある？

教育の分野では、女子／若い女性が、男子／若い男性より優れている割合は圧倒的だ。このような見出しが一般的になってきている。

新しいジェンダーギャップ――幼稚園から大学院まで、男性は二番目の性になりつつある
――カバーストーリー、《ブルームバーグ・ビジネスウィーク》

このテーマはきわめて重要だ。男性の権力喪失の広がりは深刻な経済的・社会的影響をもたらす可能性がある。そして、とくに政治的に変化が起きやすいこの時代にやってきそうな「テクノロジーの津波」を考えれば、男性と女性の差は間違いなく広がるだろう。

15・21・8　いや、男性をみな脇に追いやっていいわけではない

ここに挙げた引用や評価はどれも、明日の朝、すべての男性管理職を降格させたり、解任したりすることを勧めているわけではない。なによりも調査がはっきり示しているのは次のことだ。

勝利の方程式は**男女のバランス**だ。
ここで紹介した根拠により、女性が、とくにこの時代には、かなり影響力のあるリーダーであることは間違いない。絶妙に男女のバランスが取れているか、女性のほうに傾いているくらいでなければ、船に乗り遅れる。その船の名は、「組織の効率性／ビジネスの効率性／エクセレント」だ。

15・22

15・22・1

コミュニケーション——一〇〇パーセントの法則

コミュニケーションにおける問題は、コミュニケーションが取れたと幻想を抱くことだ。
——ウィリアム・H・ホワイト

リーダーたちへ。コミュニケーションの失敗は……一〇〇パーセントあなたのせいだ!

多くの人がこの言葉にむっとする。
申し訳ないが、
私の意見は変わらない。

リーダーであるあなたは、なによりもまず、コミュニケーションを正しく行なうために金をもらっているのだから。

15・22・2
独自性は必然の結果――一四＝一四

あなたに直属の部下が一四人いるとする。あなたの仕事は、なぜミズ・スミスやミスター・ジョーンズが話を聴かないのか、あるいは仕事に打ちこまないのかを探ることだ。一人ひとりに対する「雇用戦略」の作成は、あなたにかかっている。

一四人＝一四とおりの、綿密に組み立てた雇用戦略。

さまざまなアプローチで一四とおりの戦略を立てることが、あなたの仕事だ。いやなら辞めればいい。

たとえば、一四＝一四は、私たちがいつも教師に求めることだ。

一四人の生徒＝一四の（かなり／根本的に）異なる学習の進めかた。そうなるはずだろう？　その頻度は？　――いつもだ。

（平均的な教師がこれに基づいて、すばらしい教えかたをするだろうとはとても言えない。だが、

「一四＝一四」という考えかたは否定できないはずだ。）

結論——現実は想像より厳しい

ひとつの方法がみんなに合うわけではない。ひとつの方法がみんなに合うなどということはけっしてない。むしろ、同じ人物でも、一週間ほどで同じ方法が効かなくなる。月曜日のトムは、木曜日のトムから（かなり？）変化しているのだ。

15・23

15・23・1

謝罪

謝罪は人間が示すことのできる意思表示のうち、もっとも不思議な癒しと活力を与える行為である。いい方向に向かいたいと思っている経営者たちと仕事するとき、謝罪が私の仕事の柱になる。

——マーシャル・ゴールドスミス『コーチングの神様が教える「できる人」の法則』（日本経済新聞出版社）

もっとも、
不思議な、
癒し。
活力。
柱。

どれも非常に力強い言葉だし、マーシャル・ゴールドスミスは非常に力強い影響力を持っている。彼はトップ経営者のコーチとして広く認められている。

ゴールドスミスと私はまったく同じ意見だ。だが、本書でよくみられているとおり、これもむずかしい理屈ではないのだが……

いったいなぜ「悪かった」と言うのがそんなにむずかしいのか？

謝罪の「法則」の短いリスト

謝罪の法則1――すぐに謝れ。後回しにしてはいけない。たとえば今日、ある問題が起きて、会議中にみんなの前でジョーに少し厳しく当たってしまったとする。そんなときは、心の底からとか何も大げさに考える必要はない。ただ帰宅前にジョーのデスクに立ち寄り、三〇秒ほどでかまわないから、ちょっとした行き違いがあったかもしれないことや、誤解してしまったことへの後ろめたい気持ちを言葉で表せばいい。どうか、私の言葉を信じてほしい。**その行為がとてつもなく大きな力を発**

揮するし、その力は長く続く。

謝罪の法則2――じかに謝れ。これはもちろん、いつもできるわけではない。だが、可能であれば、面と向かって謝ること。メールはぜったいだめだ。電話はメールより一〇倍いい。だが、直接デスクに立ち寄って謝れば、電話より一〇倍、いや一〇〇倍もいい。謝罪とは親密な行為だ。身ぶりは言葉の何倍も気持ちを伝えてくれる。

謝罪の法則3――法則1を参照。すぐに謝れ。謝罪の鉄則。すぐに、すぐに、いますぐに。**問題が起きたか、それに気づいてから数分または数時間以内に、九〇秒だけでも相手のデスクに立ち寄ったり、電話で五分話をしていれば、大事《おおごと》にならずに済んだ出来事が過去にあったはずだ。**

謝罪の法則4――口は閉じていろ！　効果的な謝罪で大事なのは話を聴くことだ。あなたが話すのはおもに「悪かった」という謝罪と、不首尾を認める言葉だ。承認の力についての話を思いだしてほしい。そして、相手が話しつかれるまでしゃべってもらう。ピュージェットサウンド大学の学長アイザイア・クロフォードが、ここにぴったりの言葉を残している。

「話を聴いていてトラブルになることは、めったにない」

（たしかにこの法則は逆説的だ。あなたは謝罪をしに行っているにもかかわらず、口を閉じておかねばならないのだから。じつは、真の謝罪とは、あなたがその場に存在していることに意味がある。それが非を認めるということなのだ。言葉は二の次だ。だから、口は閉じておくこと。）

そんなわけで、謝罪に関する私の完全ガイドは次のようなものになる。

すぐ謝れ。
じかに謝れ。
すぐ謝れ。
口は閉じていろ。

15・23・2
謝罪は報われる――それもおおいに！

ジョン・ケイドーの『生き残るためのあやまり方――ビジネスや人生の失敗を成功に導く、最良の5ステップ――知っていれば必ず得をする！』（主婦の友社）から引用してみよう。

1．「率直な謝罪という新しい方針によって、芝刈り機メーカーのトロ社は、一九九一年に**一一万五〇〇〇ドル**だったクレーム処理費を二〇〇八年には**三万五〇〇〇ドル**にまで減らし、一五年間裁判沙汰にもなっていない！」

2．「マサチューセッツ州レキシントンにある退役軍人病院では、医療機関としては異例のアプローチ法を開発し、患者側からの要求やクレームがなくても間違いを謝罪することにした。二〇〇〇年には全米の退役軍人病院の医療過誤賠償金の平均は**四一万三〇〇〇ドル**だったが、レキシントンの退役軍人病院の賠償金は**三万六〇〇〇ドル**だった。そもそも患者あたりのクレーム件数が以前よりはるかに少なくなった」

このふたつの例を見ても、私はちっとも驚かない。（ケイドーはこれ以外に一〇以上の例を挙げている。）すでに述べたように、謝罪の力はいくら言っても言い過ぎにはならない。芝刈り機の事故や医療過誤のように結果が重大な身体的な損傷やそれ以上に深刻な事態になる可能性のあるトピックであっても同じだ。

読んで学ぼう！

そう、謝罪というトピックだけに的を絞った本はいくつもある（なかでもこれは、すばらしい本だ）。謝罪も、リーダーシップのほかのスキルと同じく、深く、真剣に学ぶべきもののひとつだ。

ジョン・ケイドー『生き残るためのあやまり方――ビジネスや人生の失敗を成功に導く、最良の5ステップ　知っていれば必ず得をする！』（主婦の友社）

15.24 リーダーシップのおさらい――二の法則

リーダーたちへ。次の大切なふたつの言葉を活用せよ。

「ありがとう」

「悪かった」

（これらの言葉をどう使う？）

（これらの言葉を今日はどう使う？）

15・25

15・25・1

メールは焦らず——深呼吸をして、待つこと……送信の罪

1. 送信を押さないこと。いったん手を止めて。五分。一時間。あるいはひと晩待て。（世界が終わるわけではない。）
2. インスタントメッセージにすぐに返事をしないこと（配偶者や子どもが交通事故に巻きこまれたなら話は別だが）。いったん手を止めて、考えよう。（世界が終わるわけではない。）
3. メールへの返事は一時間や二時間、三時間後でも問題ない。一日後でもいい。いったん手を止めて、考えよう。ほかの人に相談しよう。（世界が終わるわけではない。）

私は、ある講演の冒頭でこの提案を初めて紹介したとき、こう言った。「最初の一二〇秒で、このセミナーの料金の一〇倍もの値打ちがあることをお教えしましょう。これに注意を払ってくだされば、料金の一〇倍、あるいは一〇〇倍の価値があると保証しますよ」

私は本気も本気だった。

この本を読んでいる正直な読者諸君は、うっかり早まって送信ボタンを押してしまった経験があると認めるだろう。

急げ。

急げ。

急げ。

急げ。

ああ、しまった！

（ほらね？）

15.25.2 エクセレントなメールをめざせ

1. メールやインスタント・メールに、翌週や翌月や二〇二四年に恥ずかしくなるかもしれないことを書く人間は大バカ者だ。
2. ずさんなメールは**問題外**だ。*
3. 上司の上司（あるいは上司の上司の上司）に、自分の書いたメールを全部読まれるかもしれない、と仮定してみよう。

4．あなたにもっとも協力的ではない同僚に、自分の書いたメールを全部読まれるかもしれない、と仮定してみよう。

5．ひとり、または複数の顧客に、自分の書いたメールを全部読まれるかもしれない、と仮定してみよう。

6．あなたの書いた「小賢しい」メールがみんなに拡散されるかもしれない、と仮定してみよう。

7．私の個人的なルール――私が送るメールはすべて、プロフェッショナルとして、さらに広い意味で言えば、人間としての自分を完全に表している。

中世（一九九九年）――かっとして思わず口にした言葉はほとんどが四日か五日で忘れさられた。現代――どれだけ送信先を限定していても、インターネットによるコミュニケーションは数分、あるいは数秒で拡散する可能性がある。（ニュースではない。単なる注意喚起だ。）

急いで書いた感情的な返信メールは悪夢のシナリオだ！

仕事のメールと同じくプライベートなメールにも同じルールが当てはまる。プライベートなメールが「プライベート」なものでなくなることはよくある。

＊「ずさん」とは、文法ミスやつたない論理、あいまいな文、つまり複数の意味に取れるものなどを指す。ふざけた調子でする人の批判や無礼な文などもそれに当たる。つまり、プロらしからぬメールだ。

「エクセレント」な「メール」。

このふたつの単語の組み合わせを、矛盾した言葉ではなく、類語の反復ととらえよう。

15・26 リーダーシップのまとめ

リーダーシップトレーニングの簡略版

通常なら、簡略版には反対だ。私は抜粋より全体が欲しいほうだから。それでも、リーダーシップのトレーニングは、日頃ふと思い浮かべられるものとして、簡略版があってもいいと考えるようになった。私たちはリーダーシップの重要な要素が、はっきりしすぎなくらい明確なので、わざわざ簡略版をつくらなくてもいいいと思いこんでいたのだ。

重要ポイント――リーダーは、さまざまなスキルを上手に使いわける必要がある。そういうものがリーダーの影響力の九〇パーセントを占める。

影響力のあるリーダー＝個々の役割をうまくこなす

推奨されるリーダーシップのスキル一覧

・MBWA（歩きまわるマネジメント）の熱心な実践者
・積極的な（〝全身全霊を込める〟）聴き上手（エクセレントな聴き手をめざす研究者）
・質問のエキスパート
・手助けのエキスパート（とても、とてもむずかしい）
・現場の最前線でマネジメントを構築するエキスパート
・生産性のある会話のエキスパート
・（根源的な）個々の違いを認める、明解なコミュニケーションのマニア
・ソーシャルメディアの達人
・承認に取りつかれた承認の達人
・効果的で積極的で迅速な謝罪
・エクセレントなプレゼンの達人
・意識的なボディランゲージの達人
・雇用の達人／研究者
・人物評価の達人
・過密スケジュールを警戒するエクセレントな時間管理者
・影響のプロセスと心理学に関する熱心な研究者
・組織内政治の研究者
・意思決定の研究者／意思決定を妨げる認知バイアスの研究者
・交渉法をしっかり学んだ研究者／交渉の実践者

・従業員全員を成長させる人材開発マニア
・あらゆる次元に及ぶ多様性のパワーの研究者
・ジェンダー・バランスの積極的な追求者
・すべての人にビジネス・センスを植えつけることを諦めない人

さあ、取りかかろう。

このような、地味ながら有効な活動を無視して放置していてはいけない。

これらが、あなたの仕事のエッセンスだ。

あなたの時間の使いかただ。

これらは学ぶことができる。

訓練することができる。


リーダーシップの章はこれでおしまいだ。「ビジョン」はない。だが、効果が保証されたスキルを一揃い用意した。本章に書かれた二六の戦術のうちいくつかでも熟達すれば、あなたのリーダーシップの効果はさらに高まるはずだ。

ひとつかふたつか三つか四つか五つを選んで……実践しよう。はじめよう。今日から。

幸運を祈る！

エピローグ

マイ・ストーリー

私は多くの人びとの気をおかしくさせがちだ。

私は講演で発表するとき、聴衆が一〇人であれ、一万人であれ、野蛮人みたいに両腕を振りまわす。

そして、**ワオ**と何度も言う（つねに太字の**ワオ**だ）。

もう明日はないと言わんばかりに、エクスクラメーションマークを使いまくる！！！！！！！

でも、明日がないのは本当だ。私たちはつねに今日を生きている。今日という日をめいっぱい生きよう。実のあることをしよう。誰かの役に立とう。**いますぐに。**

陳腐だが真実の言葉――明日のことなど誰にもわからないし、昨日にはもう埃が積もっている。

私の会社のロゴは、赤いエクスクラメーションマークひとつだけだ！

赤いエクスクラメーションマークは私の分身みたいなものだ。


トム・ピーターズはマネジメント専門家のレッドブルだ。

——ボー・バーリンガム、《インク》（二〇一三）

ヒューマン・エクスクラメーション・マーク。トムにはもう、名字など必要ない。

——ナンシー・オースティン、トム・ピーターズについての評

W・ロス・アシュビーは、「必要多様性の法則」の提唱者で、一九五六年の古典的名著『サイバネティクス入門（An Introduction to Cybernetics）』の中ですでにこの法則を紹介していた。「必要多様性の法則」を取り巻く科学は非常に高度で、私の理解力をほぼ超えている。それでも、アシュビーの法則を現在の混乱した時代に合う原理原則に、私なりにざっくり翻訳すると、次のようになる。

「クレイジーな時代にはクレイジーな解決策が必要だ」

混乱の時代。
クレイジーになれ。
私も。
あなたも。
あなたの組織も。
クレイジーに。
さもなくばお払い箱だ。
ほかに選択肢はない。

物語――〝ほどほど〟とはおさらばしよう！

ケビン・ロバーツの一〇カ条

1. 構え、撃て！　狙え。
2. 壊れていないなら……打ち壊せ。
3. 変人を雇おう。
4. バカげた質問をしよう。
5. 失敗を追いもとめよう。
6. 先頭に立つか、追いかけるか……でなければ脇にどいていろ！
7. 混乱を広げよう。
8. オフィスを捨てよう。
9. けったいな本を読もう。
10. **ほどほどとはおさらばしよう！**

（ケビン・ロバーツはサーチ・アンド・サーチの元CEOだ。著書『永遠に愛されるブランド』はつねに私の「生涯のベスト・ビジネス書」リストの上位にいる。）

とてつもなくすばらしい。

――スティーブ・ジョブズの新製品に対する基準

激しくスリリング。

――BMW、新モデルの広告

私を仰天させてくれ。

――セルゲイ・ディアギレフ（ロシア・バレエ団創設者で芸術プロデューサー）、リード・ダンサーへ向けた言葉

スゴイものをつくれ。

――山内溥（任天堂株式会社元社長）、シニア・ゲーム・デザイナーに対する言葉

永遠の命を吹きこめ。

――デイヴィッド・オグルヴィ、コピーライターに向けた言葉

われわれはどんなプロジェクトでも開始するときに同じ問いを発する。「いままでしたことがないことをいかにやってのけるか？」

――スチュアート・ホーナリー（レンドリース（不動産や建設業をおもに行なうグローバル企業））

未来の人びとが、昔の人は気が変だったのかと疑うほどの建築物をつくろうではありませんか。

——セビリアの教会の大祭司

穏やかに理知的にふるまってはいられない。突飛な過激派になるのだ。

——ジャック・ウェルチ

われわれは無茶をやる。人びとが「無茶だ」と言うことをしなければならない。人びとが「いい」と言うことは、誰かがすでにやっている。

——御手洗肇（キャノン元CEO）

きみの理論はぶっ飛んでいるという点では、みんなの意見は一致している。意見が分かれているのは、正論になるチャンスに恵まれるほど充分ぶっ飛んでいるかどうかだ。

——ニールス・ボーア、ヴォルフガング・パウリに言った言葉

「やるだけ無駄よ。ありえないことを信じることなんてできないわ」とアリスは言った。「あら、こう言ってはなんだけれど、それは充分に練習が足りていないせいでしょう」とクイーンは言った。「わたくしがあなたくらいの年頃だったときは、一日に三〇分はかならず練習していたものですよ。ときには、朝食まえに六つも、ありえないことを信じたことだってあるわ」

——ルイス・キャロル

「お行儀よく」なんてくだらない。……最近ひとりの若い母親に助言を求められたわ。その母親

は、七歳の娘をどう扱うべきか悩んでいたの。騒々しくて、率直で、間の悪いときに意固地になる子どもの扱いをね。「そのままでいいじゃない」と私は答えたわ。……婦人参政権を訴えた女性たちは、礼儀をわきまえることを拒否して、欲しいものを要求し、自分たちにふさわしいものを手にいれ、そのことを感謝した。私はそれでいいと思う。

——アナ・クィンドレン《ニューズウィーク》

分別のある人間は、自分を世間に合わせようとする。分別がない人間は、世界を自分に合わせようと粘る。したがって、あらゆる進歩は、分別のない人間の腕にかかっているのだ。

——ジョージ・バーナード・ショー『人と超人』（岩波書店）

人生は、美しくきれいに整った身体で安全に墓にたどりつくための旅じゃない。人生は、ラインを超えて横滑りしたり、疲れきってへとへとになったり、オイルが漏れたりしても、「さあ行くぞ！」って叫ぶことなのさ。

——ビル・マッケンナ（プロのバイクレーサー）

ほどほどの行為には、ほどほどの反応しか返ってこない。
とことん振りきった行為には振りきった反応が返ってくる。
さあ行くぞ！

以上だ。

読んでくれてありがとう、みなさんの幸運を祈る！

謝辞

私は北半球の冬の数カ月をニュージーランドで過ごせる幸せ者だ。二〇一三年に、オークランド大学ビジネススクールから招待を受け、そこで講義を行なった。最初の単発イベントは年一回の一週間の講義になり、やがて非常勤教授に任命された。二〇一六年の二月、年一回のオークランド訪問のまえに、五〇年間で溜まりに溜まったセミナーや講義の資料をまとめてみようと思いたった。その結果が本書だ。したがって、まずは本書のきっかけをつくってくれたことに対し、オークランド大学ビジネススクールの同僚、とくにダール・コーブ教授と学長のジェイン・ゴドフリー教授に感謝する。

二〇一六年の秋あたりに、それらの資料がだいたい形になりはじめたとき、妻のスーザン・サージエントがふいに言った。「これってもう一冊の本よね。エスターとサニーに電話をかけましょう」私はもともと、この回顧録的なアイデアの集合体はできるだけ控え目に、たとえば自費出版でもしようかと思っていた。ところがスーザンはほぼ文字どおり、私をアムトラックのアセラ・エクスプレスに放りこんで、ロードアイランド州のプロビデンスからマンハッタンへ向かわせた。そこで私は長年のエージェントであり友人でもあるエスター・ニューバーグと午前中に会い、昼は、長年付き合いのある出版人であり、友人でもあるソニー・メータに奥さんのジータも交えてランチを食べた。それから一週間後、私はふたたびニューヨークに出かけ、今度はペンギン・ランダムハウス・グループの新たな編集者エドワード・カステンマイヤー、出版人のアン・メシッテと会った。――スーザン、エスター、ソニー、ジータ、エドワード、そしてアンに感謝する。この本を世に出せたのは、(ヨギ・ベラがかつて言い間違えた言葉にあやかるなら、この本が「世に出さねばならぬものになった」のは)みなさんのおかげだ。

ドナ・カーペンター・レバロンと私は一九九三年に出版された『トム・ピーターズの経営破壊』以降ずっと一緒に仕事をしてきた。そしてふたたび、ドナは、編集者として、また全般的な相談役として金には代えられない助力をくれた。そしてドナは(したがって私は)、ライターで新聞社の編集者、ケン・オタバーグに助けられた。ケンは本書のすべてのページを少なくとも四回は読んで、少なくとも四四四カ所もの修正を行なってくれた。

本書は、導入部で述べたとおり、三〇〇個ほどの引用文が含まれている。それらは私よりも私の考えをうまく言いあらわしてくれている。したがって、リチャード・ブランソンやハーブ・ケレハー、ジョン・ディジュリアス、その他の(ナポレオンやルイス・キャロルなど)数百人の人びとに感謝を捧げる。彼らのおかげで、さまざまな概念を新たな目で見直し、記憶に残る言葉に変え、この本に命を吹きこむことができた。

シェリー・ドリーと私は一五年以上もまえから今にいたるまでチームとしてやってきた。シェリーは戦略的、学術的かつ実務的な運営業務を一〇〇万個くらい抱えているが、それらをたゆまぬ熱意でエクセレントにこなしてくれている。多くの編集上の問題について、シェリー(と私)は長年の仕事仲間であり、エクセレントな救世主でもあるキャシー・モスカにサポートしてもらった。シェリーとキャシーに最大級の感謝を捧げたい。

ペンギン・ランダムハウスの私のチームを支えてくれたみなさん、たとえば本書のために独自にプロジェクトを立ちあげてくれたエディトリアル・アシスタントのアンドルー・ウェバーや、出版人のケイト・ルンド、そしてヴィンテージ・チームのエディ・アレン、クリス・ザッカー、クイン・オニール、バーバラ・リシャール、メリッサ・ヨン、ジェシカ・ディーチャーに永遠の感謝を捧げる。

本書は「エクセレント」に関する本である。私がかかわったエクセレントに関する本はもう一冊、一九八二年に出版されたものがある。本書の出版の機会を借りて、『エクセレント・カンパニー』の共著者であり、ソウルメイトでもあるボブ・ウォータマンに改めてお礼を言いたい。ありがとう。また本書のなかで、マッキンゼーをときおり批判の対象として登場させているが、そもそも私が申し分のない基盤を築き、エクセレント関連の本を出版することができたのは、この会社のおかげである。

本書の各章は私の個人的なエピソードで始まる。最初のエピソードに選んだ人物は、第九海軍機動建設大隊（ＮＭＣＢ９）の部隊長、故リチャード・Ｅ・アンダーソンだ。「アンディ大佐」は、一九六六年から一九六七年にかけて私にとって初めての〝ボス〟となった人で、ベトナムでの一〇カ月間、私を導いてくれた。それは間違いなく、私をもっとも成長させた人生経験だった。彼ほど影響力があり、部下と向きあい、全力でエクセレントを追いもとめたリーダーには、その後出会っていない。

転載許可

既出版物について転載を許可してくださった次の出版社に感謝の意を表する。

Copyright Clearance Center, on behalf of John Wiley & Sons, Inc.: Excerpt from *Leadership the Hard Way: Why Leadership Can't Be Taught and How You Can Learn It Anyway* by Dov Frohman and Robert Howard, copyright © 2008 by Dov Frohman and Robert Howard. Reprinted by permission of Copyright Clearance Center, on behalf of John Wiley & Sons, Inc.

Crown Books, an imprint of Crown Publishing Group, and Penguin Books Ltd.: Excerpt from *Quiet: The Power of Introverts in a World That Can't Stop Talking* by Susan Cain, copyright © 2012, 2013 by Susan Cain. Reprinted by permission of Crown Books, an imprint of Crown Publishing Group, a division of Penguin Random House LLC, New York, and Penguin Books Ltd., a division of Penguin Random House Ltd., London. All rights reserved.

Grand Central Publishing, a division of Hachette Book Group: Excerpt from *It's Your Ship: Management Techniques from the Best Damn Ship in the Navy* by Captain D. Michael Abrashoff, copyright © 2002 by Captain D. Michael Abrashoff. Reprinted by permission of Grand Central Publishing, a division of Hachette Book Group.

HarperCollins Publishers and Little, Brown Book Group Limited: Excerpts from *The Business Romantic* by Tim Leberecht, copyright © 2015 by Tim Leberecht. Reprinted by permission of HarperCollins Publishers, New York, and Little, Brown Book Group Limited, a Hachette UK Company, London.

McGraw-Hill Education: Excerpt from *Management Lessons from Mayo Clinic: Inside One of the World's Most Admired Service Organizations* by Leonard L. Berry and Kent D. Seltman, copyright © 2008 by Leonard L. Berry and Kent D. Seltman. Reprinted by permission of McGraw-Hill Education.

Pars International Corp, on behalf of Forbes.com: Excerpt from "That 'Useless' Liberal Arts Degree Has Become Tech's Hottest Ticket" by George Anders. Published by Forbes.com on July 29, 2015. Reprinted by permission of Pars International Corp., on behalf of Forbes.com.

Portfolio, an imprint of Penguin Publishing Group: Excerpt from *Youtility: Why Smart Marketing*

Is About Help Not Hype by Jay Baer, copyright © 2013 by Convince & Convert LLC. Reprinted by permission of Portfolio, an imprint of Penguin Publishing Group, a division of Penguin Random House LLC.

Wright's Media, on behalf of Condé Nast: Excerpt from "Nest Gives the Lowly Smoke Detector a Brain and a Voice" by Steven Levy. Published by Wired.com on October 8, 2013. Reprinted by permission of Wright's Media, on behalf of Condé Nast.

解説　還ってきた「人間賛歌」

法政大学大学院教授・一橋大学名誉教授
米倉誠一郎

『エクセレント・カンパニー』の衝撃

一九八二年、あの衝撃的な経営書『エクセレント・カンパニー』が書かれてからもう三八年が経つ。当時経営学の最先端にあったのは、アメリカのビジネス・スクールで次々と開発された競争戦略論、組織論、財務分析論、M&A分析、投資効率測定などだった。また、授業で使用されるケーススタディもほとんどがアメリカ大企業のものだった。その頃、一橋大学産業経営研究所（現一橋大学イノベーション研究センター）に日本経営史から宗旨替えして助手就職をした僕は、ちょうど同期入所であった野中郁次郎教授にアメリカ直輸入の経営学の個人指導を受けていた。受講者は、当時院生だった現在神戸大学教授の三品和広くんと二人という豪華さだった。野中先生の授業は数値偏重のアメリカ経営学というよりは、カリフォルニア大学バークレー校伝統の社会科学に根差したものだった。ホーソーン工場実験から始まるエルトン・メイヨー、チェスター・バーナードらが提唱した人間関係論、グループ・ダイナミクス、リーダーシップ、ミクロ組織論など、社会科学的な薫《かお》りがする人間臭い経営学だった。しかし、一九七〇年代はそうした人間的な経営学も影を潜めて、財務諸表と投資効率を頼りに非関連多角化を進めたアメリカ大企業が栄華を誇った時代だった。ところが、現場に足を運ばないMBA経営者たちに支配されたアメリカ大企業は急速に競争力を落とし、一九八〇年になると「にっちもさっちもいかなくなったアメリカの経営者たちがこぞって」（『エクセレント・カンパニー』からの引用）日本式経営に飛びつきはじめたのだった。合理的な経営を信条としていた経営者たちが、終身雇用や年功序列制賃金といった不思議な経営慣行に支えられた日本の現場主義に目を向けはじめた。僕を含めた日本の研究者たちはこの事実をどう説明すべきなのか悩んでいたのである。

そんな時に登場したのが『エクセレント・カンパニー』だった。アメリカ企業を事例にしてはいるものの、そのベースには日本企業の人間重視・勤勉性・丁寧さなどの姿勢を高く評価する深い洞察があった。「行動を重視する経営（MBWA＝Management By Walking Around）」、「顧客に密着する」、「人を通じての生産性向上」などなど、「企業の競争力は机上の合理的戦略や見事な数値分析にあるのではなく、人間が創り上げる組織と組織文化の細部に宿る『エクセレンス＝卓越性』にあるのだ」という同書の主張には、僕ばかりかあの野中教授の琴線《きんせん》に触れるものがあった。二人で快哉を叫んだことを思い出す。しかも、同書を執筆した二人、トム・ピーターズとロバート・ウォータマンが、世界屈指の数値偏重型コンサルタント企業マキンゼーの主力コンサルタントだったことが衝撃だったのである。「そうなんだ、人間なんだ！」

しかし、残念なことに同書で取り上げられた多くのエクセレント・カンパニーがその後凋落《ちょうらく》し、中には姿を消してしまう企業もあった。肝心要《かなめ》の日本企業の業績も一九九〇年を境に急速に衰え、人間中心の熱い経営指標は輝きを失なっていった。エクセレント・カンパニーも日本的経営もカビ臭くなってしまったのである。経営学の主眼は今度はシリコンバレーに代表されるスタートアップスの興隆やデジタル・トランスフォーメーション・プラットフォーム論に流れていってしまったようだ。

やはり還ってきた「エクセレンス」

しかし、著者のトム・ピーターズは「エクセレンス」を忘れたわけではなかった。その後の約半世紀にわたる経営コンサルタントとしての経営調査と実践さらには自身の講演記録、一〇万語の注釈を含む四〇九四枚のスライドを集めた「The Work」という集大成を完成させている。そして、その一つの集約として本書『新エクセレント・カンパニー』を上梓したのである。そして、本書を貫く主張は、やはり「人が（断然）いちばん大事」ということである。「ブランドとは人材」であり、「戦略よりは人」だという主張は四〇年経っても変わらなかった。

さらに重要なこととして、著者は本書を、これから多くのホワイト・カラー職を奪い去っていくであろうAI（人工知能）時代に対する「防衛」や「生き残り」の書としてではなく、むしろ、AI時代の「攻撃」と「成長」の書として書いているのである。確かに、ディープ・ラーニングを組み込んだAIは、長期推論や確率計算に関しては人間の能力をはるかに上回る優位性をもつだろう。しかしAIが、かつての電話、テレビ、コンピュータ、インターネットのように広く普及した後に、競争力として残るのはいったい何なのだろうか。果たして、人間ではないとでもいうのだろうか。だから、著者は何度でも繰り返す――「人が（断然）いちばん」なのだと。

僕はトム・ピーターズの気の利いた「言い回し」（J・D・サリンジャーのような）が好きだ。例えば、以下のくだりには思わず微笑みが浮かぶ。

「ブランド＝人材。これは目新しい概念だろうか？　メトロポリタン・オペラではそんなことはない。ＭＩＴメディアラボではそんなことはない。ＮＢＡのゴールデンステート・ウォリアーズではそんなことはない。けれど残念ながら、ビジネスの世界の多くの分野では、目新しい概念らしい。だからこそ、私は七五歳のいまも、ポーチの揺り椅子でうたた寝するのではなく、こんな本を書き、しゃかりきに世界じゅうを飛びまわり、わかりきったことをもったいぶって話しているのだ」（第5章「何度でも言う——人がいちばん大事」より）

お帰りなさい、ピーターズさん、お帰りなさい、エクセレンス。

本書をどう読むか

さてさて、この気合の入った本書『新エクセレント・カンパニー』をどう読むかについて書いておきたい。著者半世紀の集大成ゆえに本書は大部で、項目ごとに整理されているとはいえ、思い入れに溢れたアメリカの事例や引用が数多い。また、それらが色々錯綜しているので、整理して頭に入れにくい。したがって、本書の読み方には工夫がいるかもしれない。例えば、

1．六項目で整理された、第Ⅰ部「実践」、第Ⅱ部「エクセレント」、第Ⅲ部「人びと」、第Ⅳ部「イノベーション」、第Ⅴ部「付加価値」、第Ⅵ部「エクセレントなリーダー」をそれぞれ別々の完結したものとして読み進むことだ。まずは、構成の順番などにこだわらずに、気に入った章から読み進むとわかりやすい。

2．次に、各章で紹介されるエクセレントの事例を自分の座右の銘として書き留める、あるいは自社の実践で応用することもお勧めだ。本書には本当にたくさんの素晴らしい金言や事例が散りばめられている。「トップに上りつめるには才能が役にたつが、そこにとどまるには人柄が役に立つ」（伝説のバスケットボール・コーチ、ジョン・ウッデン）、「現実の生活では、戦略とはとてもストレートなものだ。だいたいの方向を決めたら……死に物狂いで実行せよ」（ジャック・ウェルチ）、「アマチュアは戦略について語り、プロフェッショナルは兵站術（ロジスティクス）について語る」（オマール・ブラッドレー大将）。「経済成長を牽引しているのは、中国でも、インドでも、インターネットでもない。女性たちだ」（《エコノミスト》）。「成功をめざすなら、経費を削減して我が道を曲げるのではなく、金を費やして我が道を貫け」（コマースバンク‐メトロバンクのスローガン）。「今日五〇歳を迎える人びとは、この先さらに五〇年、大人としての人生が続く」（全米退職者協会元会長ビル・ノヴェッリ）。「サウスウエスト航空には『戦略』がある。それは『何かを実行すること』だ」（ハーブ・ケレハー元CEO）、などなど至極の名言が多い。こうした金言や事例を書き留めるだけで、経営小話のネタになるし、自社の戦略策定や組織文化構築に大いに役立つだろう。

3．前著に比べて、本書は地域に根ざす中小企業への賛歌や事例も多い。「中小企業という開拓者」という章では、「船の錨《いかり》に特化した企業」、「地下室改造のプロ集団」、「ショッパーテイメントに特化した小売業」、「大きくなることより優れていることを選んだ企業」などが生きた事例としてあげられている。まさに、中規模なニッチ市場で成功を収めているエクセレントの事例だ。地域創生に深刻な問題を抱える日本の地方企業・中小企業のヒントにもなるだろう。

４．もう一つ、著者の勉強法である「読んで、読んで、読みまくる」というセオリーを確信する著者が、各章に掲げる「読んで学ぼう！」という読書リストが役に立つ。対象トピックごとに整理されているので、経営学だけでなく脳科学や行動心理学など最先端のトピックに興味ある企業人、経営コンサルタント、さらには経営学者にとっても便利だろう。

エクセレント信者の筆者（米倉）には嬉しい本書だが、いくつかの問題点もある。例えば、ＷＴＴＭＳＷ・ＷＴＳＴＭＳＵＷやＴＧＲなどの日本人にはわかりにくい表現も多い。数多く実行したものだけが勝利するという意味の、ＷＴＴＭＳＷ（whoever tries the most stuff wins）、ＷＴＳＴＭＳＵＷ（whoever tries screw the most stuff up wins）には丁寧な解説が欲しいところだ。著者はイノベーション成功の秘訣として、「数打ちゃあたる」を根本原理としてあげている。故に、ＷＴＴＭＳＷが重要なのである。ＴＧＲ（things gone right）という言葉も高品質品、しっかりと作られた製品・サービスを指す。徹底的に細部の質にこだわることの総称だが、そのニュアンスにも説明が要るだろう。アメリカのビジネスパーソンたちが使う独特な言葉だからだ。

もう一つの問題点は前書であれだけ熱く語られたエクセレント・カンパニーが、その後なぜ輝きを失い競争に敗れ去ったのかという事実に触れられていない点である。あれだけ活力に溢れ、愉快に満ち満ちていた企業がもはや本当に錆《さ》びついた企業になってしまっている。一体なぜなのか。とくに、ホンダ、ソニー、松下などを高く評価してもらっていた日本人としては大いに気になるところだ。前書『エクセレント・カンパニー』にはこんな一節があった。

「あるホンダの従業員は、毎日会社から帰る道すがら、駐車中のホンダの車を見かけると、必ずワイパーのゴムのまがったのをきれいに直していくというのである。この社員には、少しでも不備のあるホンダの車が街中を走っているのが耐えられないわけだ」

確かに、日本にはそんな社員がたくさんいた。彼らはどこに行ってしまったのだろうか。デジタル化、グローバル化、プラットフォーム化などがもっともらしく語られるが、「人間賛歌の企業文化」はそんなものでさえも超えて行くはずだったのではないか。

アメリカではこの点に対する詳細な分析も始まっている。最近の著作では理論物理学者かつバイオベンチャー経営者であるサフィ・バーコールの著作『ルーンショット』（日経BP刊）がきわめて興味深い。『ルーンショット』では、なぜ強固な組織文化が脆《もろ》くも崩れ、まったく違った組織に相転移《そうてんい》してしまうのかを理論的に解説している。また、それを防ぐためには、組織文化よりも組織構造や組織成員のインセンティブのあり方が重要だと指摘している。誰も期待しないような「loon（馬鹿げたアイデア）」をイノベーションとして実現するには、組織文化を超えた構造的な工夫が必要なのかもしれない。

そうした問題が残るとしても、「何度でも言う、人が（断然）いちばん」と言う人間賛歌・エクセレント賛歌が再び戻ってきたことは慶賀の至りだ。本書を読みながら、脆くも崩れ去った人間重視の日本的経営をもう一度再構築する手段を考えなければならない。

二〇二〇年一月

◎翻訳協力：
石崎比呂美
呉　亜矢
田畑あや子

新《しん》エクセレント・カンパニー
AIに勝てる組織の条件
2020年2月10日　初版印刷
2020年2月15日　初版発行
＊
著　者　トム・ピーターズ
訳　者　久保美代子《くぼみよこ》
発行者　早川　浩
＊
印刷所　信毎書籍印刷株式会社
製本所　大口製本印刷株式会社
＊
発行所　株式会社　早川書房
東京都千代田区神田多町2－2
電話　03-3252-3111
振替　00160-3-47799
https://www.hayakawa-online.co.jp
定価はカバーに表示してあります
ISBN978-4-15-209915-0　C0034
Printed and bound in Japan
乱丁・落丁本は小社制作部宛お送り下さい。
送料小社負担にてお取りかえいたします。

ハヤカワ・ノンフィクション

スクラム

仕事が4倍速くなる〝世界標準〟のチーム戦術

Scrum

ジェフ・サザーランド
石垣賀子訳
46判並製

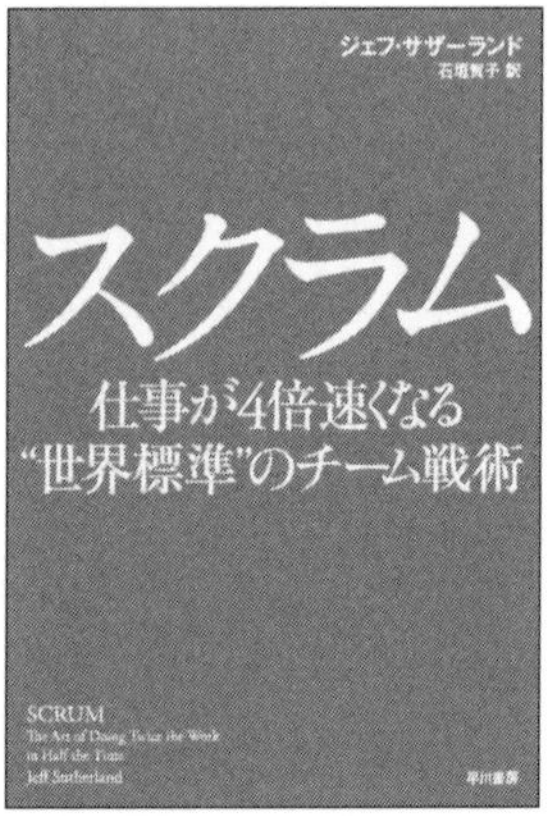

最強のプロジェクト管理法「スクラム」
生みの親による完全ガイド

世界的に絶大な支持を集め、グーグルやアマゾンも採用するプロジェクト管理法「スクラム」。その生みの親が、最少の時間と労力で最大の成果を出すチームの作り方を伝授する。住宅リフォームから宇宙船の開発まで、スクラムが革命を起こす！

解説／野中郁次郎

REWORK

小さなチーム、大きな仕事

——働き方の新スタンダード

ジェイソン・フリード&デイヴィッド・ハイネマイヤー・ハンソン
黒沢健二・松永肇一・美谷広海・祐佳ヤング訳

ハヤカワ文庫NF

**ビジネスの常識なんて信じるな！
いま真に求められる考え方とは？**

「会社は小さく」「失敗から学ぶな」「会社に事業計画もオフィスもいらない」「けんかを売れ」——。世界的ソフトウェア開発会社「37シグナルズ（現・ベースキャンプ）」の創業者と開発者が、常識破りな経営哲学と成功の秘訣を明かす、全米ベストセラー・ビジネス書。